U0873061

国家社会科学基金项目“英汉位移构式演化的历时比较研究”（15BYY018）成果

英汉位移构式演化的历时比较研究

程丽霞◎著

科学出版社

北京

内 容 简 介

本书基于英汉历史语料，以构式化、语法化、词汇化、习语化为理论框架，通过对英汉位移构式历时演变过程的描写和分析，考察和比较英汉位移构式的演化路径和演变机制，在分析和探讨现当代英汉位移表达成分构式化的基础上，为其语义、语用、句法、形态、语音层面呈现的特点提供解释。本书从历时角度比较和分析了英汉位移构式的演变过程，描写和解释了英汉位移编码模式和英汉位移表达成分的语用功能、语义属性、句法结构在共时层面显现的共性和差异，在参考其他语言位移编码研究的基础上，总结和归纳跨语言的规律，同时展现语言的个体差异及其理据。

本书适用于语言学专业的研究人员、高校教师、研究生和广大语言爱好者。

图书在版编目（CIP）数据

英汉位移构式演化的历时比较研究 / 程丽霞著. —北京：科学出版社，2022.7

ISBN 978-7-03-072422-9

Ⅰ. ①英… Ⅱ. ①程… Ⅲ. ①英语–句法–对比研究–汉语 Ⅳ. ①H314.3 ②H146.3

中国版本图书馆 CIP 数据核字（2022）第 092891 号

责任编辑：常春娥 宋 丽 / 责任校对：贾伟娟
责任印制：李 彤 / 封面设计：蓝正设计

科学出版社 出版
北京东黄城根北街 16 号
邮政编码：100717
http：//www.sciencep.com
北京虎彩文化传播有限公司 印刷
科学出版社发行 各地新华书店经销
*
2022 年 7 月第 一 版 开本：720×1000 1/16
2022 年11月第二次印刷 印张：15 3/4
字数：315 000

定价：98.00 元

（如有印装质量问题，我社负责调换）

前　言

日常生活中的位移动作总是伴随着其他动作或前、或后、或同时发生，例如英语中的 come and sit、go and get 分别为两个并列的动词，表示两个动作前后发生，并用连词 and 连接。然而，语料中也有 come sit、go get 这样的用法，这种用法在英语日常会话尤其是当代美国英语中很常见。那么，这两种构式之间有何差别？前者的 come/go 和后者的 come/go 在语义属性、句法功能上是否相同？

汉语也有类似的构式，例如“我来替你打”“我和谁去说”中的“来”和“去”，是作为核心动词表示单纯的位移，还是作为时体助词表示将要、将来？“来”和“去”是否已经失去了原本的位移义？省略“来”和“去”对原句的意义表达是否有影响？“来”和“去”跟 come、go 在语义内涵和句法属性上是否一样？另外，“来”和“去”还有“算账来了”和“上班去了”这样的用法，这里的“来”和“去”是否已经失去了其动词属性？

如果“来参观”“去健身”“来吃饭”“去看电影”中的“来”和“去”，以及 come sit、go get 中的 come、go 有标记时体的功能，那么其他位移动词，如“走”、“进”、enter、run 等，在与动词短语搭配出现时，是否也能标记时体？除了“来”和“去”，汉语中还有“跑进来”“跑进弄堂来”“跑出去”“跑出房间去”这样的用法，这里的“来”和“去”又起到了什么样的作用？又具有怎样的语义和句法属性？类似的还有“X 起来”，这里的 X 可以是位移动词“飞”，即“飞起来”，也可以是其他动词如“夹”“捆”，即“夹起来”“捆起来”，甚至是形容词“热闹”，即“热闹起来”，那么这四个“起来”有何不同？英汉语言对相同的位移要素进行编码时，编码的方式是否相同？

以上问题便是本书所做研究的缘起。以往国内外相关研究起到了重要的参考和借鉴作用，但是目前还没有能够一一解决上述问题的研究成果。共时层面的词汇化研究不能做到追本溯源，有关位移表达方式的进一步研究可以考虑从历时维度多层面、多角度地进行，也可以考虑对两种或两种以上语言的位移表达方式做深入细致的历时比较与对比，挖掘其深层次的共性与差异。目前已有的历时研究几乎无一例外都是个案研究，聚焦于一个位移动词、位移介词或一个双音词、四字词，并对其进行历时追溯，这样做的好处是细致入微，不足之处是缺乏对同类现象的整体性和概括性研究。

全书共 10 章。第 1 章为绪论，从术语界定、研究缘起、研究方法、章节概览四方面介绍本书所做研究的概况。第 2 章为文献综述，归纳和整理国内外关于位移事件与位移编码的相关研究，总结以往研究的贡献，阐述本书所做研究的必要性。第 3 章介绍理论框架，阐释语言演变的动因和机制，介绍语义演变分析模型、功能演变分析模式、构式化理论。第 4 章和第 5 章为平行章节，分别对英汉两种语言的直指位移构式进行描写和分析，主要从共时、历时两个层面进行梳理和归类。

第 6 章、第 7 章、第 8 章为平行章节，分别从语法化、词汇化、习语化三个方面描写和分析英汉位移构式的历时演变。第 9 章分析英汉两种语言在位移构式演化过程中显现出的演变规律和个体差异，并从认知投射、隐喻化、构式演变的动因和机制等角度分析和探讨这些共性和差异产生的原因和影响。第 10 章为结束语，概括本书的主要内容，总结研究发现和主要观点，同时指出不足之处。

本书的出版得到国家社会科学基金（15BYY018）、中央高校基本科研业务费（DUT21RW202）和大连理工大学外国语学院专著出版基金的资助。本书的撰写得到家人的理解和支持、同事的鼓励和关怀。本书从初稿到出版，科学出版社的编辑团队提供了专业细致的修改意见和不厌其烦的修订完善。谨在此一并表示诚挚的感谢！

目　　录

缩写与符号

缩写	全称	释义
N	noun	名词
V	verb	动词
ADJ	adjective	形容词
ADV	adverb	副词
P	preposition	介词
NUM	number	数词
QUAN	quantifier	量词
COMP	complement	补语
NP	noun phrase	名词短语
VP	verb phrase	动词短语
PP	prepositional phrase	介词短语
NP-time	noun phrase of time	表示时间的名词短语
NP-person	noun phrase of person	表示人的名词短语
NP-location	noun phrase of location	表示处所的名词短语
NP-agent	noun phrase of agent	表示施事的名词短语
NP-patient	noun phrase of patient	表示受事的名词短语
NP-role	noun phrase of role	表示角色的名词短语
NP-distance	noun phrase of distance	表示距离的名词短语
NP-direction	noun phrase of direction	表示方位的名词短语

缩写	全称	释义
NP-age	noun phrase of age	表示年龄的名词短语
a（*a* 825）	ante（before）	（公元 825 年）之前/ 不晚于（公元 825 年）
c（*c* 1000）	circum（about）	（公元 1000 年）左右
“ ”	双引号	语例或引用（汉语）
‘ ’	单引号	释义
[ ]	中括号（中文输入法）	构式
（1）a	例句序号	每章的例句以出现先后排序，不跟其他章接序

第1章

绪　论

Things in motion sooner catch the eye than what not stir.
移动的东西比不动的东西更引人注目。

——William Shakespeare，*Troilus and Cressida*，Act 3，Scene III

从历时维度探索语言结构的特点及其演变规律，一直以来是历史语言学的研究重点。历史语言学家通常描写某一历史时期的语言现象，或者是某一时期语言发生的具体变化，分析这些变化背后的动因与机制，并尝试为这些语言现象或变化提供解释。语言演变研究不仅可以从诸多语言个案中总结归纳出跨语言的普遍规律，还可以揭示语言的个体差异以及这些差异与该语言的语法体系之间的关系。语言演变研究立足于历史语言学，同时借鉴比较语言学、语言类型学、社会语言学、认知语言学、人类语言学等领域的研究方法。

随着语法化研究的蓬勃发展，关注语言演变的学者将目光更多地投向了功能语言学家的研究发现上，这也许是因为语法化的再度兴起始于《语法化学说》（*Grammaticalization*）（Hopper & Traugott 1993）的出版，以及功能语言学家近年来对语言演变研究的积极参与和推动（Bybee & Hopper 2001；Traugott & Dasher 2002；Hopper & Traugott 2003；Narrog & Heine 2011；Traugott & Trousdale 2013 等）。功能学派关注话段在语言交际中的实际使用情况以及这些语用状态对语法演变的影响，本书也采取功能语言学的视角和方法，关注历时、语用、认知、演变四个层面。

本书对位移构式的描写和解释基于以下理论假设：①语言处于演变之中，没有一成不变的语言；②语言使用者是语言演变的第一推动力，演变是受使用驱动的演变；③语句可以分解为各种组构成分，其合并原则具有离散性和迂回性；④语言与认知密切相关；⑤语言演变具有规律性。本章将从术语界定、研究缘起、研究方法三个方面介绍研究概况，并简述各章节的结构安排和主要内容。

1.1　术语界定

由于“位移”“构式”等相关术语在国内外有不同的称谓和译法，为了避免混淆和误解，这里先对三组术语进行阐释和界定。

1.1.1 MOVE & motion：位移与运动

关于“位移”，国外相关研究成果中多采用 motion、move 二词，前者如 motion event，后者大写成 MOVE 表示“位移”这一动作（Talmy 2000b 等）。国内有学者将 motion event 译为“运动事件”（严辰松 1998；邓宇、李福印 2015；史文磊 2012 等），而将 MOVE 译成“位移”，也有学者将 motion event 译为“位移事件”（阚哲华 2010；张克定 2019，2020 等）。

根据《现代汉语词典》（第 6 版），“位移”是名词，释义只有 1 条，即‘物体在运动中所产生的位置的移动’；而“运动”有 5 条释义，其中作为动词，有 3 条释义：第一条释义是‘物体的位置不断变化的现象，通常指一个物体和其他物体之间相对位置的变化，说某物体运动常是对另一物体而言’；第二条释义是‘指宇宙间所发生的一切变化和过程，从简单的位置变动到复杂的人类思维，都是物质运动的表现’；第三条释义是‘从事体育活动’，如“咱们出去运动运动”。作为名词，“运动”有 2 条释义：第一条释义是‘体育活动’，如“运动健将”“田径运动”；第二条释义是‘政治、文化、生产等方面有组织、有目的而声势较大的群众性活动’，如“五四运动”“技术革新运动”。

由此可见，“位移”的意思和用法比较单一，专指‘物体位置的移动’，而“运动”在本义‘物体位置的变化’的基础上衍生出其他含义，既泛指‘一切变化’，又特指‘体育活动’或‘群众性活动’。

根据《牛津英语词典》（*The Oxford English Dictionary*，*OED*），motion 一词源自 13 世纪的法语，本义为‘动、运动、移动’。法语中的 motion 是拉丁文 mōtiōn-em 的变形，mōtiōn-em 的释义是 the action of movēre（即 movēre 的名词），而 movēre 就是同一时期借入英语的 move 的原形，所以从词源上看，motion 是动词 move 的名词形式。

动词 move 源自诺曼时代在英国使用的法语（也称作诺曼法语）中的 mov-er，该词在古法语中写作 mov-oir、mouvoir，在现代法语中写作 mouvoir，在西班牙语、葡萄牙语中写作 mover，在意大利语中写作 movere、muovere，以上罗曼语言词汇都源于拉丁文 movēre 一词，其词干 mō-还派生出在现代英语中常见的 mobile、moment、motile、motion、motive、motor 等词。

再看 movement，14—18 世纪的英语语料中，movement 的语例比较少，在莎士比亚的作品、弥尔顿的作品、1611 年版《圣经》等当中都没有发现 movement 一词。很显然，movement 是在动词 move 的基础上加名词后缀-ment 派生而来的名词，本义与 motion 相同，表示‘动、运动、移动’。因此，motion 和 movement 具有相同的词法地位。

综上所述，“位移”一词表义单纯、直接，“运动”一词语义泛化且有特指现象，而 motion 和 move 从词源上看属于同源派生关系，因此二者的译法应该相同。国内学界将 motion 译作“运动”、将 MOVE 译作“位移”的做法会导致一个概念对应两个术语的情况。鉴于本书聚焦于表示空间位置移动的构式，这里统一采用“位移”及其对应的英文 motion 这两个术语来命名位移构式。不过，在第 2 章文献综述部分，个别地方为了保持被引原文的面貌，引用时也遵循了原作者的译法。

1.1.2 构式、位移构式、直指位移构式

构式（construction）是形式（form）和意义（meaning）的规约性匹配体，也称作规约化的“形+义”对（Goldberg 2006；Traugott & Trousdale 2013）。这里的形式包括形态、句法、语音等显性形式，这里的意义包括语义、语用、话语功能，构式涵盖传统意义上的任何语言单位。语言历时演变视角下的“构式”有两层含义：一是指形态句法层面的形、义匹配的语符串（string）（Traugott 2008b）；二是指语法化项所在的局部句法环境（Trousdale 2008）。笔者认为，这两层含义并不矛盾，构式本身作为语符串，可以发生语法化、词汇化，而针对某些单个词语的语法化，其所在构式就成为语法化发生的局部句法环境。

位移构式是指表达空间位置移动的构式，构式中一般包括表示位移动作、位移路径、位移方向、起点、终点等信息的语言成分，并不是每一个位移构式都需要包括上述所有构件，但至少应包括一个表示位移动作或路径信息的成分。根据语义，Levin（1993）将英语中的动词分成 49 个大类、192 个小类，其中包括位移动词类，又将位移动词分为 7 个小类，第一小类为词义本身包含移动方向的位移动词，共有 20 个。这 20 个位移动词所在的构式中除了它们本身外没有显性的表方向的成分，例如 enter、exit 本身分别隐含由外向内、由内向外的位移方向，不再需要显性的表方向的成分，ascend、descend 分别隐含由下至上、由上至下的位移方向，也不再需要显性的表方向的成分。

在这 20 个自带方向的位移动词中，有两个动词被学界称为“直指位移构式”（deictic motion verb）（Talmy 2000b；Nakazawa 2009 等），即 come 和 go。英语中的 come 和 go，在汉语以及大多数语言中都有对应的词语，之所以把这一对位移动词称作直指位移构式，是因为这两个动词不仅自身含有方向性，而且它们的方向与说者密切相关。英语的 deictic 源于希腊语 δεικτικ-ός，英文释义是 able to show、showing directly，即‘能显示/指示的’‘直接显示/指示的’。在 *OED* 中，deictic 只有一个释义：directly pointing out，demonstrative，即‘直接指出的’‘指示的’。

在亚里士多德时代以后，该术语应用于逻辑学领域，跟 elenctic 构成一对有关推理的概念，deictic 指‘直接证明’，而 elenctic 指‘间接证明’。

国内对该词的译法有“指示”“直示”“直指”等，这里采用沈家煊（2000）的译法“直指”。英语中的 here、there、this、that、come、go 都属于直指词，它们在会话中直接反映了说者的视角以及语境内各要素的相对关系。这里的直指位移构式就是指含有 come、go、“来”、“去”等位移动词的构式，直指中心（deictic center）就是说者的所在地或视角（Nakazawa 2009 等）。在所有的位移动词中，这类动词的语用频率最高，且语用功能呈多样性，例如汉语中的“来”和“去”既可以充当语句的核心成分，也可以充当表示位移方向和路径的趋向补语，这些将在接下来的章节中详细论述。

1.1.3 satellite：附目、附加语、卫星

这一组术语其实围绕着一个概念，就是英文的 satellite，一般表示‘人造卫星’‘卫星’，也引申为‘外围组织’‘附属国’等。目前国内学界至少有三种常见的译法：“附目”“卫星”“附加语”[①]。之所以介绍这个术语是因为位移事件编码类型学的主要贡献之一是引导学界重视表示路径、方式等信息的语言成分，这些成分在语句中不处于核心位置（因而被称作 satellite），但并不表明它们不重要。那么，到底什么是位移编码中的 satellite 呢？Talmy（2000b）做出了这样的解释：假定句中有一个主动词（有的语言以动词词根形式出现），则 satellite 就是一种依附于主动词的附属语法范畴，如英语中的小品词、德语中的动词前缀、汉语中的动词补语等。可见，satellite 相对于主动词而言，属于“附加成分”“外围成分”，它伴随着主动词出现。在借鉴学界各种译法的基础上，一是为了简洁，二是考虑到与 satellite 平行的其他两个术语[②]都被译成双音词，所以本书将 satellite 统一译作“附目”。

英语位移构式中常见的附目性成分有表示方向的介词、副词、小品词，如 up、down、out、into、along、through 等。汉语位移构式中常见的附目性成分有介词，如“从”“往”“向”“经”“沿”等；也有趋向补语，如“上”“下”“进”“出”“回”“起”“上去”“下来”“进去”“回来”等[③]。连动式的语言中，

---

① 阚哲华（2010）将 satellite 译成“附目”，李福印（2015）、邓巧玲和李福印（2016）、李福印（2017）、任龙波和李福印（2018）、俞琳和李福印（2018）、方迪（2018）等译成“卫星”，沈家煊（2003）、史文磊（2011，2012，2014，2019，2020）、邓宇和李福印（2015）译作“附加语”，刘华文和李海清（2009）译成“卫星元”。

② 位移事件编码类型学提出的二分法和三分法所涉及三个平行术语，将在后文第 2 章详细介绍。

③ 值得注意的是，类似“上去”“下来”这样的复合成分也可以作为主动词，如“你赶快下来”；而作为复合式趋向补语，“上去”等词语一般出现在主动词之后，如“她快步走上去”。

附目不容易确定，Wälchli（2006）也指出附目这一概念不适合句中有两个及两个以上动词的语言。

1.2　研究缘起

日常生活中的位移动作总是伴随着其他动作或前、或后、或同时发生，如例（1a/c）的 come and sit、go and get 分别为两个并列的动词，表示两个动作前后发生，用连词 and 连接，但是语料中也有如例（1b/d）这样的用法，come sit、go get 在英语日常会话，尤其是当代美国英语中很常见，而且不仅在口语中，小说、新闻报道中也出现 come VP、go VP 这样的语例。那么，[COME/GO and VP][①]、[COME/GO VP] 两种构式之间有何差别？[COME/GO VP] 中的 come/go 和 [COME/GO and VP] 中的 come/go 在语义属性、句法功能上是否相同？

（1）a. "**Come and sit** over here, nearer to me," Sofia Petrovna said in a weak voice.[②]

b. "Emily, **come sit** on the potty, quickly."

c. "Just **go and get** a beer," Marlette snapped.

d. "**Go get** her, Mabel."

汉语也有类似的构式，如例（2a/b）的"我来替你打""我和谁去说"，这里的"来"和"去"是核心动词表示单纯的位移，还是时体助词表示'将要、将来'？"来"和"去"是否已经失去了原本的位移义？省略"来"和"去"对原句的意义表达是否有影响？例（2a/b）的"来"和"去"跟例（1b/d）的 come、go 在语义内涵和句法属性上是否一样？另外，"来"和"去"还有出现在 VP 后面的情况，如例（2c/d）的"算账来了""上班去了"，这里的"来"和"去"与例（2a/b）的"来"和"去"一样吗？这里的"来"和"去"是否已经失去了动词属性？

（2）a. 李太太，我**来替**你打。[③]

b. 我和谁**去说**？对总统**去说**？人家管咱们拉洋车的臭事吗！

c. 那天，在大树底下，我以为他是发现了我，找我**算账来**了！

d. 这次先谈到这儿吧，我得**上班去**了。

---

① 构式中 COME、GO 一般都以大写形式出现，有时 COME、GO 也代表其他语言中跟英语的 come、go 语义对应的词语。

② 本书中涉及现当代英语的语例，除了有特别说明的之外，凡是未做标注的均采自柯林斯英语语料库（Collins COBUILD Word Bank，Collins）。

③ 本书中涉及现当代汉语的语例，除了有特别说明的之外，凡是未做标注的均采自北京大学中国语言学研究中心现代汉语语料库（Centre for Chinese Linguistics PKU，CCL，詹卫东等 2019）。

如果“来参观”“去健身”“来吃饭”“去看电影”中的“来”和“去”以及 come sit、go get 中的 come、go 有标记时体的功能，那么其他位移动词，如“走”、“进”、enter、run 等，在与 VP 搭配出现时是否也能标记时体？除了“来”和“去”，汉语中还有例（3a-d）这样的用法，“跑进来”“跑进弄堂来”“跑出去”“跑出房间去”，这里的“来”和“去”起到了什么样的作用？又具有怎样的语义和句法属性？如果将这四个语例译成英语，译文是否能完全体现原文的含义？以“跑出房间去”为例，英语 run out of the room 是否与其对等？“去”的含义是否也得到了体现？

（3）a. 新子**跑进来**，说村长叫水山有事。

b. 落纱工董素娟飞也似的**跑进弄堂来**。

c. 汤阿英不等余静的同意，转身就**跑出去**了。

d. 夏雪什么也不听，**跑出房间去**。

类似的还有“X 起来”，如例（4a-d），这里的 X 可以是位移动词“飞”，如“飞起来”；也可以是其他动词“夹”“捆”等，如“夹起来”“捆起来”；甚至可以是形容词“热闹”，如“热闹起来”。这四个“起来”有何不同？

（4）a. 祥子痛快得要**飞起来**。

b. 我松开他的手，把几本书**夹起来**。

c. 快把他**捆起来**！

d. 不知谁嚷了一下子，教室里立刻**热闹起来**。

英汉语言对相同位移要素进行编码时，编码的方式是否相同？例（5a-d）是英语中常见的表达方式，come 和 go 为句子的谓语，表示位移方式的动词以-ing 分词的形式随后出现。如果把这四个语例译成汉语，译文能否完全体现原文的含义？二者在线性序列上是否一致？以例（5c）为例，译成“他看见理查德骑着马走过来”和“他看见理查德过来，骑着马”，哪个更符合汉语表达习惯？英汉位移编码模式存在哪些共性和差异？

（5）a. There **came** two men **running** against him.

b. The Scots **came** **flying** over the dales.

c. He saw Richard **come** **riding** on a horse.

d. The ice bucket holding a bottle of wine **went** **flying** as did the bedside lamp.

以上五组问题便是本书所做研究的缘起。以往国内外相关研究起到了重要的参考和借鉴作用，但是目前还没有能够一一解决上述问题的研究成果，本书将在第 2 章详细介绍国内外研究现状。

1.3 研究方法

本书将从历时视角追溯和考察英汉位移构式的历时演化，需要借助于国内外的英汉语历史语料库和现当代语料库[①]。

英语历史语料主要来源于：①*OED*，本书中语例后圆括号内年份排列在前的例句均出自 *OED*；②赫尔辛基英语语篇语料库（Helsinki Corpus of English Texts，HCET[②]），涵盖古英语、中古英语、早期现代英语经典语篇的历史语料库；③美国英语历史语料库（Corpus of Historical American English，COHA[③]）。现当代英语语料主要来源于：①美国当代英语语料库（Corpus of Contemporary American English，COCA[④]）；②杨百翰大学-英国国家语料库（Brigham Young University-British National Corpus，BYU-BNC[⑤]）；③柯林斯英语语料库（Collins COBUILD Word Bank，Collins），为光盘版（2006）；④《牛津高阶英汉双解词典》（第 8 版[⑥]）。

汉语历史语料主要来源于：①北京大学中国语言学研究中心语料库（Center for Chinese Linguistics PKU，CCL[⑦]）古代汉语部分（詹卫东等 2019）；②北京语言大学汉语语料库（BLCU Corpus Center，BCC[⑧]）古代汉语部分；③《汉语大字典》（第二版[⑨]）；④《汉语大词典》（光盘版[⑩]）；⑤《古代汉语词典》（第 2 版[⑪]）；⑥《古汉语常用字字典》（第 5 版[⑫]）。现当代汉语语料主要来源于：①CCL 语料库现代汉语部分（詹卫东等 2019）；②BCC 语料库现代汉语部分；③《现代汉语

---

① 语料库的检索时间集中在 2020 年。英语历史语料中的古代英文在拼写、语法、大小写等书写规范上均与现当代英文不同，本书中均保留原貌。汉语历史语料中个别语例的作者和年代不详，本书中均保留语料库检索原貌。

② HCET 语料库网址：https://varieng.helsinki.fi/CoRD/corpora/HelsinkiCorpus/。

③ COHA 语料库网址：https://www.english-corpora.org/coha。

④ COCA 语料库网址：https://www.english-corpora.org/coca。

⑤ BYU-BNC 语料库网址：https://www.english-corpora.org/bnc/。

⑥ 《牛津高阶英汉双解词典》（第 8 版）由商务印书馆和牛津大学出版社于 2014 年出版。

⑦ CCL 语料库网址：http://ccl.pku.edu.cn:8080/ccl_corpus/。

⑧ BCC 语料库网址：http://bcc.blcu.edu.cn/。

⑨ 《汉语大字典》（第二版，九卷本）由四川辞书出版社和崇文书局于 2010 年出版。

⑩ 《汉语大词典》（光盘版 2.0，1998 年发行）是基于《汉语大词典》（第一版，正文十二卷），该词典第一卷由上海辞书出版社于 1986 年出版，其余各卷由汉语大词典出版社陆续出版，于 1994 年出齐。

⑪ 《古代汉语词典》（第 2 版）由商务印书馆于 2014 年出版。

⑫ 《古汉语常用字字典》（第 5 版）由商务印书馆于 2016 年出版，2018 年 8 月重印。

词典》(第 6 版[①])。

关于英语的历史分期，笔者参考了 Baugh 和 Cable(2002)、Freeborn(2006)、秦秀白(1983)、李赋宁(1991)对英语史的划分，详见表 1.1。

表 1.1 英语的历史分期

历史阶段	英文名称	起始年份	终止年份
古英语	Old English	450	1150
中古英语	Middle English	1150	1500
早期现代英语	Early Modern English	1500	1770
晚期现代英语	Late Modern English	1770	1950
当代英语	Present Day English	1950	至今

关于汉语的历史分期，主要参考了吕叔湘(1985)、王力(2004)对汉语史的划分，参见表 1.2。

表 1.2 汉语的历史分期

历史阶段	起始时间	过渡阶段
上古汉语	3 世纪以前(五胡入华以前)	3、4 世纪
中古汉语	4—12 世纪(南宋前期)	12、13 世纪
近代汉语	13—19 世纪(鸦片战争以后)	1840 年鸦片战争到 1919 年五四运动
现代汉语	20 世纪(五四运动以后)	

比较与对比的研究方法始终贯穿本书。这既包括英汉两种语言的比较与对比，也包括共时层面不同构式之间、同一构式不同功能之间的比较与对比，还包括参考国外学者对其他语言位移构式的研究成果从而进行多语言的比较与对比。从历时角度看，比较与对比法还包括位移构式在不同历史阶段呈现的语义句法属性之间的比较与对比。这种历时比较对比法主要体现在位移构式的演变路径、演变动因与机制方面的比较与对比上。从语言各层面看，比较与对比涉及语音、语义、语用、句法、语篇五个层面。

1.4 章节概览

全书共 10 章。第 1 章为绪论，从术语界定、研究缘起、研究方法、章节概览

① 《现代汉语词典》(第 6 版)由商务印书馆于 2012 年出版，2015 年 6 月重印。

四方面介绍本书所做研究的概况。第 2 章为文献综述，归纳和整理国内外关于位移事件与位移编码的相关研究，分别从认知语言学视域下的位移事件研究、语言类型学视域下的位移编码研究、历史语言学视域下的位移编码研究三方面进行综述，总结以往研究的贡献，阐述本书所做研究的必要性。

第 3 章介绍理论框架，阐释语言演变的动因和机制，其中包括交际需求与省力原则、重新分析与类推效应、隐喻与转喻、频率与显现、创新与传播；介绍语义演变分析模型，即从语用化到语义化再到多义现象的产生；阐释功能演变研究的语法化、词汇化、习语化三种分析模式；介绍基于构式语法、语法化、词汇化学说的构式化理论，即从整体上描写和概括语言演变的分析模式。

第 4 章和第 5 章为平行章节，分别对英汉两种语言的直指位移构式进行描写和分析，主要从共时、历时两个层面进行梳理和归类。共时层面的描写基于现当代英语语料和现当代汉语语料，关注位移构式在语用、语义、句法等方面呈现的属性和特点；历时层面从词语的本源入手，参考基于历史原则编写的 *OED*、《汉语大字典》、《汉语大词典》，借助于英语历史语料库和汉语历史语料库，归纳和分析每一构式的语用、语义、句法属性及其历时变化。

第 6 章、第 7 章、第 8 章为平行章节，分别从语法化、词汇化、习语化三个方面描写和分析英汉位移构式的历时演变。第 6 章关注位移构式历时演变过程中的语法化现象，主要包括[COME/GO VP]构式中 come/go 的助动化倾向、[VP 来/去]构式中的体貌助词“来/去”的语法化、[GO to VP]构式中 be going to 的助动化、[来/去 VP]构式中标记将来的“来/去”的功能扩展。

第 7 章关注位移构式历时演变过程中的词汇化现象，主要包括[N 来]构式的词汇化，以及类推作用下更多[X 来]构式的显现；[V 来/去]构式中 V 分别为位移动词、致使位移动词、感想类动词时所呈现的词汇化；[来/去 N]构式中 N 分别为处所名词、时间名词时所呈现的词汇化。

第 8 章关注位移构式历时演变过程中的习语化现象，主要包括英语中的[COME NP]构式、[COME ADJ]构式、[COME X COME Y]构式、[GO NP]构式、[GO ADJ]构式、[GO to NP-institute]构式、[COME and GO]构式，以及汉语中的[XX 说来]构式、[XX 来说]构式、[说来 XX]构式、[越来越 X]构式、[V 来 V 去]构式的习语化。

第 9 章分析英汉两种语言在位移构式演化过程中显现出的演变规律和个体差异，从语义演变和功能演变两大部分进行论述，每一部分都包括两种语言在演变过程中呈现出的共性和个体差异，并从认知投射、隐喻化、构式演变的动因和机制等角度分析和探讨这些共性和差异产生的原因和影响。参考学界对其他语言相关现象的考察和研究成果，比较英汉语言与其他语言在位移构式演变方面的共性和差异。

第 10 章为结束语，概括本书的主要内容，总结研究发现和主要观点，同时指出不足之处。

第 2 章

位移事件与位移编码的相关研究

2.1 引　　言

国内外关于位移表达（或称位移编码）的研究主要分为三大类：①从认知语言学视角研究位移编码；②从语言类型学视角分析和比较不同语言在位移编码模式上的共性与差异；③从历史语言学视角分析和探讨位移表达成分的历时演变。本章将从这三类研究方向入手，归纳和总结以往学界对位移表达方式的研究发现。

2.2 认知语言学视域下的位移事件研究

自 Talmy（1985）以来，国内外从认知视角探讨位移表达方式的研究逐渐增多，如 Talmy（1991，2000a/b，2009，2012）、Filipović（2007a/b）、Radden 和 Dirven（2007）、Chen 和 Guo（2009）、Beavers 等（2010）、Croft 等（2010）、Gaby 和 Sweester（2017）、严辰松（1998，2008）、沈家煊（2003）、文旭（2007）、罗杏焕（2008）、阚哲华（2010）、邓宇和李福印（2017）、俞琳和李福印（2018）、张克定（2019，2020）等。

2.2.1 位移事件的定义

Talmy（2000b）把含有位移和持续位于某地的情况称为位移事件[①]（motion event）。后来，国内外学者对位移事件的定义进行了补充和完善。Radden 和 Dirven（2007）指出位移事件具有方向性，可以激活"起点—路径—终点"（人或物由起点沿某一路径到达终点）意象图式。Filipović（2007b）将位移事件定义为"位置变化"，即某一时刻处于 A 地的实体发生位移后在另一时刻止于 B 地。例如，He ran

① 前文说过 motion 也译作"运动"，本章重在介绍前人研究成果，有时为了保持引文原貌，遵照前人成果中对 motion 以及其他术语（如 figure、ground 等）的译法和称谓，这里一般不做改动。

out of the room into the bathroom 就是对一个位移事件的完整表达。

Gaby 和 Sweester（2017）指出每一个位移事件都包含位置变化与时间推移之间的对应关系，如“乘火车上班”，火车在α这一时刻处于位置α，在β这一时刻处于位置β。张克定（2019，2020）总结了学界对位移事件的定义和补充释义，指出位移事件是一种具有时空性、参照性和方向性的位移图式。因此，位移事件可以被视为位移主体在一定的时空框架中，以参照实体为衬托，沿着一定路径，从起点移动到终点的运动过程。

2.2.2　位移事件的构成要素

关于位移事件的构成要素，Talmy（2000b）指出一个基本的位移事件包括两个实体：一是位移实体，二是参照实体。位移事件一般有四个构成要素：位移主体（figure[①]）、参照物（ground）、位移（motion）、路径（path）。这些构件经常跟表示位移方式（manner）、原因（cause）的概念要素相结合，其中位移路径起着核心图式（core schema）和构架（framing）的作用。

位移事件通常是一个宏事件，可分解成主事件和副事件。主事件又叫构架事件（framing event）；副事件是宏事件的一个周边事件，对构架事件起填充、详述、增加、激发作用。Talmy（2000b）以例（1a-c）为例，指出例（1a）只包含主事件 The bottle entered［MOVE INTO］the cave[②]，这是一个简单的位移事件，没有副事件。

（1）a. The bottle entered the cave.

b. The bottle floated into the cave.

c. The napkin blew off the table.

例（1b）包含表示位移[MOVE]的主事件，还包括表示位移方式（即 float）的副事件，也就是 The bottle floated into［MOVE INTO］the cave［BY floating］。例（1c）包含表示位移[MOVE]的主事件，还包括表示位移原因（即 blow）的副事件，也就是 The napkin blew off［MOVE OFF］the table［BY being blown］。

Talmy（1985，2000b）指出位移方式和位移原因是外在的、非根本的成分，所以位移方式动词和位移原因动词统称为副事件动词，而位移路径动词或介词是最基本的语义成分。英语中的位移路径大多由单独的方向介词编码，表示位移方式或位移原因的语义成分经常与表示位移动作的语义成分合并由一个动词编码，

---

① 这里的 figure 有几种译法：“图形”（罗杏焕 2008）、“焦点”（邓宇、李福印 2017）、“凸像”（沈家煊 2003）等。

② 中括号内的文字是对前面动词或动词短语的语义阐释，下同。

如例（1b/c）中的 float、blow，既表示位移方式，又隐含位移的意思，而法语中的位移路径与位移动作合并为主动词，位移方式为非限定动词。

邓宇和李福印（2017）对现代汉语中的位移动词进行了分析，认为方式动词是指焦点发生位移的方式（如“飞、跑、跳、滚”等）或焦点持续静止的方式（如“挂、摆、躺”等）；原因动词是指促使位移发生的致使因素（如“推、拉、拖”等）；路径动词是指焦点发生位移或保持静止的轨迹（如“上、下、进、出、回”等）。

2.2.3 位移事件的词汇化

严辰松（1998）指出运动和状态语义范畴包含动作、动作的原因、方式、结果等语义成分。语言在表达这些语义成分时采取的词汇化模式不同，有的把动作和动作方式结合在一起用一个词表达，有的则用不同的词分开描写。该文章指出，英汉语运动和状态的词汇化模式相似，比如英汉语动词都同时表示动作和方式、动作和原因，英汉语都用外围成分表达动作的方向。严辰松（2008）介绍了 Talmy 的宏事件研究及其启示，指出五类框架事件的语义和句法共性印证了时间是空间隐喻的认知语言学思想，核心图式是不容忽视的语义核心，各种附语具有句法共性。文章还指出，有关框架语的类型学研究有助于读者重新认识动词和附语的语义及句法编码方式。

文旭（2007）运用语用学和认知语言学的相关理论，分析“来”和“去”的典型语用意义、非典型语用意义以及指示条件。该文章指出，二者的典型语用意义分别是以说者和听者的方位为参照点。当认知主体在认知辖域内时，“来”的非典型语用意义是以说者、家、中心人物的方位为参照点；当认知主体在认知辖域外时，“来”的非典型语用意义是以主体或中心人物为参照点，指示条件与“去”明显不同。

马应聪和张克定（2013）从框架语义学视角构建空间位移动词的整合概念框架模型，并以此模型分析英语 enter 类动词的语义框架，提出英语空间位移动词的概念框架是基于动态图式框架和方位隐喻框架构建的，包括 4 个核心框架元素和 3 个非核心框架元素。马应聪（2013）运用整合词汇化模式分析英语介词类空间位移动词的词汇化，提出该类动词经过词汇化产生，还会经历新的词汇化，词汇化是路径类空间位移动词语义构建的重要认知动因。

俞琳和李福印（2018）分析“V 到”构式中概念基元的融合方式，发现这种融合不仅存在于运动与支撑关系概念基元之间，也存在于运动与路径概念基元之间，融合程度呈现出“运动事件→体相事件→行为关联事件→状态变化事件→实现事件”递增性的连续统。

除了真实位移外，学界也关注了非现实位移。所谓非现实位移（fictive motion，也称虚拟位移），是认知主体运用想象能力构想出来的一种心理上的视觉位移现象，是把静态空间情景识解为动态空间情景的结果（张克定 2018），也就是使用位移动词表示静止事物的空间状态。

国内有学者分别从位移主体、位移动词、位移事件等方面进行研究。例如，范娜（2014）分析了英语中延伸、临现、指示路径三种非现实位移的概念整合过程和转喻机制，提出真实位移与静态物体方位的概念整合模式，指出转喻为概念整合提供了认知基础。李秋杨（2014）探讨了延伸型虚拟位移的语言类型基本划分条件，考察英、汉、西、日四种语言中虚拟位移表达在路径、方式、位移主体等特征上存在的共性和差异，指出虚拟位移的共性和个性与个人经验、思维方式、语法结构有关。

钟书能和黄瑞芳（2015）介绍国内外有关虚拟位移的研究成果，指出未来我国虚拟位移研究应结合语料库语言学，扩大跨语言对比的语言种类，关注非现实位移的理解和产出。钟书能和傅舒雅（2016）指出位移主体应具备连贯性语义特征，英语位移主体倾向于时间性，汉语位移主体倾向于距离性。钟书能和赵佳慧（2017）运用认知语言学理论对真实位移和虚拟位移表达从移动要素等多个视角进行了对比，指出人类经验和认知能力在语言使用过程中发挥了重要作用。

张克定（2018）分析了英语非现实空间位移关系构式的认知机制与限制条件，指出该构式的形成取决于不动实体的动态化机制、前项实体空间延伸性、位移动词的持续性、后项实体的必备性。张克定（2019）运用认知语言学相关理论，分析了非现实位移事件的编码问题，指出语言使用者将不可动实体想象为可动实体，使其在心理和视觉上产生相对于参照物的位移并对其进行编码，编码时可以选择突显位移主体与全路径之间、位移主体与部分路径之间的动态关系。

2.3　语言类型学视域下的位移编码研究

构成位移事件的各要素在不同的语言中有不同的编码方式，这使得位移事件的编码存在语言类型学上的差异。近年来，国内外有不少研究从位移事件词汇化类型学视角考察不同语言在位移词汇化模式上的共性和差异，如 Talmy（1985，1991，2000a/b）、Slobin（1996，2004，2006）、Choi 和 Bowerman（1991）、Papafragou 等（2006）、Kopecka（2006，2009）、Filipović（2007a）、Peyraube（2006）、Beavers 等（2010）、Vulchanova 和 Zee（2013）、Shi 和 Wu（2014）、Korzen（2016）等。

国内也有学者将位移事件词汇化类型学应用到汉语研究中，如黄锦章（2008）、阚哲华（2010）、史文磊（2011，2012）等。

2.3.1 位移事件类型学的二分法

尽管一种语言中位移方式、位移路径的编码方式会有很多种，但总有几种是在大多数语境下首选的表达方式。形态句法的复杂程度、词库中某些词素的语用频率等都是语言使用者考虑的因素。多数情况下，简单的编码方式比复杂的编码方式使用频率更高，导致这种语言从表面上看只有有限的几种编码方式。

根据位移路径在不同语言中编码方式的不同，Talmy（1985，1991，2000a/b）提出位移构架类型学，也称位移事件词汇化类型学，并将语言分成两大类：①动词构架（verb-framed）语言，位移路径由主动词（包括动词词根）编码，位移方式不出现或通过小品词、词缀等编码；②附目构架（satellite-framed）语言，位移路径由小品词、词缀等附目编码，位移方式由主动词（包括动词词根）编码（Talmy 2000b）。Talmy 的二分类型学是基于这样的理论构想：句中的主动词要么编码位移方式，要么编码位移路径，但不会同时编码二者，这就使得语言要选择其一进行主动词编码，即出现动词构架和附目构架之分。

简单地说，Talmy 位移事件类型学的分类标准在于核心图式（即位移路径）由什么来编码，如果由动词编码，那么这个语言是动词构架语言；如果由附目编码，那么这个语言就是附目构架语言。也就是说，Talmy 假定每一个句子都有一个主动词，作为核心图式的位移路径典型地体现为句中主动词（即限定动词）的语言为动词构架语言，如法语、西班牙语；位移路径由主动词之外的其他成分体现的语言为附目构架语言，如英语、德语。Talmy（2000b）指出现代汉语和现代英语都属于附目构架语言，汉语经历了从动词构架语言到附目构架语言的类型变迁，变成了一种很强的附目构架语言，经常以附目来表示位移路径和句法上的体与态。

位移动词的语义编码也有跨语言差异。例如，美国北加利福尼亚州 Hokan 语群中的 Atsugewi 语，方式动词包含位移物体的某些特征，词根-lup-构成的动词表示一种小的、有光度的球形物体的位移或方位（Talmy 2000b）。Talmy 将这种语言归类为附目构架语言，理由是其位移动词词根不包括位移路径的具体信息，但是这种语言的位移动词与印欧语言中典型的附目构架语言（如英语、德语、俄语）不同，将它简单地归为附目构架语言只是表明它的位移动词不含路径信息，但没有说明这类动词到底隐含什么信息。可选择性（optionality）即非限制性，这一概念在 Talmy 二分法中非常重要，各种类型的附目，无论是路径编码还是方式编码，都是非限制性的。

基于 Talmy 位移事件类型二分法，学界进行了跨语言的比较研究。Aske(1989)以西班牙语为例，提出动词构架语言里同样存在附目构架型的句子，即"方式动词+路径小品词"的形式，这主要是由路径的性质决定的。文章指出，路径可分为目的路径（telic path）和非目的路径（atelic path）两大类。西班牙语等动词构架语言在表达非目的路径的运动事件时可采用附目构架语言的结构形式，而在表达目的路径的运动事件时则必须采用动词构架语言的结构形式。这两种形式在功能上具有互补性。

Choi 和 Bowerman（1991）分析和比较了英语和韩语位移事件表达方式，发现在韩语的致使位移及物小句中，路径与主体/背景成分本身含有位移动作信息；在自发位移的不及物小句中，直指位移动词本身含有位移动作信息，路径和方式独立于直指位移动词。Slobin（1996）比较了英语和西班牙语位移动词的异同，发现英语小说译成西班牙语后，会丢失很多方式信息。因此，说者应尽量避免使用附加成分，在描述事件时要考虑哪些语义要素是必须编码的，哪些语义要素是可从语境中推断出的，这就使得某些语言更加偏向动词构架或附目构架。

Papafragou 等（2006）比较了希腊语和英语位移编码方式的异同，发现方式编码的频率不仅与语言类型有关，还要看这个方式是否隐晦或具有暗示性、可推断性。例如，描述一个人走上楼梯时，英语用方式动词，表路径的介词短语可有可无，而希腊语用路径动词，方式编码可有可无。然而，在描述非常规或不常见的位移方式时，希腊语的方式编码频率增加，并以复杂的方式状语或方式动词的形式出现，避免使用形态句法或语义复杂的附加成分。

Filipović（2007a）基于语料库考察了塞尔维亚-克罗地亚语（Serbo-Croatian）[①]和英语的位移事件词汇化模式，同时也引用西班牙语、法语、意大利语、汉语、阿尔巴尼亚语的语例进行对比分析。Peyraube（2006）研究了汉语的位移事件，聚焦趋向补语的历时演变。Kopecka（2006，2009）从类型学视角分析了法语位移动词的语义构成、法语位移事件表征方式的延续与改变。

Nakazawa（2009）利用 Talmy 的二分法考察了日语、韩语、英语、汉语的直指位移动词，指出位移路径的解读取决于直指位移动词的语义特征及其搭配义。如果直指位移动词表达的路径最终朝向直指中心，那么它就蕴含到达义。Vulchanova 和 Zee（2013）收集了有关爱沙尼亚语、英语、挪威语、保加利亚语、

① 塞尔维亚-克罗地亚语（Serbo-Croatian）是通行于东欧巴尔干半岛前南斯拉夫诸国的语言，目前该语言在不同的国家有不同的称谓，如塞尔维亚语、克罗地亚语、波斯尼亚语、黑山语等，语音方面虽有不同之处，但使用者之间可以自如地对话交流。

意大利语、德语、俄语、波斯语、泰米尔语的语言中位移表达方式的研究，从而归纳了位移编码的相关参数。Korzen（2016）借鉴了Talmy的二分法，从向心/离心动词类型学角度分析了日耳曼语言、罗曼语言的位移表达方式及其类型差异，发现日耳曼语动词和罗曼语名词用词准确、精细，罗曼语动词和日耳曼语名词用词抽象，具有类指性。

针对汉语的位移事件词汇化类型，戴浩一（2002）、Tai（2003）指出，汉语路径动词有时以核心动词出现，所以汉语属于以动词构架为主、附目构架为辅的语言。Lamarre（2008）分析了汉语直指方向表达成分的范畴化问题。Shi和Wu（2014）关注汉语位移表达方式的演变。

沈家煊（2003）按照Talmy（2000b）的二分法，论证了汉语的动补结构基本上属于附目构架语言，而且在某些方面较强地表现出这种类型特征。该文章指出，由于汉语作补语的动词和形容词不是一个严格的封闭类，这些补语大多能单独充当谓语动词。汉语主动词和附目区分不像西班牙语、英语那些有形态变化的语言那么明显，汉语的附目不是地道的附目，从这个角度看，汉语又不是一种很典型的附目构架语言。

黄锦章（2008）基于Talmy的位移事件类型学分析上古汉语的位移动词，发现上古汉语位移动词中表示携带、离开、到达、路径等信息的位移动词占绝大多数，而且语言使用者更关注位移的结果而不是位移的起点或路径，进而提出上古汉语是动词构架语言。

罗杏焕（2008）对英汉位移事件词汇化模式进行了探讨，提出汉语不是典型的附目构架语言，而是并列构架（parallel-framed）语言。该文章指出，与英语等典型的附目构架语言相比，汉语虽然具备了附目构架语言的某些特征，但汉语的位移路径编码要比英语复杂得多，可以由动趋结构中的趋向动词表达，而这些趋向动词既可以与其他趋向动词搭配使用，也可以独立使用。所以从类型学角度看，汉语并不是典型的附目构架语言，而是更接近并列构架语言。

史文磊（2011）考察了汉语位移事件类型的历时演化过程，指出汉语表现出由动词构架语向附目构架语演化的倾向。上古汉语多用路径动词单动式，表现出较强的动词构架语特点；而现代汉语表现出附目构架语特点，但并不典型。该文章还指出，汉语词汇化类型的历时演化方向与罗曼语相反，演化机制也不一样。罗曼语主要采取强词汇化和语义要素融合的方式；而汉语主要采取语法化和语义要素分离的方式，其类推作用明显，但二者的词汇化结构都呈多样性。

史文磊（2012）对近年来有关汉语位移事件词汇化类型及其类型学演变的研究做了回顾和评介，分析了代表性观点的论据和研究中存在的不足之处。该文章指出，类型的鉴别要区分句法核心和语义核心，也要结合共时和历时来考察。词汇化类型既表现在句法结构属性上，又表现在语言使用倾向上，应结合二者进行综合考量，同时要充分认识不同语言的特性，以及同一词汇化类型的语言在结构上的差异。

有学者认为上古汉语是类似于西班牙语的动词构架语言，路径由主动词表达，方式由动名词成分或副词成分表达，如例（2a）中“出”为主动词，“奔”为表方式的成分（Li 1993）。史文磊（2012）指出，根据语境，例（2a）的语义重心应该偏向“奔齐”而非“出”。在上古汉语中，这种动词短语连用结构很常见，如例（2b）中“退飞”和“过”是连动结构，而表达位移方式的手段不止一种，除了由主动词充当外，还可以由副词短语、连谓结构的前项动词、独立小句等成分充当。

（2）a. 十有一月，卫侯朔**出奔**齐。(《左传·桓公十六年》)

b. 是月，六鹢[①]**退飞**，**过**宋都。(《左传·僖公十六年》)

沈家煊（2018）讨论比附主谓结构所带来的问题时指出，位移事件结构类型学在判断汉语属于哪一种类型语言时有很大的分歧，其争论焦点在于对“瓶子漂出洞口”中“漂出”这个组合的结构性质的认定。认为“漂”是核心动词、“漂出”是动补结构的人说，汉语与英语同类型，都属于附目构架语言；而认为“出”是核心动词、“漂出”是偏正结构的人说，汉语与西班牙语同类型，都属于动词构架语言。这两种观点各有各的理由和证据，谁也说服不了谁。该文章指出，讨论事件结构的类型，还需要考虑不以主谓结构为主干、谓语不分首领和从属的语言。

史文磊（2019）在古今对译语料统计分析的基础上，从语言结构使用倾向、概念要素分布两方面，调查汉语和法语位移事件词汇化类型的历时演变，发现汉语和法语在动词构架型、附目构架型、双路径型、综合型等结构的使用倾向上呈平行反向发展的趋势。该文章指出，从语言结构的使用倾向来看，现代汉语和古代法语都不是人们以往认为的附目构架语言，而是并用型语言；从概念要素的分布倾向来看，汉语的位移方式显著度呈不断增强的趋势，而法语呈不断减弱的趋势，但二者都不是位移方式显著语言，其位移路径编码相对更显著。

2.3.2　位移事件类型学的三分法

Talmy 的位移事件两分法为语言类型研究提供了新视角，学界普遍承认其理论价值，但在具体语言的归类上还是出现了一些既不属于动词构架语言也不属于附目构架语言的语言，而且随着个案研究的增多，这些无法归类的语言数量逐渐增加。Slobin（2004，2006）在 Talmy 二分法的基础上提出了位移事件词汇化类型的三分法模型，提出位移事件类型学可以分为三种类型，除了 Talmy 提出的两种

① 鹢（yì），水鸟名，参见《古汉语常用字字典》（第 5 版）第 488 页，该字典由商务印书馆于 2016 年出版。

类型外，第三种为等值构架语言（equipollently-framed[①] languages）。这里的 equipollently 有‘力量相等、价值相等’之意，用来指副事件动词和路径动词有同等的句法地位。

具体到现代汉语的类型归属，Slobin（2004）认为，现代英语和现代汉语属于不同类型的语言，现代英语为附目构架语言，现代汉语为等值构架语言。该文章指出，现代汉语的路径动词可以单独出现，而且位移方式和位移路径都可以由动词编码，二者在句法属性上相等，所以现代汉语不属于二分法中的任何一类，而应属于第三类——等值构架语言。

Talmy 的分类学基于综合因素：动词中路径和方式（或结果与方式）的重合编码、方式和路径编码的模式、非动词编码的偏好等。Slobin（1996）也认为，任何一种语言都呈现出不同的编码方式，但是每种语言都只有几种编码是最简单、最口语化的。通常这几种编码的出现频率较高，从而成为这种语言使用者遣词造句时惯用的语言形式，而其他复杂的编码方式的出现频率较低。

Kopecka（2009）指出，附目构架语言的路径由动词附加成分表示，如果位移方式和位移路径词汇化为 run into、run out 这样的结构，那么这种语言就是附目构架语言；动词构架语言的路径由主动词表示，如果位移方式和位移路径词汇化为 enter running、exit running 这样的结构，那么这种语言就是动词构架语言。该文章以此为标准，通过对比古代法语叙事文与其现代法语译文，描写了法语从附目构架语言向动词构架语言演变的过程。

阚哲华（2010）提出等值构架语言的狭义和广义之分。狭义的等值框架是指表示位移方式/原因的动词与表示位移路径的动词具有相等的句法地位；而广义的等值构架是指构式中的这两个动词不仅句法地位相等，而且充当谓语中心词的机会也相等。该文章指出，现代汉语属于广义上的等值构架语言。阚哲华（2010）采用与 Slobin（2004）相同的实验素材，对母语为汉语的成年人做了语言产出诱导实验，结果发现汉语路径动词和副事件动词充当谓语中心词的机会相等。另外，汉语和西班牙语倾向于每个位移动词充其量带一个背景成分（起点、过点或目标），其他背景信息则由语境来推断，所以汉语具有比较明显的动词语言特征。因此，阚哲华（2010）提出最好把汉语看作介于附目构架语言和动词构架语言之间的一种广义上的等值构架语言。

Beavers 等（2010）指出复合式、连动式等结构有跨语言的差异，并不是每种编码方式在任何语言中都存在。他提出位移事件编码呈现的跨语言多样性，受位

---

① 关于 equipollently 的译法，邓巧玲和李福印（2016）、李福印（2017）译作“均衡”；任龙波和李福印（2018）译作“平衡”；邓宇和李福印（2015）、方迪（2018）译作“均等”；史文磊（2011，2012）译作“对等”。本书中译作“等值”，这样就与另外两种类型（“动词”“附目”）的命名和构词属性保持一致了。

移方式、位移路径的编码方式的限制，也受语言的形态词汇属性、形态句法丰富程度的影响，并指出更多的跨语言比较研究能够揭示更多的语言类型学差异。

2.3.3 汉语位移事件词汇化类型研究

Chen 和 Guo（2009）证明汉语属于等值构架语言。该文章指出，运动构式中的方式编码是一个连续统。连续统的一端是以附加的方式编码修饰动词，这是典型的动词构架语言；连续统的另一端是以附加的方式编码来扩充已有的方式动词，使方式语义信息更加详细。汉语位于连续统的中间，用附加的方式编码修饰泛义方式动词，所以从方式编码来看，汉语属于等值构架语言。该文章也指出，汉语连动构式中的两个动词可以独立用作主动词，它们之间不存在限定与非限定（finite/infinite）的关系，所以它们很有可能具有相等的语法地位。

史文磊（2012）指出，Slobin 对均等构架语言类型的判别有双重标准，一是句法属性，二是语用倾向。然而从句法属性来看，现代汉语连动构式中的第一个动词总是处于核心地位，因此它不应属于均等构架语言。Talmy（2009，2012）指出 Slobin 对等值成分的判定过于泛泛。Talmy（2012）通过访谈法，发现现代汉语符合等值构架的实例很少，他和 Slobin 关于位移事件词汇化类型的争辩各有侧重。Beavers 等（2010）在二者之间采取了折中方式，认为现代汉语融合了附目构架、动词构架和等值构架三种类型的语言或至少两种类型的语言的特征，仅把汉语归入单个语言类型的做法是不妥的。

Shi 和 Wu（2014）从历时演变的角度考察了汉语位移事件的编码，分别从古代汉语、中古汉语、早期现代汉语、现代汉语四个阶段考察汉语位移事件的三个参数——路径、方式、背景，同时与动词构架型代表语言西班牙语、附目构架型代表语言英语进行了比较与对比，发现汉语正从动词构架语言向附目构架语言演变。早期现代汉语中这一演变进度加快，现代汉语的位移编码呈现多样性，使现代汉语既不属于典型的动词构架语言，又不属于典型的附目构架语言。该文章提出，与 Peyraube（2006）的观点相反，这一位移类型的演变还未结束，不需要另立第三种类型的等值构架语言（Slobin 2004；Chen & Guo 2009），也无须将汉语归为这类语言。现代汉语位移结构呈现的句法形态特点和语言使用特征表明汉语正处于从动词构架语言向附目构架语言演变的过渡阶段，目前偏向于附目构架语言。

刘礼进（2014）指出判断位移事件语言类型的基准在于判断位移事件中哪个成分典型地表达路径信息。通过对汉语位移事件的考察，该文章指出汉语多半使用趋向补语作附目来编码路径，用主动词编码路径的情况较少，因而汉语是一种附目类型比重较高的语言。

李福印（2015）对静态事件进行了分析，支持现代汉语为卫星框架[①]语言的观点，并指出 Talmy 的运动事件不仅应包括空间位移性质的物理运动，还应包括静态的持续存在。这一点被许多研究者忽视，而且既往研究所采用的语料与 Talmy 研究的语料要求也不吻合，Talmy 的语料具有口语化、使用频率高、普遍性强三个特点。基于 Bohnemeyer 等（2007）提出的宏事件特征视角，邓宇和李福印（2015）采取诱导实验法对汉语位移事件切分的语义类型进行了考察，发现现代汉语用大量连动式表征复杂位移路径，语义类型以附目框架语言、连动语言为主，兼有动词框架语言的特征，因而提出现代汉语属于互补型语言。邓宇等（2015）采用语料库和实验相结合的方法，对汉语隐喻运动事件的词汇化模式进行了定量和定性分析，发现现代汉语隐喻运动事件的词汇化模式以附目框架语言为主，兼有动词框架语言和等值框架语言的特征，整体趋势为附目框架语言>动词框架语言>等值框架语言，因而提出汉语是一种互补型语言。

邓巧玲和李福印（2016）从认知能力发展和汉语类型学角度考察了中国学生汉语运动事件的言语表征发展情况，发现中国学生在表征运动事件时，从 3 岁开始就会同时编码方式和路径信息，其中，“方式动词+路径动词”的结构占其表达方式的主体。方式动词的类型随着年龄的增长呈现出多样性的特点，且话语密度逐步增强，该结构中大多数路径动词可作谓语中心词，汉语属等值构架语言，但同时也具有附目构架语言的特点。李福印（2017）对现代汉语路径语义要素的词汇化模式进行了分类研究，指出他所搜集的语料支持汉语是动词构架语言，而基于不同的事件语域，会得出汉语属于不同类型的语言的结论，因此建议对现代汉语不同的事件语域做详尽的语言分析。

按照 Talmy（2000b）对位移事件词汇化研究的语料要求（即口语化、高频率、普遍性），邓宇和李福印（2017）以地震访谈的真实语料考察现代汉语位移事件词汇化模式的概率倾向性分布，指出现代汉语不是典型的等值构架语言，而是以附目构架语言的特征为主，但兼有动词构架语言和等值构架语言的特征，总趋势为附目构架语言>动词构架语言>等值构架语言，呈现出原型与非原型范畴之分，但整体是一个连续统。

任龙波和李福印（2018）通过定性研究分析汉语构架附目语素的特点，发现汉语附目语素常出现在动结式、动趋式、位置词等短语中，表征运动、体相、状态变化、行为关联、实现这五种宏事件核心图式，包括动结式的结果补语、动趋式的趋向补语、个别空间位置词、方位构式等成分，呈现动态性。

史文磊（2020）指出不同类型的文本在词汇化结构和语义要素表达的演变进

---

① 关于 frame 的翻译，学界常见“构架”和“框架”两种译法，本章重在介绍前人研究成果，为了保持引文原貌，保留了引文原作中的“构架”或“框架”表述。

度上存在显著差异，这些差异很大程度上是由各文本之间的语体差异造成的。该文章指出，运动事件词汇化类型的共时和历时考察不宜只关注口语体，也不宜笼统地讨论整个语言的类型归属，而应将不同语体区分开来进行调查。

综上所述，学界对汉语到底属于哪一种类型的语言仍然十分关注，并尝试在位移事件类型学的二分法或三分法框架内为汉语定性。然而，这一问题至今尚无定论。随着研究的深入，学者们也逐渐发现了问题的症结所在，并提出了未来研究的思路。沈家煊（2018）指出二分法或三分法适用于主谓结构语言。邓宇和李福印（2017）指出，汉语中的路径附目大部分是由路径动词演化而来的，在汉语连动构式的历时发展过程中，路径动词逐渐由编码运动和路径的主动词演变成为第二动词，通常位于方式动词或原因动词之后，其结果是该成分语法化为相对封闭的附目，用来编码运动路径等。他们提出，现代汉语运动事件词汇化类型的多样性特征应该从历时演变中寻求答案（邓宇、李福印 2017）。李福印（2017）建议从更多的视角（如构式视角、历时视角）研究汉语位移事件的类型归属问题，从历时层面和共时层面对汉语的不同事件语域做更为详尽的分析，不建议用附目构架语言和动词构架语言这种过于笼统的概念给汉语定性。

2.3.4　库藏类型学的趋向范畴研究

刘丹青（2013）探讨了普米语（兼及羌语支）主要用前缀表达趋向范畴的现象，提出普米语的趋向范畴符合显赫范畴的五项指标。该文章指出，从跨语言角度看，趋向范畴不是普遍重要的语法范畴，很多语言没有语法化程度很高的趋向表达系统，但是普米语及所在的羌语支语言的动词趋向范畴，是汉藏语系里一种极其典型的显赫范畴。羌语支语言的动词普遍有发达的趋向形态（傅爱兰 1998；马学良 2003），在某些方面比汉语的显赫范畴更能完整地例示趋向范畴的诸多属性。

史文磊（2014）从语言库藏显赫性扩张的视角解释“蹲到”类动趋结构，指出该类构式是动趋式成为显赫范畴后，向相关概念表达范畴扩展的结果。这一视角还可以解释“摸进”类静源动趋式、“回到/进来”类双路径动趋式结构的出现以及相关类型学演变问题。

刘丹青（2017）从库藏类型学的库藏裂变视角，论证了现代汉语动结式和动趋式虽然源于连动式，但在共时层面已裂变为无关的句法构式，由不同的句法规则生成，受不同的句法条件限制，在母语者的句法构式库藏中已经分置于不同的仓位，无法再归入同一大类。该文章指出，动结式和动趋式中的结果补语和趋向补语已归从属成分，不再是连动的状态。

方迪（2018）从语言库藏类型学（刘丹青 2011，2012）的视角，对现代汉语动趋式的显赫性和扩张效应进行探讨，指出动趋式原义是表示位移的路径和位移过程，随着动趋式进行趋向范畴内部和外部的扩张，扩展至结果范畴和时体范畴，并形成了一些固化格式。文章指出，现代汉语动趋式是表达趋向范畴的主要库藏手段且是一种显赫的范畴。

2.4 历史语言学视域下的位移编码研究

从历史语言学视角考察位移表达方式的研究以语法化（Hopper & Traugott 1993, 2003; Bybee et al. 1994; Heine & Kuteva 2002 等）和词汇化（Brinton & Traugott 2005 等）研究为主。近年来，国内学界也从语言演变的角度考察汉语位移表达成分的演化过程，例如梁银峰（2004a/b，2005）、龙国富（2005）、陈前瑞和王继红（2009）等对“来”和“去”的语法化研究，曾传禄（2008a）、罗耀华（2015）、罗耀华和姚文彪（2017）分别对位移介词“往”“到”“至”的语法化研究，以及陈昌来和张长永（2009，2010，2011）对“X 来”的词汇化研究等。

2.4.1 位移动词的语法化研究

针对位移动词的语法化研究，Hopper 和 Traugott（1993，2003）对 be going to 的语法化进行了详细的分析和讨论。Bybee 等（1994）、Heine 和 Kuteva（2002）在世界语言范围内考察了位移动词 come 和 go 的语法化过程。Brinton 和 Traugott（2005）从整合词汇化模式视角分析了英语位移动词的语义构成和词汇化过程。

国内有学者专门对“来”的事态助词用法进行研究。例如，梁银峰（2004a）分析了时间方位词“来”对事态助词“来”形成的影响，指出位于“来”之后表示时段概念的名词短语的句法位置发生变化后，方位词“来”的语义和语法功能也会发生变化，并开始向事态助词演变。南北朝时期（最晚到隋代），事态助词用法确立；唐代以后，动态助词用法大量出现且在某些语境中转化为事态助词，加速了事态助词“来”的语法化进程。基于历史语料，梁银峰（2004b）提出，“来”事态助词用法的出现早于唐五代，是由连动式“V（NP）来”中的趋向动词用法虚化而来。

龙国富（2005）以魏晋南北朝的佛经为语料，佐证了梁银峰（2004a/b）的观点，并探讨了“来”的语法化路径、动因和机制。陈前瑞和王继红（2009）分析了近代汉语句尾“来”表示过去发生的事情与过去的经历两种用法的演变，提出“来”的过去经历义源于其过去发生义，且感官动词在这一演变过程中起重要作用，并指出句尾“来”的演变对体貌范畴和传信范畴的语法化有着重要的类型学意义。

陈前瑞（2005，2006）分析了“来着”的发展和主观化，通过对历史语料的定量考察，他发现“来着”小句由表过去时间到不表过去时间转变，并在指称过去时间方面，越来越突出最近的过去。同时，从共时层面上看“来着”的各类现时相关性大致反映了主观性程度的高低。该文章指出，北京话“来着”的用法可能源于满语过去时的某些用法，是表示事件发生在过去并对现时语境有影响的完成体标记。熊仲儒（2009）指出，词类的分布理论和类型学中动词与词缀的距离等级表明，居于句末的“来着”自《清文启蒙》问世以来，一直都是语气词而不是完成体标记，而且“来着”本身并没有近过去义，这种意义可以归结于它所出现的构式，甚至可归结于“时制”或“时间”这样的隐性范畴。

梁银峰（2005）从历时视角追溯动相补语“来”和“去”的形成过程，指出二者引申出‘以来’‘以后’的意思后，经常跟在某些动词或状态形容词后表示某种情状发生后接着发生另一种情状，形成“V 来/去 VP_2”格式。有些“V 来/去”可以独立出现，这时“V 来/去”表示动作状态的完成或实现，从而发展为动相补语。梁银峰（2007）继而追溯事态助词“去”的形成过程，并得出以下结论：“去”的事态助词用法一是由目的格式“V（NP）去”中的目的动词“去”语法化而来；二是由“V 去”中的动相补语“去”转化而来。

刘丹青（2002）聚焦汉语中的框式介词，如“用……来”，并指出这里的“来”充当连接性成分。例如，“用汽车来接送客人”本宜切分为[[用汽车][来[接送客人]]]，也可重新切分为[[用汽车来][接送客人]]，“来”在这里除了充当连接性成分外并没有其他作用。该文章提出，框式介词中的“来”属于纯联系性介词，本身并不扮演明确的语义角色，只是在前置词短语和谓语核心的中介位置起连接作用。

李晋霞（2002）从共时和历时两方面考察了现代汉语中“V 来 V 去”格式，指出现代汉语的“V 来 V 去”根据其分布不同可以分为三类：前两类为谓词性句法成分，二者在句法功能取向上有差异但没有语法化关系；后一类是篇章衔接成分，由前两类中的一类语法化而来。刘志生（2004）讨论了近代汉语中“V 来 V 去”的语法特征、句法功能以及语法化问题，指出这类格式在现代汉语中逐渐成为一种成熟的表达方式。

王灿龙（2004）讨论了“起去”的语法化未完成现象及其认知动因，指出“起去”和“起来”曾是相对的语言单位，“起来”语法化为体标记，“起去”也发生语法化但未完成。该文章指出“起来”的目标突显，可以直接感知，表现出最强的关联性；而“起去”的目标非突显，难以感知，不具有关联性。正是这种关联性的有无使人们最终在认知作用下舍弃“起去”，选择了“起来”。

李宗江（2008）探讨了“想来”“看来”“说来”三个词的语义和用法演变过

程及条件，指出“看”和“说”本是视觉动词和言说动词，它们由本义衍生出认知义，与认知动词“想”趋同后一起向情态副词演变并伴随着主观化的增强。三者都经历了从表示具体动作到表示心理活动、表示说者态度，从陈述句子主语到陈述隐藏主语、陈述说者，从指向动作施事到指向认知主体、指向说者的这样一个功能演变过程。

邢向东（2011）指出陕北神木话的“来”和“去”用法复杂，表位移时可以作谓语、补语。除了表示位移，“来”还可以表示先事时兼申明语气，这一用法又衍生出话题标记的用法，“去”在祈使句句末表目的的用法也衍生出话题标记的用法。充当话题标记时，“来”的搭配能力强，可用于表已然、未然；“去”的搭配能力弱，只能表未然。

龙国富（2013）提出现代汉语中的“越来越……”构式是语法化的结果，重新分析和类推是这一构式语法化的机制，语用推理是其语法化的动因。该文章梳理了“越”从先秦时期的过程动词到汉代的时间动词、唐代的表条件的程度副词、宋元时期的表动作的程度副词、清代的表时间的程度副词这一单向的演变过程。

2.4.2 位移介词的语法化研究

曾传禄（2008a）分析了介词“往”在“往 OV”和“V 往 O”格式中的功能，指出“往 OV”的“往”标引位移的目标、终点、方向，而“V 往 O”中的“往”标引位移的目标、终点，但不能标引方向，而替换成“向”后，发现“向”可以标引方向但不标引终点，所以“往”凸显[①]位移的目标或终点，“向”凸显位移的过程或动作、状态的方向。

梁银峰（2008）分析了“去”的介词用法的产生与消亡，指出处所/范围介词“去”的初始语法化格式为“去+处所词+动词”，当处所词不表示客观实体而表示抽象事物，或者处所词的所指不再是“去”的终点而变为动作发生的处所时，“去”语法化为介词；而引出动作发生时间的“去”还不是典型的时间介词，仍可理解为“过去的”“以前的”。

罗耀华（2015）、罗耀华和姚文彪（2017）分别考察了“V 到”类、“V 至”类结构的词汇化过程。罗耀华（2015）梳理了“到”的语法化过程：先秦时期，“到”是表示‘到达（某地/某时间点）’的实义动词，在句中作主动词；两汉时期，“到”后接时间宾语，介词“于”不出现，“到”可以单用；魏晋南北朝时期，“V 到”结构出现，既可以被看作连动式，又可以被看作动补式，介词“到”开始出

---

① 国内也有学者写作“突显”，本章重在介绍前人研究成果，为了保持引文原貌，保留引文原作中的“凸显”或“突显”，这里不做改动。

现；唐五代时期，"V 到"语用频率增强，既可以表示运动趋向，也可以表示受事随主体的动作而到达动作行为的终点，并通过介词并入，"V 到"结构实现词汇化。

罗耀华和姚文彪（2017）考察了"至"的语法化，指出先秦时期"至"为动词；秦汉时期，"至"演变为介词，"V 至"呈现词汇化倾向。"V 至"促使"V 至 O"由动补结构被重新分析为动宾结构，"V 至"对"V 至 O"的语义模式和认知场景产生影响，致使不同类型的"V 至"选取不同的宾语。

2.4.3　位移动词的词汇化研究

国内有学者专门对"来"的词汇化进行研究。例如，陈昌来和张长永（2009）指出现代汉语时间词"后来"源于古汉语同形的偏正式动词短语，经过转指成为普通名词后又演变为时间名词。陈昌来和张长永（2010，2011）又分别对"由来""从来"二词的形成过程进行历时追溯，发现从演变起点来看，"由"和"来"、"从"和"来"并没有在线性序列上紧密相连，而是通过特定的句法操作成为表示时间概念的名词后，又语法化为时间副词。

陈昌来（2013）继而对"近来"类双音词的产生进行分析，指出这类双音词中有些为原生性，而其余为衍生性，并从时间衔接、功能互补、语义包蕴、认知压制等方面证明二者之间有类推关系。梁银峰（2009）将现代汉语"X 来"式合成词分成四类并逐类进行溯源，指出"古来"类是由时间方位短语缩略而来，"从来"类是由名词短语跨层结合而来，"后来"类是从动词性偏正短语直接转化而来，"想来"类是由动趋式泛化而来。

陈忠（2006）探讨了"起来"的不同句法形式所对应的认知方式，指出"起来"和"了"的对立和交叉是由各自的意象图式和扫描方式的对立和交叉造成的，这些意象图式和扫描方式制约着"起来"与数量成分的同现条件。

储泽祥和曹跃香（2005）分析了"用来"及其相关句法格式，提出"用来"的出现是固化的结果，当"用 X 来 VP"中的 X 话题化后，句子格局就发生了变化，某些成分处于新的线性邻接序列，原来不相邻的"用"和"来"邻接在一起，而二者在语义表达上缺一不可，长期频繁使用导致重新分析，二者发生跨层结合并逐渐凝固成一个整体，起到标记功能的作用。

2.4.4　有关位移的其他研究

左双菊（2007，2011，2014）考察了位移动词"来"和"去"在现代汉语中的带宾情况、语义泛化情况以及二者能否换用的问题，指出"来"是带宾能力很强的及物动词，表现在其带宾频率高、宾语成分多样、语义类型复杂等方面；而“去”的宾语只限于表处所的体词，是带宾能力弱的及物动词。左双菊（2011）指出，“来”和“去”语义泛化过程不同，但外在动力都是经济原则，内在机制为隐喻和转喻。“我来/去接你”中“来”和“去”的换用表达了说者视角的变化，从而拉近或疏远人际交往的距离，调节语言表达的礼貌程度（左双菊 2014）。

张谊生（2006）考察了现代汉语中的“看起来”“看上去”，指出二者由动趋式短语虚化为评注性准副词，由原来的表方向、时体演化为表观感和感知、近似和比况、对比和逆转，形成一个由基谓语、泛谓语、句间插入语、句内插入语组成的连续统，二者在搭配、语用、虚化程度等方面也存在着差别。

齐沪扬和曾传禄（2009）讨论了“V 起来”的语义分化，并对各个意义的形成、发展、内部联系做出了解释。该文章指出，“V 起来”表示结果义、时体义与路径隐喻有关，前者是路径终点转喻路径整体，后者是凸显路径起点。“V 起来”表示情态义与以身喻心的隐喻有关，“V 起来”的语义变化是主观性逐渐增强的过程。

周娟（2013）讨论了“X 说来”所代表的视角类型和语用功能，指出其视角类型有主体、客体、时间、方式四种，其语用功能是增强话语信度和效度。李治平（2014）分析了“说来”和“来说”的功能差异，指出前者可以位于句首，作为评论开始的话语标记，后者具有介引功能。二者都可以表示言说方式、话题、依据、范围，但“X 说来”强调评价方式，“X 来说”重在引入评价对象。

2.5 小　　结

总结以往从认知语言学、语言类型学、历史语言学视域对位移表达方式的研究成果，本章可得到如下启示。

（1）位移事件研究表明，位移主体所处的最终位置或所经路径是小句的语义核心，在句法结构上这些语义成分一般由介词、小品词、趋向补语、方位词、词缀等表达，不能因为这些语义成分没有占据谓语主动词的位置而忽视它们的重要性。

（2）位移事件类型学的二分法和三分法都是以主谓结构语言为研究对象而建立起来的，其分类依据和分类标准符合主谓结构语言的句法特点，而汉语不是以主谓结构为主干的语言，其谓语不分首领和从属关系，所以用位移事件类型学的二分法和三分法分析汉语对应现象就会出现分歧。

（3）共时层面的词汇化研究不能做到追本溯源，有关位移表达方式的进一步研究可以考虑从历时维度、构式语法、构式化等视角多层面、多角度地进行，也可以考虑对两种或两种以上语言的位移表达方式做深入细致的历时比较与对比，挖掘其深层次的共性与差异。

（4）目前已有的历时研究几乎无一例外都是个案研究，聚焦一个位移动词、位移介词或一个双音词、四字词并对其进行历时追溯。这样做的好处是细致入微，不足之处是缺乏对同类现象的整体性和概括性研究，可以考虑选择从一个视角由点到线、由线到面地考察和总结位移表达方式演变的规律和共性。

第3章

语用与认知驱动下的构式演化

3.1 引　言

共时层面的语言面貌取决于语言的固有属性和语言演变的普遍规律，共时层面的语言现象往往可以从语言的历时演变中找到根源和理据。Bybee（2008）在分析音系演变过程中共时共性、演变路径、演变机制这三者的关系时，指出语言现状决定于它的历史发展过程；判断一种语言解释法是否有效，关键要看其解释性原则能否在普遍型式（pattern）的演变机制中起作用。由于语义功能和句法属性都是在语言使用过程中逐渐形成的，所以语言研究应采取历时与语用相结合的视角。

构式化理论为考察位移构式提供了整体性视角，语法化、词汇化、习语化为分门别类地描写位移构式不同的演变路径提供了可行性。语言是社会行为，不能独立于使用者而存在。语言使用者在不同语境和言语群体中的语言使用是语言发生变化的主要推动力，个体语言变化的积累往往导致语言的历时演变，因此，研究语言演变需要从语言使用者的心理和认知入手。

3.2 语言演变的动因与机制

所谓动因（motivation），即语言演变为何发生；所谓机制（mechanism），即语言演变怎样发生。Croft（1990）指出，语言演变不是语言自身主动发生变化，而是语言使用者通过他们的言语行为使语言发生了变化。Mufwene（2008）将语言进化的动态性比作交通流，通往同一目的地的车辆在同一交通路线上行驶，意在表明语言进化也是语言使用者的累积行为。这一类比既突出了语言使用者作为无意识的变化实施者的重要作用，又表明语言型式如交通流一样也是通过“无形之手”显现出来的。下面我们将从语言使用本身出发，分析语言演变的动因和机制。

3.2.1 交际需求与省力原则

语言交际需要不同的话语形式表达不同的会话效果。一方面，人际交往和语言表达的需求始终在变化，促使语言使用者采用更新颖、更具特色、更具表现力的语言形式，有时也会出于礼貌原则的考虑，采用更委婉、更得体的语言形式；另一方面，人类在生理上（体力与智力）的自然惰性促使语言使用者在言语交际中尽可能地减少力量的消耗，采用更省力的语言表达方式。交际需求和省力原则相互冲突，使得语言一直处于发展变化的状态，并总能在实现交际功能的前提下，达到相对平衡与稳定。

Zipf（1949）提出了一条人类行为的基本原则：省力原则（Principle of Least Effort，又称经济原则 Economy Principle）。姜望琪（2005）将省力原则概括为以最小的代价换取最大的收益。对于说者来说，用一个词表达所有的意义是最经济的；而对于听者来说，最省力的是一个词只有一个意义，形式和意义完全对应（Zipf 1949）。Martinet（1962）指出，说者需要传递信息但又想要尽可能地减少脑力和体力的付出，二者之间需要达到某种平衡。因此，这里的省力和经济是相对于交际效果而言付出的比较少，不是为了省力而完全放弃效果。也就是说，在取得应有的交际效果的同时，应采取相对省力的方式。

省力原则支配着人类的言语活动，它在语言的共时和历时两个层面发生作用，既决定了共时层面的语言状况，又影响了历时层面的语言演变。因此，它能为语言演变的特点和规律提供比较合理的解释。当然，省力原则并不是语言使用和语言演变的唯一原则。刘丹青（2014）指出，语言经济性是语言演变的根本原则之一，语言的结构和应用也受其他原则的制约，那些原则和经济原则处于时而共谋、时而竞争的关系。例如，“语序相似性原则”有时能让语序本身表示现实中的时间顺序，省去表示时间的手段，这种安排同时符合语序的相似性和经济性，二者在此时形成共谋合力关系，不过有时二者也构成竞争关系。

3.2.2 重新分析与类推效应

根据 Langacker（1977）对重新分析的定义，重新分析是一种涉及语言结构的变化，这种分析不对表层结构做直接或本质上的改变。Hopper 和 Traugott（2003）以 hamburger 一词为例说明了什么是重新分析：英语中的 hamburger 的构造是 [[hamburg] + [er]]，意思是 item（of food）from Hamburg，即‘来自（德国）汉堡（城市）的物品（食物）’，但是有的语言使用者把它解读成[[ham] + [burger]]，后来用 beef、cheese 替换了 ham，于是有了 beefburger‘牛肉堡’、cheeseburger‘芝士堡’。这种解读和替换的过程是隐性的、无形的，正因为后来出现了 beefburger、cheeseburger 这种显性的用法，语言学家才推导出这种解读和替换过程的存在，而这一过程发生在认知层面。词汇结构的解读和替换如此，句法结构的解读和替换也如此，这就是语言演变中的一个重要机制：重新分析。

王灿龙（2005）在分析语法化与词汇化的关系时，也指出重新分析是听/读者在接受语言编码后解码时所进行的一种心理认知活动。听/读者不是按照语言成分之间原本的句法或词法关系来解码的，而是以自己的主观看法（通常是在一定的诱因作用下）对语言结构做另一种理解和分析，所以原有的结构关系在听/读者的认知世界里就变成了另一种结构关系。

关于类推的定义，Hopper 和 Traugott（2003）将之与重新分析做了对比，指出重新分析和类推是两种截然不同的演变机制：重新分析引起线性序列、组合关系上的（局部）重组和规则变化，这一过程无法直接观察到；类推引起聚合关系上的组构、表层搭配和语用型式方面的变化，这一过程是显性的，也是重新分析存在的依据。

Hopper 和 Traugott（2003）、Brinton（1996）、Campbell（2001）认为重新分析在先，类推在后，类推是规则的泛化，一种新构式在重新分析的作用下出现后，再传播到其他情境中。重新分析由语用推理引发，类推改变表层形式。Fischer（2007）认为构式的重新分析并不一定导致新构式的产生，它可以引发已有构式产生新的语用功能。语言使用者在两个构式、两个用法之间感知到一种表层相似性（即类推），这种相似性导致了它们中的一个开始发生重新分析。这种相似性感知在逻辑上要先于重新分析，例如 I am going to walk[①]的重新分析：

[I am going [**to walk**]] > [I am going to [**walk**]] > [I'm gonna walk]

英语中已经存在“助动词 + V”构式。例如，情态助动词 will 后接光杆不定式（bare infinitives），表达将要做某事或愿意做某事。语言使用者在 I will walk 和 I am going to walk 之间比较、参照，这样后者就发生了重新分析。因此，Fischer（2007）指出重新分析和类推出现的顺序不一定是前者在先、后者在后，也有可能相反，形式和功能在形态句法演变中具有同等重要的地位。

Albright（2008）在分析类推变化的共性与个性时，指出类推研究的一个常见问题是如何确认基本形（base form），确定了基本形后可以预测有可能发生的类推变化。基本形的选择不是基于概率，它可以为输入语料生成独特的语法规则，也可以为语言演变提出预测。

① 本书正文中分析句子包含的事件及句子功能或逻辑关系等时，英文句子末尾一般不加句点；当英文句子中有逗号、省略号等分隔号时，为避免歧义，句末添加句点。

吴福祥（2013）在前人研究的基础上，提出语法演变有四种机制：重新分析、扩展（类推）、借用、复制。其中，重新分析和扩展是语法演变的内部机制，通常与特定语言的内部动因有关，二者可以互为补充；借用和复制源于语言接触，可以使语法成分、语法概念、语法结构发生跨语言迁移。Mufwene（2008）指出人类种群迁移和语言接触是语言演变和语言多样性产生的根本原因，语言接触可以引发语言内部和外部的各种变化，它无处不在，而非语言接触引发的语言演变是不存在的。

3.2.3　隐喻与转喻

Aitchison（2003）指出，历史语言学家对语言演变的分析和解释，归根结底要从人类思维属性出发，目前大量相关研究均涉及心理语言学（时下称为认知语言学）。Bybee 和 Beckner（2014）指出，语言演变离不开语言使用者的认知和心理因素，尤其是在言语活动中影响说/听双方的因素，所有的言语活动都对认知表征（cognitive representations）即语法有直接影响。

隐喻（metaphor）与转喻（metonymy）是语义演变的内在机制。隐喻是跨域投射，从一个认知域投射至另一个认知域，或者说从一个概念域投射到另一个概念域，并在两个概念之间建立联系，用直接、具体的概念表达抽象概念。例如，空间介词 in（如 in the box）也可以用来引介时间（如 in the morning）。I see a cat on the rug 中表看见义（视觉动词）的 I see 可以用来表达知晓义：I see what you mean 转喻是同域转指，两个事物之间存在密切关系，基于这种关联性，用其中一个事物代替另一个事物。例如，“班里又多了一些新面孔”中“新面孔”指代‘新同学’（用部分指代整体）；“锅开了”不是表示‘把锅打开了’而是‘锅里的水或汤等烧开了’（用整体指代部分）。

隐喻是一种关涉语用和语义的现象，与人类的认知过程有关，属于一种聚合变化。语言使用者用表示具体事物的词汇成分指示抽象概念。Rubba（1994）在分析表示身体部位的词语 back 是如何引申为方位名词时指出，人类可以感知到后背的方向与其他事物后部之间的相似性，从而对空间认识进行概念化处理。转喻是一种基于事物之间的联系和内在关系，语言使用者可以用部分指代整体，也可以用整体指代部分，但不是任何一样事物都可以指代另一样事物。在同一认知框架内，如果概念 A 与概念 B 密切相关，并且 A 在认知上的显著度高于 B，那么 A 就可以指代 B，并附带激活 B。

隐喻和转喻、类推和重新分析这两对概念都属于语言变化机制。由于前者在语义层面起作用，因此它们被当成是语法化的动因（motivation/cause）；后者在形式层面起作用，因此被看成是纯粹的变化机制（mechanism）。Heine 等（1991）认为语义演变受问题求解策略的驱动，是概念跨域投射的结果。Hopper 和 Traugott（2003）、Traugott 和 Dasher（2002）认为语义演变受引发性语用推理的驱动，是概念同域转指的结果。Fischer（2007）认为，隐喻和转喻、类推和重新分析都是动因机制（causal mechanism），只是运作的层面不同而已。Itkonen（2005）建议将类推看成是一种在语言和文化两方面都具有动因功效的心理推导过程。

3.2.4 频率与显现

频率（frequency）原为一个声学概念，指每秒钟声波振动的次数，后被用于话语分析、语用学等领域，指语篇中某一语言单位出现的次数，有时也称作“使用频率”“语用频率”“出现频率”等。Bybee 和 Beckner（2014）指出，词语与结构的使用频率、语言交流过程中的语用推理、话语互动中语言型式的显现这三方面是塑造语法结构的主要因素。

语用频率是语言成分得以显现的外在因素。Heine 等（1991）指出，从人类语言语法发展的普遍性来看，词语和结构的使用频率与其语法化密切相关。语言结构的使用频率越高，越容易发生语法化（Yue-Hashimoto 1993）。在语法化发生之前，语言成分的高频使用是诱发其语法化的重要因素。

Bybee 和 Hopper（2001）、van Linden 等（2010）从不同角度探讨了使用频率对语言结构、认知表征、语法化的重要影响。Bybee（2001）在分析频率与法语中的连音现象时发现，连音现象受语用频率的影响，一个词组或构式的使用频率越高，就越可能发生连音，而且如果一个语符列跟词语一样受频率影响，那么很有可能这种语符列也是作为一个完整的语言单位被语言使用者记忆并提取的。Bybee（2003）指出，从词汇成分到语法成分的转变通常伴随着语用频率的显著变化，这主要是因为语法成分的频率通常比词汇成分要高。

Poplack（2001）指出高频率词语趋向于保留原来的用法而很难发生语法化，这一观点似乎与语法化的其他研究发现不同。其实，使用频率与语法化的关系一直是语法学界争论的一个问题。一种观点是高频词语或构式比较倾向于保留旧有的用法，所以最不容易发生语法变化的常常是这些高频词语或结构（Tottie 1991）；另一种观点是某个词的使用频率越高，就越容易发生语法变化，与此同时，它抗拒类推变化的能力也就越高（Yue-Hashimoto 1993）。

两种观点矛盾的根源在于其对使用频率的应用范围上。第一种观点所说的使用频率是指某一型式演化为固定的语法结构之后，其他类似并有可能发生同样语法化的型式所出现的频率。Krug（2001）指出，由于频率对结构的原有属性具有保留作用，所以这些尚未虚化的高频率型式很难受到类推作用的影响而发生同样的语法化。第二种观点所说的高频率指的是在语法化发生之前，即在一种特定的句法环境中，某一型式由于高频率反复出现而慢慢开始虚化。因此，问题的关键是要看使用频率这一概念是针对语法化发生之前还是之后说的。

Haspelmath（2008）在分析语言演化过程中出现的经济型形态句法结构时发现，越是高频型式，其编码要素就越少；语义相同的几种型式中，使用频率高的要比频率低的简短。说者在发话时想尽可能地省力，因而在语言使用中创造了经济型式。这些型式通过语音缩减、新型式扩展及类推变化产生，当它们被语言社区广泛接受时，这些型式就成为语言演变在共时层面呈现的状态。语用频率的不对称性可以解释形态句法的不对称现象，形态句法的不对称性亦受经济原则的驱动。

新旧语言形式之间、语用功能相同的不同语言成分之间都存在竞争关系。Garrett（2008）在分析英语和古希腊语中影响动词词形变化的因素时指出，语言形态是旧形式重现和新形式产生相互竞争的结果。如果旧形式习得、记忆、存取的速度不够快，新形式就会随之产生并有可能最终取代旧形式。Mufwene（2008）在分析克里奥尔语研究中的转移与下位层假说时，发现个体习语（idiolect）中反复出现的异体语素（xenolectal elements）在言语社区内传播，竞争和选择机制导致某些语言型式逐渐显现。

显现（emergence）是指语言结构的形成过程（process of structuration）（Hopper 1987，1998）。一种新的语言形式出现后，经过多次使用和类推逐渐成为一种暂时固定的模式，这一过程就是显现。频率与显现的关系实际上就是人类语言活动与语言结构产生、发展的关系。生成语法认为天赋的语言能力能够决定语言结构的性质，语言演变是整个规则系统的演变，而不是个别规则的演变。显现语法学说则认为天赋的语言能力并不能完全决定语言结构的性质，外界的语言刺激、认知方式、语用功能等也是其决定性因素。

语言演变是人们在日常的语言使用中发生的，是由语用和认知因素引起的。语法系统具有不稳定性，经常处于不断的变化和形成之中。语言结构的显现是反复使用和认知机制相互作用的结果，心理表征也是处于调整状态以适应语用需要的语法结构的临时状态。换言之，如果不是依据长期积累的语言经验，语法学家又如何断定这种语言序列是固定的语法结构而那种不是呢？一句话，语言结构的发展离不开人类的语言经验。

3.2.5 创新与传播

创新和传播是语言演变必不可少的两个环节。Croft（2000）指出，语言演变包含创新（innovation）和传播（propagation）两个过程：前者指新形式的产生，后者指新形式的扩散。通过重新分析和类推，新构式或已有构式的新语用功能得以产生（即创新）；通过类推，新兴语言形式或功能得以扩散和推广（即传播）。

Croft（2000）指出，语言使用者在某时某地的语言创新发生在共时层面，而这一创新在言语社团内经过一段时间的广泛传播则发生在历时层面，这段时间或长或短，长的可历经几个世纪，短的语言使用者可在有生之年目睹。在共时层面，语言使用者基于某种交际目的或交际需要在语言使用过程中进行个人的语言创新，这一创新行为具有自发、即时、临时的特点；在历时层面，语言使用者个人的语言创新被言语社团接受并传播，经过一段时间的（或长或短）反复出现和继续传播，这一语言创新逐渐适用于更多语境并固化为语言生活中的常规现象。

3.3 语用化、语义化、多义现象

关于语义变化，具有百年历史的语义分类学认为语义变化是双向的，如意义的泛化与缩窄。Bréal（1964）最先提出贬义化、褒义化、缩窄、扩展等概念，并指出主观性是语言最古老的属性。语义分类法由于略显粗糙而没有形成概括性的理论框架。最先提出语义变化具有单向性特点的是 Stern（1968），但这一观点在当时并没有引起广泛的关注。

语义变化的跨语言研究始于对颜色词和表感知的联觉形容词的考察，这些研究集中在词汇层面，突出语义变化的心理动因。后来的研究开始强调从一个词语或概念结构向另一个词语或概念结构发展的单向性，研究重点在隐喻（相似策略）、隐含（转喻、联想及指示策略）以及主观化等方面。

3.3.1 语境、引发性推理、语用化

语境是语言交流和语言变化得以发生的必不可少的外部条件。Bybee 和 Hopper（2001）从整合（integrational）语言学的视角指出，语言的产生和发展并非依赖先天的内部语法（internalized grammar），而是与语言使用者、场景、社会、文化等其他因素融合在一起的一种互动交际行为，它不能脱离语言使用者和具体语境而成为孤立的研究对象。

Bybee 等（1994）指出，在自然会话中，说/听双方之间存在一种紧张关系：前者不想说得太详细，后者想要前者说得尽量详细。双方都意识到这种紧张关系的存在，其解决办法之一就是听者要依靠语境从说者有限的话语中推导出其

没有说出而实际要表达的意思，也就是 Levinson（1983）所说的会话隐含义（conversational implicature）。语言演变受语言交际需求的推动，可以在语言输入中推导出尽可能多的信息，因此，语境对理解语言极其重要（Bybee et al. 1994）。语言演变是解决问题这一过程的必然结果，也是寻求规范交际、在说/听双方交流中进行协商的结果（Hopper & Traugott 2003）。

Traugott 和 Trousdale（2013）的《构式化与构式演变》（*Constructionalization and Constructional Changes*）全书共六章，其中第五章是"构式化的语境"，突出的是语境对构式化的重要作用，书中指出语境既包括语言环境（句法、形态、语音、语义、语用推理、语体模式），也包括更大范围的语篇环境和社会环境。也就是说，构式化的语境既包括传统的上下文语境（句法、形态、语音等），又包括情景语境（预设、常识等）、文体语境（修辞、语体等）、社会语境（年龄、性别等）。

引发性推理（invited inference）是语言使用过程中隐含义规约化的一种语用分析模式。这一术语源于 Geis 和 Zwicky（1971），但这里已不局限于概括的隐含义，还消除了交际的复杂性，它吸收了原型理论（prototype）和构建语法的一些观点，从认知的角度解释了语用隐含义的语义化过程。Levinson（2000）指出，说者/作者依赖引发性推理重新衡量话语隐含义，直到词语获得稳定的话语型（utterance-type）意义，即一个默认的语境类型的释义。这种话语类型意义可进一步语义化为一种新意义。也就是说，语境中产生的新语用含义开始只是一种话语例（utterance-token）意义，其稳定后才成为一种默认的语境类型意义，即话语型意义，可表述为：

源符号意义>话语**例意义**>话语**型意义**（**语用多义**）>新符号意义（**语义多义**）

Aijmer（1996）采用语用化（pragmaticalization）这一概念来描写和解释英语中 I think 这一类话语标记的语用演变过程，并用以区别 be going to 等语法成分的语法化过程，即语用化的结果是语用成分（pragmatic element）的产生，语法化的结果是语法成分的产生。文章指出 I think 可以表达说者对命题的主观态度（如 Bill is at home I think），这一新语用功能的产生是语用化的结果，其演化经历了下述阶段：

Stage 1		Stage 2		Stage 3
I think that *Bill is at home.*	>	***I think*** *Bill is at home.*	>	*Bill is at home* ***I think.***

Aijmer（1996）提出语用化跟语法化一样，也涉及语用、语义、语法、韵律等层面的演变，但是在解释语用化在语法层面的实现过程时出现了困难和问题，因为话语标记 you know、you see、I think 不仅是在语用功能层面发生了变化，其语法功能、线性序列位置等句法属性层面也发生了变化。如果只将这类话语标记

的演变定义为语用化，那么就没有充分描述这类标记的整个演变过程，这也可能是语用化这一概念自提出后并没有得到学界足够重视的原因之一。不过，语用化在语用功能、语义属性层面的概括性和解释力是非常具有启发性的。

可以假定每一个字或词都有它的本义，设定为“意义 $_1$”，由于大多数词典都将本义列为首个意义，所以又可称为“词典义 $_1$”。由于交际目的和语境的改变，说者往往会赋予它新的语用含义。当然，这一新语用含义不能完全脱离本义，因为在自然会话中，说/听双方会自动遵循会话合作准则，将新语用含义与本义的差异降到最低限度，以便听者能准确地理解说者所传递的信息。

为了获得不同以往的语用效果，说者在某一特定语境下使用某一已有构式并赋予其新的语用含义，这一新含义经语用推理为听者所接受并领悟，后者有可能在类似的语境下为达到类似的语用效果而再次使用这一被赋予新含义的构式。随着更多听者的接受和频繁使用，在某一段时期、某一言语社区内，这一新语用含义与某一特定语境捆绑出现，这一过程就是语用化，其结果是会话隐含义的增强和新语用义的产生。

3.3.2 语义化与多义现象

词语的语用义演化为语义义（semantic meaning）[①]的过程就是语义化（semanticization）（Traugott & Dasher 2002）。词语在不同语境中往往会产生不同的语用含义，这些语用义由于听者/说者的理解、接受、使用和推广，逐渐规约化为脱离语境的语义含义。从语用多义到语义多义的演化过程就是语义化。交际双方受各种会话准则的限制，再加上语用含义具有一定的丰富性，所以新产生的语义义只是最低限度地与其原义有所差异。旧意义在新意义产生后不会立即消失而是会出现新、旧意义并存的现象。语法化有新旧形式并存的情况，其特点可表述为：A>A/B>B，而语义化则可以表述为：

$$意义_1>意义_1/意义_2>意义_2$$

语义演变是历时现象。以词汇为例，词义引申和扩展会造成共时层面的一词多义，某一共时层面的一词多义现象实际上是整个词义演变过程中的一个阶段。一个词由 A 义引申为 B 义，这时就会出现该词的 A 义、B 义共存的局面，这就是多义现象。

基于保证类构式在语用功能和语义属性层面的变化，程丽霞（2016：73）尝

① 这里所说的语义义是与语用义相对而言的，语用义具有随机性强、不稳定等特点，而语义义要相对稳定得多且适用范围广、使用周期长。

试为其多义的产生构拟一种历时的解释模型（图 3.1）。文章指出，“语用化和语义化是构式多义现象产生的两大机制。……语用化只是构式多义现象产生的初始（或称启动）阶段，接下来的语义化才是多义现象产生的关键阶段。在这一阶段中，含有新语用义的已有构式经过一段时间的使用，其认可群体进一步扩大，逐渐规约化为脱离语境的语义义，语用义演化为语义义的过程就是语义化。语用化和语义化的动因源于新语境和语用推理”。正如 Traugott 和 Dasher（2002）所指出的那样，多义现象的前提条件是新语境，且在这一新语境下语言形式的原有意义无法解释当前的意义表达。

意义$_1$/词典义$_1$ → 新语境$_1$（语用化）→ 语用义$_1$ → 语义化 → 意义$_2$/词典义$_2$
→ 新语境$_2$（语用化）→ 语用义$_2$ → 语义化 → 意义$_3$/词典义$_3$
→ ……（语用化）→ …… → 语义化 → ……
→ 新语境$_n$（语用化）→ 语用义$_n$ → 语义化 → 意义$_{n+1}$/ 词典义$_{n+1}$

图 3.1　多义现象的产生机制

基于上述分析，我们可将多义现象进行这样的历时构拟：语言符号在新语境下隐含新的语用义，经过听者的理解、接受和使用后，这一新语用义与这一特定语境在一段时期内捆绑出现。相对于“意义$_1$”，这一新语用义可设定为“语用义$_1$”，这一过程就是语用化；再经过一段时间，随着其使用和认可群体范围的进一步扩大，“语用义$_1$”规约化为脱离语境的“意义$_2$”，这一过程就是语义化。“意义$_2$”产生后，经过词典学家的收集和整理，就成了“词典义$_2$”。以此类推，更多的语境在语用化的作用下促成更多语用义的产生，更多的语用义在语义化的作用下形成更多的意义或词典义。

3.3.3　语义演变的单向性与普遍规律

以大量的历史语料为依据，采用历史语用学和话语分析的研究方法，Traugott 和 Dasher（2002）对语义演变做了跨语言的共、历时分析，指出语义变化具有单向（unidirectional）发展的规律性。这是继语法化的单向性假设之后，功能类型学家提出的另一个有关语义变化的单向性假设。语义演变的这种单向发展规律包括四个参数：真值条件（truth-conditional）义、内容/程序（content/procedural）义、辖域（scope）、主观（subjective）义（Traugott & Dasher 2002：40）。

这四个参数在语义演变过程中呈现这样的单向性趋势：①从真值条件义向非真值条件义演变；②从内容义向内容义与程序义并存再向程序义演变；③从命题内辖域向命题外辖域再向语篇辖域演变；④从非主观义向主观义再向人际主观（intersubjective）义演变。需要说明的是，并不是所有的词语都要经历这些语义变化，这些规律反映了语义演变的趋势，每一种趋势只代表一种变化类型，除非在极特殊的情况下，否则一般不会发生逆向的发展。一些词语的实际变化情况可能要更加复杂。由于新意义出现时旧意义不会立即消失，所以在每个新意义产生的同时都会有多义现象的出现。另外，这幅图并没有说明各种趋势之间的关系，也就是说，只能横向看各种发展趋势，而各行之间并没有必然的联系。

另外，人际主观性（intersubjectivity）借用了系统功能语言学中“人际”（interpersonal）一词的概念内涵，指的是说者/作者采用不同的第一或第二人称指示语等手段表达对听者/读者的主观态度，这一语言特性产生于互动的交际过程中（Traugott & Dasher 2002）。语义变化有这样一个趋势：客观义>主观义>人际主观义。客观义采用陈述式的话语形式，避免涉及说者的主观视角；主观义通过使用时间、空间等指示语表达说者/作者的话语内容的立场、态度和感情；人际主观义是说者/作者利用显性的社会指示语，如谦敬语、礼貌标记等手段表达对交际对方恭敬、礼貌等主观意义。

语法化的单向性假设指语法化的演变过程是以“词汇成分>语法成分”或“语法化程度较低>语法化程度较高”这种特定方向进行的。在 Hopper 和 Traugott（1993）提出的演变序列（实义词>语法词>附着成分>屈折词缀）中，如果一个形态句法演变只能是按照由左至右的方向进行，那么这个演变就是单向的或者说是不可逆的。一个典型的语法化过程应该包括形态句法、语用语义、语音音系演变三个子过程。既然形态句法的演化已具有上面所列的单向性，那么语用语义、语音音系是否也具有单向发展的趋势呢?

一些学者指出这两个子过程也有单向发展的特点。例如，语用语义的单向性反映为其主观性呈逐渐增加的趋势：客观性>较少主观性>更多主观性。语音音系的单向性反映在其音系形式的逐渐减少或弱化上：完整的音系形式>弱化的音系形式（Traugott & Heine 1991；Hopper & Traugott 1993；Fischer et al. 2000）。只是这种单向性描述过于笼统，缺乏系统性和实证性，为此，Bybee（2001）具体分析了语法化过程中语音音系的单向性发展趋势，Traugott 和 Dasher（2002）对语用语义的单向性做了分析和论述。这样，语法化三个子过程的单向性发展趋势都得到了详尽、系统、实证性的分析和论证，这为语法化的单向性假设提供了翔实、有力的证据。需要补充说明的是，语义化的单向性不仅仅限于那些语法化的词语，一些普通的动词、形容词、副词也会发生这种规律性的语义变化。

语义演变的单向发展趋势虽有跨语言的普遍性，但并不是绝对的。所谓规律只是一种强烈的倾向，而不是绝对的原则。也许有人会举出反例证明这种规律并不具有完全的预见性。其实，挖掘语义演变的普遍规律是为了说明哪种内在变化最有可能或应该发生，以及会因何种机制而发生。正如 Harris 和 Campbell（1995）指出的那样，语义演变虽然不能完全被预测，但这并不意味着它是偶然的、无规律可言的。语义变化与语言单位本身的特点密切相关，同时还受语言外部因素（如社会文化、语言接触、言语风格等）的影响。每个词语的意义变化都有各自的特点，都可以从语言内、外部两方面得到合理的解释，但从宏观来说，这种语义演变还是具有普遍的规律性的。

3.4　语法化、词汇化、习语化

构式的属性不同，其演变的输出端就不同。根据构式演变的输出端，可以将构式演变分成语法化、词汇化、习语化三种类型，下面将逐一介绍。

3.4.1　语法化

20 世纪的语法化研究发端于 70 年代的语言类型学研究。Greenberg 等（1978）发现不同语言的语法标记在演变路径上处于不同阶段，继而开始探索跨语言的演变共性和路径。广义的语法化泛指任何语言单位成为语法体系一部分的过程，狭义的语法化指随着时间变化语言单位的语法性逐渐增强的单向演变过程。

Hopper 和 Traugott（2003）罗列了该书第一版对语法化（grammaticalization）的定义以及重新调整的定义。比较两个释义，共性的部分在于词汇性语言成分是在特定的语境中发挥语法功能的，而且一旦语法化后还会继续产生新的语法功能，不同的部分在于之前定义中的 process 被改成了 change。之所以做出这样的调整是为了突出语法化不是一个语言自发演变的过程，而是一个由语言使用者发起的变化。因此，语法化是一种基于语用的研究模型（usage-based model）（Langacker 1988；Barlow & Kemmer 2000；Bybee 2001）。

语法化研究关注语言演变趋势、演变机制、演变动因、隐喻（Heine et al. 1991）、语用推理（Traugott 1989）、概括与频率（Bybee et al. 1994）。语法化聚焦形式、意义、语境之间的密切关系，涉及语音、语义、句法、语用四个层面。语法化过程中会出现语音弱化（phonetic reduction）、语义泛化（semantic bleaching）等现象。演变机制包括重复、语用型式的逐渐变化（gradual change of usage pattern）、意义（包括隐含义）的逐渐变化并扩展至新语境，所以语法化具有渐进性（gradualness）和单向性（unidirectionality）。

语法化由多个细小的重新分析（multiple mini-reanalyses）构成（Haspelmath 1998）。语法化范畴呈现的诸多特点可以从认知、语篇、功能等视角进行分析和解释。分析语法化路径有助于了解这些动因是如何相互作用使语法功能得以产生的。语法化路径表明语法功能的演化过程缓慢，一些语法概念具有跨语言的共性，当然它们在细节、推理和分布上也有其个体差异性。语用推理对语法功能的产生具有重要作用。这些跨语言的历时共性可以解释语言共时层面的共性。

语法化研究发现语法不能脱离语义或语用而独立存在，没有意义，就没有语法。语言的认知表征是动态的，它随着语境、频率的变化而变化。语言特征不是与生俱来的，而是源于普遍语域（domain-general），相同的演变机制导致跨语言的共性。功能语言学派将语法成分看成是形式与功能的结合体，主张通过语用及语篇来分析语法。的确，源范畴与目标范畴的语义属性、语用功能、认知机制都是语法化不可分割的部分，van Linden 等（2010）还证明了一种语言的语法体系以及该语法体系内部的形式因素最终决定了语法化过程的始终。

3.4.2 词汇化

词汇化，简单地说，就是头脑中的概念成为词汇的过程或现象，即从概念到词汇的映射或体现过程。一个复杂的词项首次出现后，往往会变成一个简单、独立、完整的词汇单位，也就是说，复杂词项在词汇化过程中会或多或少地失去其原有的组合属性（Lipka 1990）。

词汇化包括共时层面的词汇化和历时层面的词汇化。共时层面的词汇化指概念范畴的编码。例如，Talmy（1985，1991，2000b）对共时层面的位移事件词汇化模式的研究,实际上就是探究不同位移要素在语言使用中是如何被整合编码的。比如附目构架语言在表达位移时倾向于使用一个将位移方式和位移动作本身合二为一的动词，后接表示路径的介词、小品词等，“瓶子漂出洞口”的“漂”既表示位移方式，又隐含位移动作本身（只要“漂”，就不会静止不动，或多或少有位移发生），“出”表示位移路径。

历时层面的词汇化指语言成分进入词库后成为词库中具有规约性和整体性的语言单位（Blank 2001）。也就是说，原来的句法组合后成为词汇单位，或者不再具有句法能产性，语义上，该语言成分由隐含义演变为规约义，由语用义演变为语义义。Brinton 和 Traugott（2005）总结以往相关研究指出，语言使用者在某一语境中使用一种新的具有内容义的句法结构或词汇成分，这一新语言形式的句法和语义属性不能完全从组构成分或构词方式上推导出来，而且有可能会进一步失去其内部组构性，从而更像一个词汇成分，这一新词汇成分的产生过程就是词汇化。

李金满和王同顺（2008）指出，词汇化是一个复合的分析性语法单位演变成为一个整体性词汇单位的过程。刘红妮（2010）指出，国内学界的词汇化研究自董秀芳（2002）以来主要是关于历时层面的词汇化，而且很多时候指的是最宽泛意义上的词汇化，即进入词库。

词汇演变有两个现象：一个是词项的增加，如同义词和近义词的出现；另一个是义项的增加，如多义现象的产生。新词语和新义项的创造一般都始于个人或某一社会群体，当且仅当个人的创造成为集体的、某一群体的创造成为整个言语社区的时候，这种创新才能真正地促成词汇的演变，实现这一过程就需要传播、推广、流传。

胡平（2020）分析和诠释了新词项的出现和新义项的产生这两种词汇变化现象，指出完整的词汇演变过程包括创新和传播两个阶段，每个阶段的动因和机制又表现各异。该文章指出，创新阶段的动因来自说者个人的表达需求，为了吸引对方注意而在言语中表现出修辞性、铺张的特点，其机制涉及转喻、隐喻、主观化、借用，该阶段的词汇变体具有动态性，在心理上体现为个人的短时记忆；传播阶段的动因来自言语社团的从众心理，其机制涉及筛选和重复，根据阶层、性别、年龄等社会因素筛选，该阶段的词汇变体渐趋稳定，在心理上体现为言语社团的长时记忆。

语言使用者个人自发的语言创新，既可以是语音上的创新，也可以是词形、词义上的创新，这些创新催生了新的语言变体，这一现象就是语言变异。词形创新使得词库中增加了在真值条件、指称关系、语义属性等方面相等的不同词项；语义创新使得词库中的原有词项增加了新的语用功能和意义。

语法化和词汇化不是相反的两个语言演变过程，二者之间有重合，也有差异。从输出端来看，语法化输出的是语法范畴，词汇化输出的是词汇范畴，词汇范畴和语法范畴没有明确的界限，只存在词汇性和语法性的程度差异，词库与语法是相通的。从短语凝固成词、从复合成分凝固成词都属于词汇化现象。词汇化的结果表现在语音（形态）简约化、组合性弱化、语义具体化、词语性增强上；语法化的结果表现在语义抽象化、主观化、能产性增强、语法性增强上。语法化和词汇化都不同程度地具有渐变性和单向性。

3.4.3 习语化

所谓习语化，即语言单位成为习语的过程或现象。这里的习语其实是“习用语”的简称，习用语在汉语中很常见，如“对于……来说”“越来越……”“非……不可”等语言单位，省略号部分既可以是单字，也可以是双音词、四字词，还可以是小句，所以这类语言单位既不是严格意义上的词汇成分，也不是严格意义上的语法成分，很难被归入词汇类或是语法类，然而它们在汉语语言生活中又极具能产性和表现力，因此它们的作用不容忽视。

董秀芳（2009）认为词汇化涵盖习语化，很多词汇化的初级阶段就是习语化。董秀芳（2010：285）指出，“把由短语或小句形成的话语标记看作习语化（idiomization，习语化是词汇化的初始阶段）的过程可能更为合适。研究表明，习语（idiom）在使用中是允许存在变体的，一些话语标记存在变体的表现正与习语一致”。由此可见，这里所说的习语化与董秀芳（2009，2010）所说的习语化并不完全相同。

彭睿（2016）将汉语中的“非X不可”构式、“连X都VP”构式、“越来越……”构式、英语中的have使役构式、give-动名词构式、it分裂构式称为复合型图式性构式，并指出这类构式从来没有被真正地当作语法化项来研究。针对图式性构式的历时演变算不算语法化这一问题，学界还没有达成共识。该文章还指出，图式性构式演化阶段的语法化性质是非常棘手的理论问题，语法化的输出端必须是语法性、功能性成分，如果复合型图式性构式具有语法性、功能性，那么它的演化就具有语法化属性。然而，该类构式的进一步发展实际上是图式性增强的过程，如果图式性增强就意味着语法性、功能性增强，那么这种演化过程就算语法化。问题在于图式性与语法性、功能性之间是不是有关联，至少现有的文献并没有提供令人信服的理论依据。

笔者同意彭睿（2016）对复合型图式性构式的总结和归纳，这里的习语实际上就是复合型图式性构式。然而，为了将本书所涉及的语言演变现象清楚地展现出来，笔者从语言演变的输出端进行了分类，即语法性成分、词汇性成分、习语性成分，选择学界比较熟悉的术语，于是就有了语法化、词汇化、习语化三个分支。

3.5 构式性演化与构式化

近年来，从历时角度研究语法化和语义演变的学者借鉴了Goldberg（1995，2006）、Kay和Fillmore（1999）等的构式语法以及Croft（2001）激进构式语法的基本假设和研究方法（Traugott 2008a/b），并在近几年致力于构建一个完整的构式化理论（Traugott & Trousdale 2011，2013），其目的在于从历时视角考察构式的产生和发展，从构式语法的视角对以往的语言演变研究做重新思考和统一解释。下面将从构式的定义及其理论意义入手介绍构式性演化和构式化。

3.5.1 构式性演化

上文介绍过，构式是形式和意义的规约性匹配体，也称作规约化的“形+义”

对（Goldberg 2006；Traugott & Trousdale 2013）。这里的形式包括形态、句法、语音等的显性形式，意义包括语义、语用、话语功能，构式涵盖传统意义上的任何语言单位。Goldberg（1995）给构式下了定义：当且仅当 C 是一个形式与意义的配对，且 C 的形式或意义的某些方面不能从 C 的构成部分或其他已有构式中得到完全预测时，C 就是一个构式。陆俭明和吴海波（2018）指出，这个定义有三层意思：①构式是形式和意义的配对；②构式能表示独特的语法意义；③构式的形式或意义不能从其组成部分或已有构式中得到完全的预测。第一层意思是必须要说的，但真正体现构式特点的是第二、第三层意思。

针对第三层意思，Goldberg（2006）做了这样的修正：需要补充说明的是，即使有些语言型式可以完全预测，但是只要这些型式出现的频率足够高，它们仍会被语言使用者作为构式存储。也就是说，构式语法理论可以用来研究不可预测的边缘句法结构，也可以用来研究可预测的核心句法结构。

构式的某些意义或形式特征并不能从其组成成分或其他已有构式中完全推知。从位移构式的形式特征和语义功能来看，[BE GOING TO VP]、[COME V]、[V 来]等构式的某些特征不能完全从其组成成分如 go、come、“来”等推知，其意义也并不全是表示位移，还有表示时、体、态等语法功能这一整体大于部分之和的整体构式义。有些位移构式具有内容义的语义特征，属于词汇构式；而其他位移构式具有规定性和程序性的语义属性，属于语法构式。词汇构式和语法构式之间存在一个连续统，因此，一些处于变化中的构式兼具词汇构式和语法构式的某些特征。

Croft（2001）强调了构式的理论意义，即构式才是句法表征的基元单位，而不是语法范畴或语法关系。换句话说，构式语法是一种从上而下的分析，注重构式在语用、语义、句法等方面的整体特征。陆俭明和吴海波（2018）指出，构式语法理论关注构式的整体性，关注语句结构背后的认知机制，这很有理论意义和实用价值。由于构式本身是一个形式、意义、用法三方面特征的整合，这就引导我们对句法结构进行多视角、多层面、多方位的观察、分析和研究。

理解话语是一个即时的信息处理过程，无论构式出现在句首、句中还是句尾，听者都会将其处理成一个意义信息组块。也就是说，尽管构式的表现形式不同，但它们都经历了心理层面和语言层面的组块过程。前者表现为构式的语义演变离不开语言使用者对构式的整体识解和处理，构式多义现象的产生有赖于说/听双方对其进行整体性认知加工；后者则表现为语法演变植根于整个语法体系并在这一体系中形成与之相容的构式。

Traugott 和 Trousdale（2013）提出了语言演变的两种类型：构式性演化（constructional change）和构式化（constructionalization）。构式性演化指构式在某一层面（如语义层面、形态层面、语音层面）的具体变化，不一定产生新的构式

（Traugott & Trousdale 2011）。例如，英语情态助动词 will 在形态和音位上发生简化（即 we will > we'll）。构式在语用功能、语义属性、句法形态、语音调性等某一方面的变化都属于构式性演化，这些变化都是微观的、分步完成的，因此，构式性演化蕴含了历时层面的渐变性（gradualness）和共时层面的渐进性（gradience）（Traugott & Trousdale 2010），共时层面的渐进性是历时渐变的结果。

3.5.2 构式化

相对于构式性演化的定义，Traugott 和 Trousdale（2013）指出，语言符号经过形态句法、语义属性、语用功能的重新分析，其新形式和新意义的微观、分步式的合并过程就是构式化。构式化从属于构式性演化，仅仅是形式的变化或意义的变化只能属于构式性演化而不属于构式化。因此，构式化是"新形式+新意义"配对产生的过程。

彭睿（2016）指出，构式化理论对构式理念的贯彻最为彻底，它一方面充分借鉴语法化和词汇化的研究成果，另一方面又澄清并摒除了语法化以及词汇化学说中欠合理的部分。该理论的目标是重新审视并整合先前的语法化和词汇化研究，从构式角度来解释与这些研究有关的问题。

任何一个层面的构式性演化都有可能引发构式化。某一语言单位在语用功能上的构式性演化在一定程度上引发了该语言单位的构式化，而这一构式化又在一定程度上触发或即将触发此类构式发生进一步的语义或句法变化。因此，构式性演化分为构式化前的构式性演化和构式化后的构式性演化。

构式化包括语法性构式化（grammatical constructionalization）和词汇性构式化（lexical constructionalization），二者分别与语法化和词汇化相对应。语法性构式化的输出端是功能性成分，而词汇性构式化的输出端是词汇性成分。构式化涉及图式性（schematicity）、能产性（productivity）、组合性（compositionality）三方面的变化：图式性增强、能产性增强（搭配范围扩大）、组合性减弱（无法从组构成分推知构式整体义）（Traugott & Trousdale 2013）。

Fried（2010）尝试在构式语法的框架中分析语法化与词汇化对斯拉夫语中分词形态的影响，文章指出这类分词在历时演变中动词属性逐渐减弱而形容词属性逐渐增强，语义上由描写事件演变为描写事件的参与者，句法上由谓词结构演变为名词短语的修饰限定成分，这是分词内部的形态句法与外部的组合关系相互作用的结果；而这种句法与语篇的相互作用就是 Traugott（2008a/b）所说的构式化。依据语法化与词汇化的判断标准，该文章指出此类分词的范畴变化属于语法化。

构式的语义变化属于构式性演化，新意义和新句法位置的合并和共现过程属于构式化。构式性演化和构式化之分可以更好地描写语言演变过程中微观、分步式、分层面的构式性演化；语法性构式化和词汇性构式化之分也不是要取代语法化和词汇化。有些语法化和词汇化符合构式化标准，但并不是所有的语法化和词汇化都属于构式化，构式化也不是简单的语法化和词汇化之和。

语言演变形式多样，有的只是词汇性构式化，有的只是语法性构式化，也有的先是词汇性构式化后又发生语法性构式化。构式化理论把语言看成一个构式网络，力图构建一个整体框架，涵盖更多的研究对象。构式化还可以解决一些争议性问题，以语法化的单向性为例，构式化不认同绝对的单向性。构式化还可以解释语法化成分独立性的增减、语境的界定等问题。

3.6 小　　结

语法化、词汇化、习语化与构式性演化、构式化一脉相承。构式化涵盖语法化、词汇化、习语化，为考察语言演变提供了一个整体性视角。同时，构式化输出词汇性构式、语法性构式、习语性构式，为清楚、详细地描写和归纳语言演变的三种主要类型（语法化、词汇化、习语化）提供了可行性。

语言演变的动因和机制，无论是交际需求与经济原则，还是重新分析与类推、隐喻与转喻、频率与显现、创新与传播，以及语义演变的引发性推理、语用化、语义化、多义现象，这些语言演变规律均适用于语法化、词汇化、习语化和构式化。这种由面到点，再由点到面的研究框架为跨类别、跨范畴、跨语言考察语言演变规律提供了可能性。

值得注意的是，构式化理论尚处于起步阶段，还需要大量尝试性研究对其进行不断的充实和修正。另外，虽然基于交际需求的追求表现力原则、礼貌原则以及语言表达过程中的经济原则是语言演变的普遍动因，但并不意味着这些原则在言语交际的所有场合都发挥作用，而且每项原则发挥作用的方式也不尽相同。

第 4 章

英语直指位移构式的历时演化

4.1 引　　言

根据语义内容（semantic content），Levin（1993）将英语中的位移动词（verbs of motion）分为七类：①词义本身包含移动方向（不包含移动方式）的位移动词，位移构式中没有显性的表达方向的成分，如 enter、exit 本身分别隐含由外向内、由内向外的位移方向；②表示离开某一处所（不包含移动方式）的位移动词，直接宾语为处所名词短语，构式中没有介词短语，如 leave the office、abandon the area；③表示滚动翻转的位移动词，词义本身包含移动方式（不包含移动方向），可以借助介词短语指示方向，如 roll down the hill、run towards the school；④表示借助工具进行移动的位移动词，词义本身不包含移动方向，如 skate across the lake、row along the river；⑤表示因跳舞而产生移动的位移动词，词义本身不包含移动方向，如 they waltzed、he waltzed her across the floor；⑥表示追赶的位移动词，可以带宾语，也可以借助介词短语指示方向，如 chase the thief、follow him down the lane；⑦表示因陪伴而产生移动的位移动词，可以借助介词短语指示方向，如 he accompanied her（to the station）。

在本身包含移动方向的位移动词中，come 和 go（对应汉语的“来”和“去”）被称作直指位移动词，因为它们不仅自身含有方向性（相对于位移终点、起点、路径等参照物），还含有一种主观方向性，这个方向是参照说者的位置或视角得来的。例如，come into the room 这个位移动作包含两个方向：一是相对于参照物 the room，该方向是‘进到里面’；二是参照直指中心，即说者所在地或视角，这是一个朝向直指中心的位移行为。

在所有的位移动词中，直指位移动词的语用频率最高。它们不仅可以充当语句的核心成分，表示带有主观方向性的位移，还可以参与路径等其他位移信息的编码。它们不仅在位移表达上非常活跃，其语义范围已从空间延伸至时间、事态以及其他抽象领域，句法功能也从普通动词扩展至时体标记等语句、语篇的辅助性成分。因此，针对本书的研究对象和拟解决的研究问题，本章选择从直指位移动词切入，从共时和历时两个层面考察英汉位移构式的演变。

4.2　[COME⁺]构式的共时考察

位移动词 come 一般表示朝向说者所在地或视角的位移行为。有时位移直接朝向说者的位置；有时要看说者的视角，把自己置身于叙述场景中的某一位置，朝向这一位置的位移用 come 表示；有时还要看叙述事件中当事人的位置，朝向这一位置的位移也可以用 come 表示。come 右上标的“+”号表示含有 come（但不仅限于 come 单独出现）的构式。

4.2.1　[COME（P NP）]构式

现代英语中的 come 一般用作不及物动词，表示施事主语从别的地方向说者所在地进行位移。在句法序列上，形成[NP COME]构式，施事 NP 在前，come 在后，如例（1a）对话中出现的 voluntarily，即‘自愿地、主动地’，说明 come 通常表示施事主语自主的位移。这一意思下的 come 可以用于各类句型：陈述句、祈使句、疑问句，分别如例（1a）、例（1b）、例（1c）。come 既可以作谓语，如例（1a-c）；也可以作宾语补足语，如例（1d），它所在句子的时态也呈多样性。

（1）a. —“She **came** into the station early this morning.”

—“Voluntarily, you mean?”

b. “**Come** here,” she said.

c. I'd better go and check. “Can I **come** too?”

d. Dog heard him **coming** before he saw him.

e. The arrest has **come** as a terrible shock.

f. The announcement **came** just two days after Ashanti told Mark Keatley…

有时施事 NP 表示事件，与 come 搭配出现，表示‘（某事）让人……（某人对某事的反应）’，如例（1e）；或者表示‘到来、发生’，如例（1f）。这种用法中的 come 隐含事物由无到有发生变化的意思，属于一种抽象的位移。

由于 come 是不及物动词，其后接位移起点、终点、方向、路线等宾语时，需要跟介词搭配出现，形成[COME P NP]构式。常跟 come 搭配的介词有 to，其后接表示位移终点的 NP，如例（2a）；from 引介位移的起点，如例（2b）；through、by、over、up、down 引介位移的路线或途经的处所，如例（2c）；with 引介位移过程中的伴随者或伴随物，如例（2d）；for 引介位移目的，如例（2e）。

（2）a. When she **came** to a yard that looked particularly lovely, she rang the bell…
b. Visitors **came** from other lands, who then took back what they had learned.
c. A priest **came** down the aisle.
d. "Noll, will you **come** with me?"
e. My friend Lillian and I had **come** for a quick visit.

有时 come 的施事是表示金钱、财产等的名词短语，这时的[COME P NP]构式表示'由……继承'或'归……所有'，如例（3a）；有时施事为表示申请、提案等公文、案件的名词短语，这时的[COME P NP]构式表示'（公文等）提交……审理'，如例（3b），以及'（公文等）送交……（机构）进行处理'，如例（3c）。

（3）a. He did have pension money **coming** to him when the factory shut down.
b. The membership application **came** before the Council of Ministers in September.
c. President Cristiani expected the case to **come** to court within ninety days.

当 come 的施事为商品、货物时，其后接颜色、尺寸、形状、款式等名词短语，这时的[COME P NP]构式表示'（这类商品）有……可供选择'，如例（4a-b）；有时 come 后接序数词，表示'名列……''处于……（顺序或名次）'，如例（4c）；有时 come 后接数目、金额等名词短语，表示'（数目）达到……''总计……'，如例（4d）。

（4）a. These **come** in a different range of funky colours which can be bought in any bike shop…
b. The wallpaper **comes** in black and white only.
c. The horse had already won at Lincolnshire and **come** second at Lowesby.
d. Lunch **came** to $80.

引介位移起点的 from 还可以表示物品等'产自、来自……'，如例（5a）；人物等'出身于……'，如例（5b）；词语等'起源于……'，如例（5c）。

（5）a. Chocolate **comes** from the cacao tree①.
b. HJK's players **come** from good families— we are more like street kids.
c. The term "claret"…may **come** from the French word "clairet".

一些表示想法、回忆等的名词短语也可以跟 come 搭配出现，强调某种想法从无到有地产生或出现，相当于汉语的"突然意识到……""突然想起……"，如例（6a-b）；也可以用形式主语 it 代替真正的主语 that 从句，如例（6c）。

---

① cacao tree 指的是可可树，cacao 与 cocoa 的区别是：cacao 专指未加工的原料，如可可豆、可可树；cocoa 专指经过加工后的半成品或成品，如可可粉、可可饮料。

（6）a. The idea for the invention **came** to him in the bath.

b. He was about to shut the door when an idea **came** to him.

c. Then it **came** to me that perhaps he did understand.

当 come 后接介词 to 或 into，再接名词短语时，形成[COME to/into NP]构式，表示‘达到某种状态’或‘进入某种境地’，如例（7a）came to an end、例（7b）came to power、例（7c）came into contact with sb、例（7d）came to pieces 等。

（7）a. A job with the fire brigade **came** to an end because he was always late for duty.

b. He refused to have anything to do with the Nazis when they **came** to power…

c. I **came** into contact with very bright Harvard and Yale students.

d. The pistol **came** to pieces, easily and quickly.

e. That is another matter altogether. And we shall **come** to that next.

f. However, when it **comes** down to somebody that they know, they have a different feeling.

有时 come 与表示话题的名词短语搭配，形成[COME to NP-topic]构式，表示‘谈论、谈到’，如例（7e）；或者以 when it comes to NP-topic、when it comes down to NP-topic 的形式出现，表示‘谈到、涉及’，如例（7f）。

4.2.2　[COME and VP]构式

除了接介词短语外，come 后面还可以接动词短语，表示‘来做某事’，分别以[COME and VP]、[COME to VP]、[COME VP]、[COME VP-ing]四种构式出现，它们在语用功能、侧重点方面存在差异。在[COME and VP]构式中，come 与 VP 并列，由连词 and 连接，表示施事主语先发生位移，后做 VP 动作，可以用于过去时、现在时、将来时，分别如例（8a）、例（8b）、例（8d）。在例（8b）的 come and go 中，语义上 come 和 go 表示方向相反的两个位移动作，二者在句法结构上完全一致；在例（8c）祈使句中，[COME and VP]构式表示‘说话人让某人来其所在位置做某事’。

（8）a. She **came** and sat on the bunk seat, facing me so our eyeballs practically touched.

b. Families **come** and go.

c. “**Come** and sit down.”

d. “I’ll **come** and check on you every autumn, Cheviot.”

4.2.3　[COME to VP]构式

在[COME to VP]构式中，come 后接带 to 不定式，可以表示‘经历漫长的时间或过程后开始做某事'，如例（9a/b）；有时可用于疑问句，表示'（某事）如何发生或出现'，如例（9c/d）；有时也表示 VP 是 come 的目的，如例（9e）。

（9）a. He'd wanted to believe, and in the end had **come** to believe it.

b. She had **come** to see the problem in a new light.

c. How did he **come** to break his leg?

d. How did you **come** to meet him?

e. They are **coming** to stay for a week.

f. When did she last **come** and see you?

值得注意的是，在日常口语中，如果 VP 是 come 的目的，那么既可用[COME to VP]构式，如 come to see you，也可以用[COME and VP]构式，如例（9f）。

4.2.4 [COME VP]构式

除了上述两类构式外，come 跟 VP 直接搭配，经常出现于祈使句中，如例（10a），也出现在表示请求、建议等一般疑问句中，如例（10c），形成[COME VP]构式[①]，语义上与有 and 的例（10b）的构式差不多。

（10）a. **Come** have your dinner.

b. **Come** and have your dinner.

c. Will you **come** visit me at the nursery sometime?

4.2.5 [COME VP-ing]构式

[COME VP-ing]构式一般有两种用法：一是表示施事主语来到说者所在地的目的是 VP，如例（11a）的 came looking for me，即'来找我'（来是为了找我）；二是 VP 表示某种位移方式，如 run、hurry 等。

（11）a. He **came** looking for me.

b. The children **came** running into the room.

例（11b）中的 came running，即'跑来'，说明[COME VP-ing]构式还可以表示施事主语以某种方式来。

① 《牛津高阶英汉双解词典》（第 8 版）第 392 页 come 词条下对这种用法做了注释：come and have your dinner 中 and 有时被省掉，出现 come have your dinner，尤其在美式英语中。该词典由商务印书馆和牛津大学出版社于 2014 年出版。

4.2.6 ［NP-time COME］构式

除了表示空间上的位移，come 还可以表示时间上的位移，即时间的行进或过往等，形成[NP-time COME]构式，可以表示‘某一时间或时刻的到来’，如例（12a）；或者表示‘季节、节日等重要日期的到来’，如例（12b）；也可以用于倒装句，如例（12c）；或者以带 to 不定式 to come 的形式充当时间名词的后置定语，如例（12d）；或作为表语，表示‘（时间或事件等）将要到来的、接下来的’，如例（12e）。

（12）a. The time had **come** to review its appearance, its contents, and...
b. If you dry the seeds sufficiently, you can save them to use when winter **comes**.
c. But there **comes** a time when a little window of hope and joy opens into the grief.
d. I hope in years to **come** he will reflect on his decision.
e. The worst of the storm is yet to **come**.

4.2.7 其他构式

[COME P NP]构式中的介词也可以是复合介词短语，如例（13a/b）中的 came down to 和 came down over、例（13c/d）中的 came up to 和 coming up to，come to 在表示‘达到、至、及’的基础上还增加表示位移方向（如 up‘向上’、down‘向下’）的信息。此类构式既可以表示空间位移，如例（13a-c），也可以表示时间的行进，如例（13d）。

（13）a. After seven years in showbiz, he rarely **comes** down to London to perform.
b. I wore a large shirt of Jamie's which **came** down over my hips.
c. The water **came** up to my chest.
d. It's just **coming** up to ten minutes past eleven now.

come 后接形容词，形成[COME ADJ]构式，表示‘变得、变成、成为……’，如例（14a）had come undone、例（14b）came loose 分别表示‘（纽扣）开了’‘（把手）松了’；例（14c）come true、例（14d）come right 分别表示‘（童话）变成真的’‘（一切）变好’。基于[COME ADJ]构式，还出现了一种习语[as ADJ as they COME]，表示‘极……、非常……’，用来强调程度，如例（14e）as traditional as they come，即‘非常传统’。

（14）a. The buttons had **come** undone.

b. The handle **came** loose.

c. Who said fairy tales don't **come** true?

d. Everything will **come** right in the end.

e. The new finance minister was educated at Oxford and is as traditional as they **come**.

come 后接表示日期、时间、事件等的名词短语，形成［COME NP-time］构式，表示‘当某一提及的时刻到来时’。该构式可以用于将来时，如例（15a）come the election on the 20th of May，即‘等到 5 月 20 日选举时’；也可用于虚拟语气，如例（15b）come this June，即‘到今年六月’，这里的 come 起到了介词的作用，用来引介某一具体时间。

（15）a. **Come** the election on the 20th of May, we will have to decide…

b. They would have been married forty years **come** this June.

come 还经常出现在一些习语中，如例（16a）when it comes down to NP 或 when NP come down to it，表示‘归结为、归根结底’；例（16b）come to think of NP 表示‘突然想起来……’‘突然明白过来……’；例（16c）had it coming to NP 表示‘自作自受、活该’。

（16）a. When it **comes** down to it, Marlette, you've just as much to gain by … as we do.

b. **Come** to think of it, I should have had a word with Pavarotti about doing the song.

c. He was pleased that Brady was dead because he probably had it **coming** to him.

d. **Come** on, let's go and eat.

e. **Come**, **come**, Mr Trethowan. Of course not.

还有一些固化的口语表达方式，如例（16d）中的 come on 用来表示‘鼓励、安慰’，相当于汉语的“好了、得啦”；有时重复说 come，如例（16e），表示‘不赞成或不同意’，相当于汉语的“哦，别这样”。

4.3 ［COME⁺］构式的历时考察

位移动词 come 为日耳曼语族本族词汇，属于常见的强动词（strong verb），在古日耳曼语中的原形和部分变形如下（表 4.1）。

表 4.1　古日耳曼语族中 come 的形态

语种	原形	过去式	复数	过去分词
古英语	cuman	cuóm	cwómon	cumen
古弗里西亚语	kuman	kom	kômon	kimen
古萨克森语	cuman	quam	quâmun	cuman
古高地德语	queman	quam	quam	quoman
古诺斯语	koma	kvam	kómom	komenn

4.3.1　[COME（P NP）]构式

位移动词 come 的本义是表达一种单纯的空间移动，即施事自主、由彼至此的位移运动，相当于汉语的“来”，经常以[COME（P NP）]构式的形式出现。come 为不及物动词，需要增加位移的终点、路径等信息时，come 后接介词，再接相关的名词短语。施事通常是指人的名词短语，后接 come，表示‘向……移动、接近、靠近’，如例（17a）中的 soðlice cumað in wynsumnisse，即‘truly come with pleasantness’‘非常愉悦地来’；后来 come 引申为‘（通过移动）到达、出现、来到、来临’，如例（17b）his brother come，即‘他的兄弟到了’；有时方位副词（如 here、yonder）提前，come 以倒装句的形式出现，如例（17c/e）；有时 come 以进行时 be coming 的形式出现，如例（17d），表示‘某人即将到来’。

（17）a. … soðlice **<u>cumað</u>** in wynsumnisse…（*c*825 *Vesp. Psalter* cxxv[i]. 6）[①]

b. And with that word, Tiburce, his brother **<u>come</u>**.（*c*1386 Chaucer *Second Nun's Tale* 242）

c. Here **<u>comyn</u>** our enmyes.（1490 Caxton tr. *Foure Sonnes of Aymon* [1885] viii. 195）

d. *Bion*. He is **<u>comming</u>**.（*a*1616 Shakespeare *Taming of Shrew* [1623] iii. ii. 38 *Bap.*）[②]

e. Yonder **<u>comes</u>** a knight.（1859 Tennyson *Enid* in *Idylls* 52）

---

① 本章有关历时考察的英语历史语料取自《牛津英语词典》（www.oed.com），语例后括号内为引文出处信息，首先是年代，之后一般是作者姓名（古英语时期很多作品的作者无法考证，这种情况下不再标注作者姓名），斜体部分是出处（作品名称），出处后是章节、页码等信息。年代前如果有斜体字母，表示年代不十分确定：*a* 即 ante，相当于 before 或 not later than（即‘早于’‘不晚于’），如 *a*1616 表示‘不晚于 1616 年’；*c* 即 circa，相当于 about（即‘大约’‘左右’），如 *c*825 表示‘825 年左右’。

② 此句取自莎士比亚的《驯悍记》（*The Taming of the Shrew*），Biondello 说：“He is coming.”（‘他马上来’），Baptista 接着说：“When will he be here?”（‘他什么时候会到这儿？’）

come 的施事可以是指物的名词短语，尤其是指自然界的 flod 即 flood‘洪水’，如例（18a）；rane 即 rain‘雨’，如例（18b）；river‘河’，如例（18c）；wind‘风’，如例（18d）；sun‘日’或 moon‘月’，如例（18e）等。当这些词语后接 come 时，表示‘来临、靠近’，有时也表示‘自然现象的出现’，如“Darkness came at 6 o'clock”，即‘6 点就天黑了’。

（18）a. Þat might neuer flod **cum** þar ney.（*a*1300 *Cursor M.*［Gött.］1042）
b. Quhen the rane **cummis**.（*c*1550 *Complaynt Scotl.*［1979］v. 27）
c. This river … **comes** from …（1653 H. Cogan tr. F. M. Pinto *Voy. & Adventures* xxx. 108）
d. On … the wind **coming** favourable we put to sea.（*c*1790 J. Willock *Voy. Diverse Parts* ii. 54）
e. Sun **comes**, moon **comes**, Time slips away.（1870 Tennyson *Window*）

其他指物名词短语也出现于[COME（P NP）]构式中，如例（19a）No razor shall come on his head、例（19b）The Letter was not long a-coming。显然，razor‘剃刀’、letter‘信件’这类事物本身不能做出位移动作，而是被人带来，随之产生位移的。指物名词短语也可以是商品货物，表示‘商品有货、正在销售’，尤其指某种型号、款式或颜色，如例（19c）They come assorted in boxes，即‘它们按盒卖’，以及例（19d）They come in a choice of two designs，即‘它们有两款可供选择’。

（19）a. No razor shall **come** on his head.（1611 *Bible (A.V.)* Judges xiii. 5）
b. The Letter was not long a-**coming**.（1855 A. Manning *Old Chelsea Bun-house* viii. 125）
c. They **come** assorted in boxes.（1937 D. L. Sayers *Busman's Honeymoon* xv. 302）①
d. They **come** in a choice of two designs …（1986 *Sunday Express Mag.* 27 Apr. 48）

由于 come 是不及物动词，所以其后需要有介词才能跟名词短语搭配出现。[COME（P NP）]构式中可以与 come 搭配出现的介词有 to、from、across、along、through、by、over、under、up、down、with、among、by、in、for、after、into、unto、towards、against、on、upon、about、around、beside、near、above、beneath、before、behind 等，其中 to 引介位移的终点，如例（20a）comon to him；from 引介位移的起点；across、along、through、by、over、under、up、down 引介位移的路线或途经之处；with、among 引介位移的陪伴；by、in 引介位移工具；for 引介位移目的；after 引介位移跟随或寻找的对象，如例（20b）cymð æfter me。不

① 该处出自一组对话中，上一句对方说得是“Will you have some of these little biscuits? Dear me, what a remarkable variety!”此句是应答，正文例句中的 They 指代的是 these little biscuits‘这些小饼干’。

过，有时 come 跟一个介词连用后会有特殊的意义。例如，come by 不一定就是‘经过……’的意思，根据语境，该短语可能会有‘获得’等意思。

（20）a. Alle **comon** to him.（*c*975 *Rushw. Gosp.* John iii. 26）
b. Se þe … **cymð** æfter me.（*c*1000 *West Saxon Gospels: Luke* [Corpus Cambr.] xiv. 27）

表示金钱、财产、利润、职位等的名词短语后接 come 和介词 to，再接指人的名词短语，形成[NP-money COME to NP-person]构式，由空间位移转指其他概念，表示‘某人得到某物或者通过继承遗产等法律程序而得到某物’，如例（21a）profite 即‘profit’‘利润’、例（21b）Riches‘财富’、例（21c）Papacy‘教皇的职位’。

（21）a. The profite that may **come** therby to many other.（1545 R. Ascham *Toxophilus* i. f. 5）
b. Riches **come**, and yet the man is not pleased.（*a*1593 H. Smith *Serm.* [1637] 612）
c. … the Papacy **came** to Alexander the Third.（1674 tr. Machiavelli *Florentine Hist.* i. 35）

come 后接介词，再接表示意图、作用等的名词短语，形成[COME to NP-function]构式，表示‘来发挥某种作用’，如例（22a）come to iudgement，即‘come to judgement’，意思是‘判案、断案’；例（22c）come to the rescue，即‘来营救’。有时 come 后接的名词短语是指具有一定职能的场所，这一构式通常指代（在这一场所）所做之事，如例（22b）came into the court，指‘上法庭（被审判）’，以及例（22d）come into the market，指‘打入市场、上市’。

（22）a. A Daniell **come** to iudgement.（1600 Shakespeare *Merchant of Venice* iv. i. 220）①
b. The matter **came** into the court of King's Bench.（1783 *Ann. Reg. 1781* Hist. Europe 199*/1）
c. The … deliverer … would **come** to the rescue.（1855 T. B. Macaulay *Hist. Eng.* IV. 94）
d. Monaglen is about to **come** into the market.（1883 W. Black *Yolande* II. ix. 170）

come 后接表示地点（或空间中的某一点）的名词短语，形成[COME to

① 此句取自莎士比亚的《威尼斯商人》（*The Merchant of Venice*），剧中人物 Shylock 说了这句话。Daniel 原本为圣经故事中的一个人物，以非凡的判断、解决纠纷的能力而闻名，莎士比亚借此杜撰了这样一句："A Daniell come to iudgement"，即‘A Daniel comes to judgement’，意思是一个像 Daniel 一样有能力的法官来判案。后来，英语世界广泛引用这句话，如 a Daniel coming to judgement，意思是‘解决纠纷、判案或仲裁的高手’。

NP-point]构式，表示‘从一点向另一点投射、延伸’，如例（23a）comes to a point‘到达某一点’、例（23b）came to an end‘结束、终结’；有时也跟其他介词连用，如例（23c）come within the scope of this book‘进入（属于）本书所涉及范围’、例（23d）come near the town‘延伸至小镇’。

（23）a. …till it **comes** to a point.（1694 J. Narborough *Acct. Several Late Voy.*［1711］i. 31）

b. The fissure at length **came** to an end.（1860 J. Tyndall *Glaciers of Alps* i. viii. 58）

c. It does not **come** within the scope of this book.（1876 F. G. Fleay *Shakespeare Man.* i. ix. 86）

d. Does the railway **come** near the town?（1891 *N.E.D.* at *Come, Mod.*）

表示空间‘到达某一点’的用法也折射到时间概念的表述上，come 与介词 to、at 搭配，后接表示时间或事件的名词短语，表示‘到达某一过程中的某一时间点’，如例（24a）come at his burial，即‘到他死的时候’，以及例（24b）come to the reign of Queen Mary，即‘到了玛丽女王当政的时代’。come 也表示事情自然而然地发展到某一阶段，如例（24c）came to high and abusive words，即‘到了大骂特骂的地步’，以及例（24d）come to blows，即‘到了动手的程度’。

（24）a. Begin at his birth … until ye **come** at his burial.（1544 H. Latimer *Wks.*［Parker Soc.］II. 438）

b. We now **come** to the reign of Queen Mary.（1783 *Ann. Reg. 1781* Acct. of Bks. 200/2）

c. … barons **came** to high and abusive words.（1827 Scott *Tales of Grandfather* 1st Ser. viii）

d. To fear that the two parties would **come** to blows.（1849 T. B. Macaulay *Hist. Eng.* I. 556）

表示事件的名词短语后接 come 和介词 to，形成[NP-event COME to NP-person]构式，表示伤亡等不幸或某种命运发生或降临在某人身上，如例（25a）euyll chawnce，即‘evil chance’‘祸’，以及例（25b）harme，即‘harm’‘伤害’。在这个意义下，come 用于[HAVE IT COMING（to NP-person）]构式，表示某事如期或理应发生在某人身上，相当于‘to deserve what one gets or suffers’‘理应得到……的后果’，如例（25c/d）。

（25）a. And euyll chawnce **came** to vs ryght.（*c*1450 *Guy Warw.*［C.］4944）

b. No more harme **comming** to either.（1634 T. Herbert *Relation Trav.* 182）

c. Dicky Darrell's got it **coming**.（1904 S. E. White *Blazed Trail Stories* i. 16）

d. Poor Babe. But he had it **coming** to him.（1937 T. Rattigan *French without Tears* i. 12）

表示视觉、听觉等感官的名词短语与 come 搭配，形成[NP-sense COME to NP-person]构式，表示‘看到/听到……’，如例（26a）come a vision to her ‘她看到’。同样，表示想法、概念等的名词短语与 come 搭配，形成[NP-idea COME to NP-person]构式，表示‘想到……’，如例（26b）came into my head ‘我突然想到……’。

（26）a. There **come** a vision to her in a night.（*a*1450 *Knt. de la Tour*［1868］26）
b. It **came** into my head to jump aloft.（1889 *Eng. Illust. Mag.* Dec. 259）

［COME into NP］构式中的 NP 可以是 collision、contact、possession、use、fashion、action、play、force、prominence、opposition、contrast、comparison 等表示抽象概念的名词，如例（27a）came into fashion ‘流行起来’；也可以是 crop、blossom、ear、flower 等名词，表示‘开花、结穗’，如例（27b）crops came into ear ‘庄稼开始结穗’。

（27）a. A gay and piquant style … **came** into fashion.（1825 *New Monthly Mag.* 13 55）
b. Both crops **came** into ear at the same time.（1841 *Jrnl. Royal Agric. Soc.* 2i. 141）

［COME from NP］构式表示‘从某一源头产生出来’，如例（28a）Of him commeth my helpe，即‘From him comes my help’，意思是‘我从他那儿得到了帮助’；例（28b）This wine commeth of the grape，即‘This wine comes from the grape’，意思是‘这个葡萄酒是（由……的）葡萄做成的’。该构式还表示‘子孙后代从某一祖先繁衍而来’或者‘词语源自某种语言’，如例（28c）He that comes of a hen，即‘出身贫寒的人’；例（28d）came from a race of fishers，即‘出身渔民’；例（28e）come originally from the Latin，即‘源自拉丁文’。

（28）a. Of him **commeth** my helpe.（1535 *Bible* ［*Coverdale*］ Psalms lxi［i］. 1）
b. This wine **commeth** of the grape…（1601 P. Holland tr. Pliny *Hist. World* I. 413）
c. He that **comes** of a hen must scrape.（1640 G. Herbert *Jacula Prudentum*）①
d. I **came** from a race of fishers.（1878 *Scribn. Mag.* XV. 583/1）
e. Words which **come** originally from the Latin.（1879 M. J. Guest *Lect. Hist. Eng.* xv. 142）

---

① 此句为 17 世纪英国诗人乔治·赫伯特（George Herbert）的一句名言——He that comes of a hen must scrape，即‘He that is born of a hen must scrape for a living’，意思是出身贫寒的孩子必须付出更多的努力才能谋生，相当于我国的谚语“穷人的孩子早当家”。

4.3.2 ［COME and VP］构式

［COME and VP］构式包含先后两个并列的动作，come 在前，VP 在后，后者有可能是前者的目的或后果，如例（29a）cumað & geseoþ，即‘come and look’；例（29b）come and speke，即‘come and speak’；例（29c）come and worshipe，即‘come and worship’。该构式既可以用于祈使句，如例（29d/e），也可以用于陈述句，如例（29a-c），且适用于各种时态。

（29）a. He cwæþ to him **cumað** & geseoþ.（*c*800 *West Saxon Gospels: John*［Corpus Cambr.］i. 39）
b. … suffred to **come** and speke withe hym.（*a*1498 J. Warkworth *Chron.*［Camden Soc.］5）
c. … shall **come** and worshipe before the o Lorde.（1535 *Bible [Coverdale]* Psalms lxxv[i]. 9）
d. **Come** lovely Nymph, and bless the silent Hours.（1709 Pope *Summer* in *Poet. Misc.*vi. 735）
e. **Come** and see us in our new home. He **came** and bought one.（1891 *N.E.D.* at *Come, Mod.*）

4.3.3 ［COME to VP］构式

在［COME to VP］构式中，不定式 to VP 表示目的，如例（30a）Com to wasse vr lauerdes fete，即‘Come to wash our lord's feet’，这里 Com 的目的是 wasse vr lauerdes fete；例（30b）Were comen for to see the feste，即‘A troop of army came forward to see the stronghold’，comen for‘前来’的目的是 see the feste‘看堡垒’；例（30c）came to take him、例（30d）came to visit me、例（30e）come to see me 中的 come 和 VP 都存在一种目的关系。

（30）a. Mari … **Com** to wasse vr lauerdes fete.（*a*1300 *Cursor M.*［Gött.］190）
b. Were **comen** for to see the feste.（1485 Caxton tr. *Paris & Vienne*［1957］15）
c. They **came** to take him.（1569 R. Grafton *Chron.* II. 89）
d. Those who **came** to visit me.（1726 Swift *Gulliver* II. iii. ix. 121）
e. When will you **come** to see me?（1843 Dickens *Christmas Carol* i. 4）

［COME to VP］构式还表示经过一段时间或达到一定程度后开始做某事，如例（31a）came to understand、例（31b）came to consider、例（31c）come to think of it 分别表示‘开始明白’‘开始考虑’‘开始考虑这件事’。例（31d）中的 Come to think of it 位于句首，相当于插入语，删掉后不影响句子的命题义，起到话语标记的作用。

（31）a. He **came** to understand that.（1563-1587 J. Foxe *Actes & Monuments* viii. 327）
　　b. When I **came** to consider that Part, …（1723 D. Defoe *Hist. Col. Jack* 2nd ed. 298）
　　c. … but not so, when you **come** to think of it.（1859 F. W. Faber *Spiritual Conf.* 180）
　　d. **Come** to think of it, I never knew why I …（1943 E. M. Almedingen *Frossia* ii. 59）

4.3.4　[COME VP]构式

[COME VP]构式中，come 后面直接跟 VP，二者之间既没有 and，也没有 to，如例（32a）come flatter，即‘来奉承’；例（32b）com dyne at my hows，即‘come dine at my house’‘来我家吃饭’；例(13c)Come se the place，即‘come see the place’‘来看看这个地方’；例（32d）come follow hym，即‘come follow him’‘来跟随他’；例（32e）come speake，即‘come speak’‘来（跟你）说’。[COME VP]构式一般出现在祈使句，如例（32c），以及表示建议、邀请等的陈述句，如例（32a/b/d/e）。这种用法 *OED* 标注为 obsolete，即‘已废弃不用’。

（32）a. He must **come** flatter.（*c*1430 Lydgate tr. Bochas *Fall of Princes* [1554] iv. ix. 107 b）
　　b. I be-seche yow … thys daye to **com** dyne at my hows.（*c*1485 *Digby Myst.* [1882] iii. 618）
　　c. **Come** se the place where that the Lord was layed.（1539 Cranmer *Matt.* xxviii. 6）
　　d. As many as … **come** follow hym.（1542 N. Udall tr. Erasmus *Apophthegmes* f. 299v）
　　e. I … to bid Cassio **come** speake with you.（*a*1616 Shakespeare *Othello* [1622] iii. iv. 50）

[COME VP]构式出现于祈使句中的情况比较常见，大多表示邀请某人来到说话人所在地，或者表示邀请、鼓励某人加入说者的行动，如例（33a）“Her ys se yrfeweard … cumaþ uton hine ofslean”，转写成现代英语是‘Here is the property guard … come let's him kill’，后半句 come let's him kill，即‘come let's kill him’，表示‘说者让对方跟他一起行动杀了他’。例（33b）“Cum, broiþer, here and se”，转成现代英语是‘Come, brother, hear and see’，这里的 come 跟另外两个动词连用，此句有两种理解：一是 come、hear、see 为先后三个连续动作，三者的句法属性相同；二是 come 相当于话语标记，起到召唤对方以引起注意或邀请、鼓励的作用。

（33）a. Her ys se yrfeweard … **cumaþ** uton hine ofslean.（*c*1000 *West Saxon Gospels: Luke* xx. 14）
b. **Cum**, broiþer, here and se.（*a*1300 *Cursor M.* 2030［Cott.］）
c. **Com** kys vs both.（*a*1500 (1460) *Towneley Plays*［1994］I. v. 59）
d. **Come** go, I will fall prostrate at his feete.（*a*1616 Shakespeare *Comedy of Errors* v. i. 115）

例（33c）Com kys vs both 即‘Come kiss us both’‘来亲我们俩’。例（33d）“Come go, I will fall prostrate at his feete”，即‘来，我们去吧，我要跪在公爵的脚下’。再看这些语例出现的年代，最早的语例出现于 11 世纪，也就是古英语晚期，接下来 14 世纪到 19 世纪都有这样的语例，这说明[COME VP]构式并不是一个新的构式。

4.3.5 ［COME VP-ing］构式

［COME VP-ing］构式表示在由彼至此的位移过程中发生 VP 这样的动作，如例（34a）He sawe rychard come rydyng vpon an hors，即‘He saw Richard come riding upon a horse’。riding upon a horse 是 Richard 在 come‘来’的过程中所做的动作，也是位移方式。同样，例（34b）came fleyng 即‘came flying’、例（34c）came two Men running、例（34d）came galloping、例（34e）came pouring 也都是 come 为主动词，表示位移方式的 fly、run、gallop、pour 以 VP-ing 形式出现。

（34）a. He sawe rychard **come** rydyng vpon an hors.（1485 Caxton tr. *Charles the Grete*［1881］163）
b. The Scottes **came** fleyng ouer …（1523 Ld. Berners tr. J. Froissart *Cronycles* I. lxxvi. 97）
c. There **came** two Men running against him amain.（1678 J. Bunyan *Pilgrim's Progress* 44）
d. The Nag **came** galloping towards me.（1726 Swift *Gulliver* II. iv. viii. 122）
e. The fog **came** pouring in at every chink and keyhole.（1843 Dickens *Christmas Carol* i. 5）

4.3.6 ［NP-time COME］构式

［NP-time COME］构式表示时间自然而然地到了某一时刻，如例（35a）þe tyme come，即‘the time came’；例（35b）bed tyme came，即‘睡觉时间到了’；例（35c） the Day came，即‘那一天到了’。此构式还可以表示达到某一阶段，如例（35d）came to Janet's turn，即‘轮到 Janet 了’；或者表示涉及某一话题或领域，如例（35e）comes to meteors and comets，即‘说到流星和彗星’。

（35）a. He knew þe tyme **come** þat he wolde …（*a*1400［1325］*Cursor Mundi*［Trin. Cambr.］l. 12830）

b. When bed tyme **came**, the king went to his bed.（1569 R. Grafton *Chron*. II. 218）

c. When … the Day **came** for my Departure…（1726 Swift *Gulliver* II. iv. x. 161）

d. It **came** to Janet's turn.（1878 *Scribn. Mag.* XV. 776/1）

e. He becomes … when it **comes** to meteors and comets.（1879 M. J. Guest *Lect. Hist. Eng.* l. 508）

4.3.7　［COME NP-time］构式

在［COME NP-time］构式中，come 后接表示（将要到来的）节日、日期等的名词短语，表示‘到了（某一时间点）’①，如例（36a）Twenty yere come Estren，即‘Twenty years come Easter’‘到了复活节，就有 20 年了’；例（36c）Come Candlemas，即‘到了圣烛节’；例（36d）come Michaelmas，即‘到了米迦勒节’。有时 come 跟在一个指定日期之后，再接一段时间（星期、月、年），如例（36b）Thursday come fortnight，即‘两周后的周四’。这一用法一直保留在英语的某些方言中，现代英语文学作品中一般写作 on Thursday fortnight。

（36）a. Twenty yere **come** Estren.（*a*1420 T. Hoccleve *De Reg. Princ.*［Roxb.］29）

b. … till Thursday **come** fortnight.（1640 *House of Commons Order* in *Hist. Coll.: 3rd Pt.* I. 141）

c. **Come** Candlemas, and I have been their servant For …（1799 R. Southey *Eng. Eclogues* vii）

d. For twenty years **come** Michaelmas.（1883 'G. Lloyd' *Ebb & Flow* II. xxi. 21）

4.3.8　［COME NP］构式

从句法序列上看，［COME NP］构式中的 come 像是一个及物动词，后面直接

---

① 这一用法可能来自法语的影响，例如法语中有这样的表述："Dix-huit ans vienne la Saint-Martin, -viennent les Pâques." 直译成英语是：'Eighteen years old come Martinmas, -come Easter.'‘到复活节时就 18 岁了。’这里的 come Easter 就相当于‘let Easter come’或者‘when Easter shall come’‘到复活节时’。

跟名词短语作宾语。*OED* 将这种宾语称作“起到状语作用的宾格形式”（adverbial accusative）[①]。可以直接跟在 come 后面的 NP 仅限于表示位移路线或距离的名词或名词短语，该构式都表示单纯的位移，如例（37a）Come your waies 即‘Come your ways’、例（37b）The road you came、例（37c）coming this way、例（37d）come the primrose way 都表示沿着某个路线从另一个地方来到说者所在地；例（37e）come many miles 则表示位移的距离。

（37）a. **<u>Come</u>** your waies.（*a*1616 Shakespeare *As You Like It*［1623］i. ii. 197）
b. The road you **<u>came</u>**.（1773 O. Goldsmith *She Stoops to Conquer* i. 13）
c. They are **<u>coming</u>** this way.（1773 O. Goldsmith *She Stoops to Conquer* i. v）
d. We have **<u>come</u>** the primrose way.（1887 R. L. Stevenson *Underwoods* i. xi. 23）
e. We have **<u>come</u>** many miles by train.（1891 *N.E.D.* at *Come, Mod.*）

［COME NP］构式还出现在一些俚语中。例如，俚语 to come it 相当于 to come out with it，表示‘行使某人的职责、扮演某个角色’，如例（38a）I can come it pretty well 表示‘我能干得非常好’；俚语 to come the dodge/trick 表示‘耍花招’，如例（38b-d）。

（38）a. I can **<u>come</u>** it pretty well …（1839 Dickens *Nicholas Nickleby* xxiii. 219）
b. Barnes … is trying to **<u>come</u>** the religious dodge.（1855 Thackeray *Newcomes* II. xxvii. 253）
c. Don't **<u>come</u>** that dodge over me.（1865 J. Hutton *Bitter Sweets* xxii）
d. Don't **<u>come</u>** tricks here.（1873 *Slang Dict.*［at cited word］）

come 有时还表示‘装出……的样子、假装’，如例（39a）come the bully over me‘别在我面前装恶霸’，即‘别想欺负我’，以及例（39b）come the gentleman‘装成绅士的样子’。这一用法还衍生出其他俚语，如例（39c）come the parson over him，即‘对他装出牧师的样子（喻指伪善）’；例（39d）come the old green-eyed monster，即‘装成绿眼老怪兽（喻指嫉妒）’；例（39e）“come the … cropper”，即‘摔跟头、失败’。

（39）a. If you try to **<u>come</u>** the bully over me.（1850 *Tait's Edinb. Mag.* Nov. 691/1）
b. He … be inclined to **<u>come</u>** the gentleman…（1889 Mrs. Randolph *New Eve* II. viii. 23）
c. The British working man resents any attempt to **<u>come</u>** the parson over him.（1930 R. Macaulay *Staying with Relations* xx. 292）

---

① 这里的 NP 起状语作用，并以宾格形式出现（参见 *OED* 的 come 词条）。

d. … he'd **come** the old green-eyed monster.（1962 C. Watson *Hopjoy Was Here* ix. 96）

e. … watching them **come** the inevitable cropper.（1951 T. Rattigan *Who Is Sylvia?* i. 230）

［COME NP］构式中的 NP 还可以是表年龄的名词短语，表示‘将满……岁’，如例（40a）coming seven years old，即‘将满 7 岁’；例（40b）coming four and twenty，即‘将满 24 岁’；例（40c）coming nineteen，即‘马上要 19 岁’。

（40）a. … about 14 hands high, **coming** seven years old.（1675 *London Gaz.* No. 1008/4）

b. A young Fellow as I am, just **coming** four and twenty.（1778 *Learning at a Loss* I. 58）

c. Wilhelmina, … **coming** nineteen.（1858 T. Carlyle *Hist. Friedrich II of Prussia* II. vi. iii. 38）

4.3.9　［COME ADJ］构式

come 后可接形容词、过去分词，形成［COME ADJ］构式，表示‘成为、变成某种状态’，如例（41a）came dead，即‘死了’；例（41c）come untied，即‘解开了’；例（41d）come easier，即‘变得更容易了’。有时名词也能进入此构式，如例（41b）came a widow，即‘成为寡妇’。

（41）a. Tell me how this man **came** dead.（1594 T. Lodge & R. Greene *Looking Glasse* sig. D3）

b. So **came** I a widow.（1600 Shakespeare *Henry IV, Pt. 2* ii. iii. 57）

c. The brown paper parcel had '**come** untied.'（1836 Dickens *Pickwick Papers* [1837] xxii. 227）

d. It may **come** easier afterwards.（1889 M. Oliphant *Poor Gentleman* III. iv. 62）

［COME ADJ］构式还产生了一些习语，如例（42a）come true，即‘成真’；例（42b）come clean，即‘坦白’；例（42c）come undone，即‘没做成（有时也指一事无成）’；例（42d）come unstuck，即‘没粘住、松开（引申为彻底失败）’。［COME ADJ］构式还衍生出 as ADJ as they come 的用法，表示‘像已有的类型或样子’或‘就像所有的……都应该有的那样’，如例（42e）。

（42）a. His prophecy had **come** true.（1879 M. J. Guest *Lect. Hist. Eng.* xxi. 206）

b. Spill the beans. **Come** clean on the whole game.（1928 *Daily Express* 10 Oct. 6）

c. … it is said to be 'a good thing **come** undone.'（1922 *N. & Q.* 9 Sept. 207/2）

d. He always managed to **come** unstuck.（1936 *Punch* 14 Oct. 439/2）

e. If you want a … I expect he's as good as they **come**.（1954 C. P. Snow *New Men* 280）

4.3.10 其他构式

come 与 go 连用，表示两个方向相反的位移动作，形成对比，表示‘来了又去’（一次性）或者‘来了又去，去了又来’（重复性），如例（43a）“camen, and wenten”①，即‘came and went’‘来来往往’；例（43b）come and go toll free，即‘往返免费通行’；例（43c）come and goe betweene you both，即‘在你二人之间来来往往’；例（43d）comes and goes at her will，即‘来去自由’。come and go 也比喻为‘不知所措’，如例（43e）I don't know if I'm coming or going，即‘我不知道何去何从’。

（43）a. There weren manye that **camen**, and wenten aȝen.（1382 *Bible* ［*Wycliffite, E.V.*］ Mark vi. 31）

b. … the Citizens of London should **come** and go toll free.（1569 R. Grafton *Chron.* II. 128）

c. … **come** and goe betweene you both.（*a*1616 Shakespeare *Merry Wives of Windsor* ii. ii. 121）

d. She **comes** and goes at her will.（1864 Tennyson *Grandmother* xx, in *Enoch Arden* 124）

e. … I don't know if I'm **coming** or going.（1959 B. Kops *Hamlet of Stepney Green* i. 23）

come and go 也可以描述时间的到来又过去，如例（44a）dayes be comyn and goon 指‘日子来了又去’，还可以形容人的脸色变化；例（44b/c）colour come（and go）指脸色的变化，反映内心情绪的波动。come and go 还出现在一些谚语中，如例（44d）“Lightly come, lightly go”，指‘来得容易，去得快’。

（44）a. vj dayes be **comyn** and goon.（*c*1450［1400］*Sowdon of Babylon*［1881］l. 1631）

b. The colour of … doth **come**, and go Betweene …（*a*1616 Shakespeare *King John* iv. ii. 76）

c. His Colour **came** and went.（1719 D. Defoe *Farther Adventures Robinson Crusoe* 154）

---

① 此句在 1611 年版本中改成 There were many comming and going，转写成现代英语为‘There were many comings and goings’。

d. 'Lightly **come**, lightly go,' is his maxim.（1833 *New Monthly Mag.* 38 192）

be coming 常见于仆人或被呼唤的人做出的回应，相当于 I'm coming '来了' 或 directly '马上'，如例（45a）"Coming, Coming, Sir"，即 '来了，来了，先生'。be to come 表示 '将要到来'，如例（45b）All their troubles were to come，即 '他们的麻烦将要来了'。to come 出现在名词短语后作定语，表将来，如例（45c）"In þis tyme, and in tyme to come"，即 '当前和即将到来的时代'；to come 本身也可以指代将来，如例（45d）"Past, and to Come"，即 '过去和未来'，以及例（45e）the To come，即 '未来'。

（45）a. **Coming**, **Coming**, Sir, (said he) with the Air ...（1709 J. Addison *Tatler* No. 131. 9）

b. All their troubles were to **come**.（1889 F. C. Philips & C. J. Wills *Fatal Phryne* I. iii. 61）

c. In þis tyme, and in tyme to **come**.（*c*1475［1400］*Apol. Lollard Doctr.*［1842］5）

d. Past, and to **Come**, seemes best...（*a*1616 Shakespeare *Henry IV, Pt. 2* i. iii. 108）

e. Scorning the Past, and damning the To **come**.（1844 E. B. Browning *Poems* I. 77）

come 还表示麦芽制作过程中培根发芽，如例（46a）make the Barley Come，即 '使大麦粒发芽'；有时也表示制作黄油的过程中搅拌牛乳以至凝结成型，如例（46b）the butter refused to come，即 '黄油不凝结成型'。

（46）a. To make the Barley **Come** even in the Couch.（1725 R. Bradley *Chomel's Dict. Œcon.* at *Malt*）

b. On churning days the butter refused to **come**.（1884 *Harper's Mag.* Mar. 520/2）

come 还起到语气词的作用，没有词汇本义，表示不耐烦、鼓励、建议、温和的抗议、自我贬低等，分别如例（47a-e），有时也通过重复或加 now 表示强调。

（47）a. **Come**: you are a tedious foole.（*a*1616 Shakespeare *Measure for Measure*［1623］ii. i. 112）

b. **Come, come**, no time for lamentation now.（1671 Milton *Samson Agonistes* 1708）

c. **Come, come**, act like a man.（1688 S. Penton *Guardian's Instr.* 41）

d. Oh! Oh! **Come** now, softly. It is not fair.（1825 *New Monthly Mag.* 13 422）

e. **Come**, **come**, Sikes ... we must have civil words.（1838 Dickens *Oliver Twist* I. xvi. 267）

4.4　[GO^{+}]构式的共时考察

位移动词 go 一般表示背离说者所在地或视角的位移动作，在方向性上正好与

come 相反。根据语境，go 可以表示‘离开’，也可以表示‘前往’。go 右上标的“+”号表示含有 go（但不仅限于 go 单独出现）的构式。

4.4.1 ［GO（P NP）］构式

当代英语中的位移动词 go 为不及物动词，基本义为‘移动’。根据参照点的不同，go 有时表示‘离开’，如例（48a）Let's go，即‘我们走’‘我们离开（这儿）’，以及例（48b）You'll have to go，即‘你不得不离开’。go 有时还表示‘去往’，如果接表示方向、起点或终点的名词短语时，go 的后面需要加 to、from 等介词，如例（48c）went to Rome。

（48）a. "Let's **go**," said Booter.

b. You'll have to **go** tomorrow.

c. So can you talk to me about the team that **went** to Rome for the Games?

当施事主语为表示路线、路途的名词短语时，go 有‘延伸、通向……’的意思，如例（49a）“a mountain road that goes from … to …”，即‘一条从……通往……的山路’。go 还引申为‘事情的进展或发展的程度’，如例（49b）things don't go as planned，即‘事情没有按预计的那样进行’。go 后接 beyond 或 far beyond 表示‘（程度）超过或大大超过某一标准’，如例（49c）his day's work yesterday went far beyond being a mere practice round，即‘他昨天的工作（强度）远远超过普通实习’。

（49）a. There's a mountain road that **goes** from Blairstown to Millbrook Village.

b. He may … and take it hard if things don't **go** as planned.

c. … his day's work yesterday **went** far beyond being a mere practice round.

当 NP 为具有专门职能的机构、单位时，［GO to NP］构式表示在这些地方做专门的事情，如例（50a）go to school or work，即‘去上学或上班’；例（50b）go to church，即‘去教堂做礼拜’。例（50c）中 go to any hospital 表示‘去医院看病’，而不仅是字面义‘去医院’，这一点可以从并列连词 or 前面的同义或近义构式 see any doctor‘看病’得到印证。

（50）a. Most of the young people … they don't **go** to school or work and …

b. If they **go** to church, I encourage them.

c. You can see any doctor or **go** to any hospital you want, but …

表示‘离开’的 go 还可引申为‘金钱、机会、工作等的流失’或者‘某人离职’，如例（51a）where your money goes，即‘你的钱花在哪里’；例（51b）let too many opportunities go by，即‘失去太多的机会’；例（51c）further jobs may have to go，即‘也许会失去更多的工作岗位’；例（51d）he had to go，即‘他不得不离职’。

（51）a. Set up a budget and find out where your money **goes**.

b. … we have let too many opportunities **go** by and …

c. BT was clearly unimpressed and said further jobs may have to **go**.

d. He had made a humiliating tactical error and he had to **go**.

表示‘离开’的 go 也可引申为‘人体官能的衰退’‘机器的损坏’‘人的奄奄一息或离世’，如例（52a）His eyes are going，即‘他的视力衰退得厉害’；例（52b）his nerve was beginning to go，即‘他的神经开始变得麻木’；例（52c）the battery was going，即‘电池快没电了’；例（52d）he's gone，即‘他死了’。

（52）a. His eyes are **going**; he says he has glaucoma …

b. Lately he'd been making mistakes; his nerve was beginning to **go**.

c. I thought it looked as though the battery was **going**.

d. He's **gone**, I've lost him, he's **gone**.

4.4.2　[GO NP]构式

当代英语中 go 后可以接表示路程的名词短语，如例（53a）go three miles、例（53b）We had gone about fifty miles 分别表示‘走了三英里’‘我们走了大约五十英里’①。这里的 go 像是一个及物动词，后面不需要接任何介词，可以直接加宾语。

（53）a. It took us an hour to **go** three miles.

b. We had **gone** about fifty miles when the car broke down.

4.4.3　[GO and VP]构式

在表示‘去往’这个位移动作的基础上增加其他动作，体现在句法结构上，可用[GO and VP]构式表示。在表示‘建议、请求’的疑问句和陈述句中，go 的位移义不强，句子语义重心落在后面的 VP 上，如例（54a）go and have a chat，即‘去聊聊’；例（54b）to go and see the doctor，即‘去看病’；例（54c）go and get a beer，即‘去来杯啤酒’。在其他情况下，尤其是在一般过去时的句子中，[GO and VP]构式中的 go 和 VP 在语义和句法上地位相等，如例（54d）I went and sat on the

① 1 英里≈1.61 千米。

red carpet，即‘我去了，还坐在红地毯上’，以及例（54e）So I went and had a look for it，即‘我去了，还（到处）找它’。

（54）a. Why don't you **go** and have a chat with so-and-so's wife?
b. And then, my dear, I beg you to **go** and see the doctor.
c. "Just **go** and get a beer," Marlette snapped.
d. I **went** and sat on the red carpet that leads up to the royal box.
e. So I **went** and had a look for it and I couldn't find the thing anywhere.

[GO and VP]构式还表示‘对某人做了蠢事感到愤怒或恼怒’，如例（55a）中的 go and upset your mother like that，即‘那样气你的母亲’，表示谴责；例（55b）中的 have really gone and done it，即‘竟然干出这样的事来’，表示愤怒；例（55c）中的 he goes and does a thing like that，即‘他还做出那样的事’，表示不满。

（55）a. Why did you have to **go** and upset your mother like that?
b. You have really **gone** and done it!
c. He … then he **goes** and does a thing like that and stays cool.

4.4.4 [GO to VP]构式

[GO to VP]构式表示‘去做某事’，VP 是 go 的目的，如例（56a）went to live outside，即‘去外面住’（went 的目的是 live outside）。当[GO to VP]构式以进行时的形式（be going to do）出现时，一般有两种用法：一是表示某人打算、计划做某事，如例（56b）are going to buy shares，即‘计划买股份’；二是表示某事将要（不可避免地）发生，如例（56c）there were going to be problems following an incident，即‘一个事件发生后就会出现一些问题’。

（56）a. Both of Harry's sons **went** to live outside.
b. If … you are **going** to buy shares in an engineering company then …
c. … there were **going** to be problems following an incident.

4.4.5 [GO VP]构式

当代英语的[GO VP]构式大多出现在美国英语中，既有口语也有书面语的语料，口语语料占大多数。跟[GO to VP]构式一样，[GO VP]构式也表示‘去做某事’，VP 是 go 的目的，只不过这类构式一般出现在祈使句或者表示建议、请求、命令的陈述句和疑问句中，如例（57a）Why don't you go find out about that，即‘你为何不去打听一下’；例（57b）You should go ask，即‘你应该去问问’。这里的反问句式 Why don't you 和情态词 should（类似的还有 had better、may 等）都表示提出建议。[GO VP]构式比较常见的还有祈使句，如例（57c）go ask for help，即‘去寻求帮助’；例（57d）go look in，即‘去看一下’。

（57）a. Why don't you **go** find out about that, see what they think?[①]

b. You should **go** ask the superintendent of the cemetery.

c. If your kid is in trouble, **go** ask for help or something.

d. I'll **go** look in on the children.

4.4.6　[GO VP-ing]构式

go 后接 VP 的构式中还有一种[GO VP-ing]构式，表示‘去做某事或参加某项活动’，如例（58a）go shopping，即‘去购物’。有时[GO VP-ing]构式也表示‘以某种方式移动或在位移中做某事’，如例（58b）went flying，即‘（脱手）飞了出去’。[GO VP-ing]构式用于否定句时，表示‘对某种行为不赞成、不允许某人有某种行为’，如例（58c）中的 don't go deleting and formatting everything in sight，即‘不要看到什么都删除或格式化’，以及例（58d）I won't go crying about it”，即‘我不会为此而哭的’。

（58）a. You don't even need to **go** shopping.

b. The ice bucket … **went** flying as did the bedside lamp.

c. Particularly don't **go** deleting and formatting everything in sight.

d. I won't **go** crying about it.

[GO VP-ing]构式也表示‘一个动作伴随另一个动作同时发生’，如例（59a）gone looking for me，即‘去（别处）找我’，以及例（59b）Jim went looking，即‘Jim 出去寻找’。

（59）a. The driver was probably having a pee, or **gone** looking for me.

b. … didn't come home and Jim **went** looking, knowing something was wrong.

4.4.7　[NP-time GO]构式

表示空间位移的 go 还可以表示时间概念，如例（60a）As time went on，即‘随

---

① 例（57a-d）为美国英语，其中例（57b）为美国英语书面语体，其余 3 句为美国英语口语体。

着时间的流逝’；例（60b）as the day goes on，即‘随着这一天的过去、随时’；例（60c）Years went by，即‘一年年过去了’。

（60）a. As time **went** on, I saw a lot of ups and downs.
　　b. Will anybody keep him informed as the day **goes** on?
　　c. Years **went** by, my career took off, and my life …

4.4.8 [GO ADJ]构式

go 后接形容词或过去分词，表示某人或某物处于某种状态、有某种变化，如例（61a）go bald，即‘秃顶’，类似的还有 go blind、go mad、go bankrupt、go hungry 等；例（61b）her voice went cold，即‘她的说话声变得冷淡’；例（61c）went barefoot，即‘赤着脚’，类似的还有 goes unseen/unnoticed，即‘未被看到/注意到’。

（61）a. A pin here and a detested male colleague will **go** bald.
　　b. As soon as A. J. heard who it was, her voice **went** cold.
　　c. By then I had taken off my shoes and **went** barefoot.

4.4.9 其他构式

当 go 的施事主语为钟、乐器等能发出声响的事物时，go 表示‘鸣响、发出声响’，如例（62a）The bell went for the break，即‘提示休息的铃声响了’；例（62b）went POP，即‘发出砰的一声’。go 还可以引出要说的话，如例（62c）The story goes like this，即‘故事是这样的……’；例（62d）As the saying goes，即‘俗语说……’。go 也出现在一些习语中，如例（62e）what goes around comes around 原本表示‘当前过时的东西还会再流行起来’，这里表示‘你怎么对待别人，别人就怎么对待你’。

（62）a. The bell **went** for the break.
　　b. The button on his jeans **went** POP.
　　c. The story **goes** like this …
　　d. As the saying **goes**, "Penny wise, yet pound foolish."
　　e. … doubtless realising that what **goes** around comes around.

4.5 [GO^{+}]构式的历时考察

根据 *OED*，go 是一个常见的日耳曼语族词汇，其原型和部分形态参见表 4.2。

在形态上，go 最初只具有一般现在时形态，后来才出现过去分词等形态。一般过去时的形态在古英语中是 éode，在中古英语中是 ʒede、yede、yode，但是到了 15 世纪，在英国南部地区的英语中，go 的同义词 wend 的过去式 went 取代了 go 本身的过去式，而 wend 的原型和现在时形态也很少出现了，后来 go 的原型 go、wend 的过去式 went、go 的过去分词 gone 构成了英语中 go 词形变化表的主干部分。

表 4.2　古日耳曼语族中 go 的形态

语种	原形	现在时	过去分词
古英语	gán	gá	gegán
古弗里西亚语		gâth，geith①	gên
古萨克森语	-gân		
古高地德语	gân；gên②	gâm，gâs	
古诺斯语	gá		

同一时期，在英国北部地区的英语中，出现了 go 的另一种过去式 gaed。英国文艺复兴时期诗人埃德蒙·斯宾塞（Edmund Spenser）的作品中，yede 用于一般现在时，yode 用于一般过去时，后两种一般过去时的形态 gaed、yode 在现代英语中都被 went 所取代。完成时最初是由 go 与 be 搭配构成，现代英语中一般是 go 与 have 搭配，不过表示状态时，仍旧借助 be；表示动作时，则借助 have。

在语义上，go 主要表达三种位移：①单纯的位置移动（不包含位移起点、终点、方向等信息）；②离开说者的位移；③去往说者不在的地方。go 与 come 的对立就体现在后两种意思上，而二者的共同点都是表示一种自发（self-originated）的位移。尽管也有外界致使位移（impressed movement）发生的语例，但总体上 go 与 come 还是表示一种自主的位移。

4.5.1　[GO（P NP）]构式

OED 指出，除了上述三种语义外，go 的本义应该是 walk‘步行、行走’，以区别于‘爬’‘跑’‘飞’等其他位移方式，如例（63a）“Blinde geseoþ, healte gað”直接转写成现代英语为‘Blind see, lame go’，即‘瞎子见到了光明，瘸子行走了

① 这两个均为一般现在时第三人称单数的形态。

② 由于古高地德语中有阿勒曼尼（Alemannic）和巴伐利亚（Bavarian）之分，所以这里分号前为阿勒曼尼古高地德语形态，分号后为巴伐利亚古高地德语形态。

起来’；例（63b）“made … the lame to go”，即‘使瘸子走路’；例（63c）Ride more then thou goest，直接转写成现代英语为‘Ride more than you walk’，即‘多骑马少走路’；例（63d）able to go in his twelfth Month，即‘（小孩）满 12 个月时能走路’；例（63e）first creep and then go，即‘先爬后走’。这种用法延续至 19 世纪，当代英语中，go 当‘步行’讲的用例很少。

（63）a. Blinde geseoþ, healte **gað**.（*c*1000 *West Saxon Gospels: Matt.*［Corpus Cambr.］xi. 5）

b. He … made … the lame to **go**.（1523 J. Fitzherbert *Bk. Husbandrie* §166）

c. Ride more then thou **goest**.（1608 Shakespeare *King Lear* iv. 117）[①]

d. A … Child, able to **go** in his twelfth Month.（1751 R. Paltock *Life Peter Wilkins* I. xviii. 179）

e. I used to hear when … ‘first creep and then **go**!’（1836 C. P. Traill *Backwoods of Canada* 57）

同一时期，go 也泛指其他任何形式的位移，如例（64a）“God cwæð to þære næddran … þu gæst on þinum breoste”直接转写成现代英语为‘God says to the snake … thou go on thy breast’，即‘上帝对蛇说……你要靠你的胸腹行走’。例（64b）To Ga on mowntayns，即‘to go on mountains’；例（64c）go by the coach，以及例（64d）go on horseback 中的 go 都泛指任何形式的位移。这种用法一直延续至今，如 You are going too fast 中的 go 可以指‘游/飞/滑/骑/开（车）’等。

（64）a. God cwæð to þære næddran … þu **gæst** on þinum breoste.（*c*1000 Ælfric *Genesis* iii. 14）

b. To **Ga** on mowntayns …（1483 *Cath. Angl.* 149）

c. … they did **go** by the coach into the country.（1667 S. Pepys *Diary* 13 June VIII. 263）

d. Winkle, will you **go** on horseback?（1836 Dickens *Pickwick Papers*［1837］v. 45）

在句法上，go 由于是一个不及物动词，所以一般以两种构式出现：一是［GO］构式，后面不接任何宾语，如例（63a-e）；二是［GO P NP］，后接介词，再接宾语，如例（64a-d）。除了表示单纯的位置移动（不包含位移起点、终点、方向等信息）外，go 还可以表示‘离开’（位移的起点）和‘去往’（位移的终点），与 come 的意思形成对照。

---

① 此句选自莎士比亚《李尔王》（*King Lear*）中的一段台词：“Have more then thou showest, Speak less then thou knowest, Lend less then you owest, Ride more then you goest.”意思是：‘Have more than you show, speak less than you know, lend less than you own, ride more than you walk.’

表示‘离开’时，go 位移的起点一般是说者所在地（或想象中的说者所在地）如例（65a）“Arisað, uton gan heonon” 直接转写成现代英语是‘Arise, let us go hence’，即‘站起来，咱们离开这里’，gan 后面 heonon 的意思是 from here‘从这里’；例（65b）Now tell me or ȝe ga 转写成现代英语是‘Now tell me before you go’，即‘现在告诉我，否则就离开’；例（65c）hee's gone，即‘他已经离开了’；例（65d）let you go，即‘让你离开’。从上面例子中我们可以看出，表示‘离开’的 go 全都以不及物的形式出现，这种不及物用法从古英语一直延续至今，如 let me go，即‘放我走、让我离开’。

（65）a. Arisað, uton **gan** heonon.（*c*1000 *West Saxon Gospels: John* [Corpus Cambr.] xiv. 31）
b. Now tell me or ȝe **ga**.（1535 W. Stewart tr. H. Boethius *Bk. Cron. Scotl.* [1858] I. 3）
c. No, no, hee's **gone**.（*a*1616 Shakespeare *Tempest* [1623] ii. i. 128）[①]
d. I couldn't let you **go** without saying ...（1897 F. Marryat *Blood of Vampire* xii）

表示‘去往（位移的终点）’时，由于 go 是不及物动词，后面一般要接 to/towards/into 等介词，再接表示位移终点的名词短语，或者接表示地点的副词，如例（66a）Oð þone dæg þe noe on þa earce eode 直接转写成现代英语是‘Until the day when Noah into the land went’，即‘直到那天诺亚走进了那片地域’。例（66b）Heo ȝede to þan iudeiscan folce 转写成现代英语是‘She went to the Jewish people’，即‘她去了犹太人那里’。例（66c）Ga to þe prisun，即‘Go to the prison’‘去监狱’。例（66d）goe to him，即‘去他那里’，这里用人称代词指代他的所在地，表示位移终点。例（66e）go downstairs，即‘下楼’，副词 downstairs 本身带有位移方向。

（66）a. Oð þone dæg þe noe on þa earce **eode**.（*c*1000 *West Saxon Gospels: Matt.* xxiv. 38）
b. Heo **ȝede** to þan iudeiscan folce.（*a*1175 *Cott. Hom.* 229）
c. '**Ga** to þe prisun', said þe king.（*a*1400 [1325] *Cursor Mundi* (Vesp.) l. 4537）
d. Must I **goe** to him?（*a*1616 Shakespeare *Two Gentlemen of Verona* [1623] iii. i. 365）

---

① 此句选自莎士比亚《暴风雨》（*Tempest*）的第二幕第一场，那不勒斯国王 Alonso 一行遭遇海上暴风雨，他唯一的儿子下落不明，其中一个大臣安慰 Alonso 说：“I no doubt He came alive to land.”‘我肯定他活了下来并已登陆。’Alonso 回应说：“No，no，hee's gone.”‘不，不会的，他已经去了。’这里的 gone 不仅有‘离开’的意思，还隐含‘离世’‘远离（他们）而去’的意思。

e. The Baron … turned round to **go** downstairs.（1897 F. Marryat *Blood of Vampire* xv）

除了表示‘人或物的位移’外，go 还可引申为‘钟表等机械装置的运行、运转’，如例（67a）“Neuer going a right, being a Watch”[①]，即‘作为一座钟，从来没走准点’；例（67b）go eight days without winding，即‘（教堂的钟）连续走 8 天不需要上弦’。这一用法还可引申为政治制度的实施，如例（67c），以及心脏的跳动，如例（67d）。

（67）a. Neuer **going** a right, being a Watch…（1598 Shakespeare *Lov's Labour's Lost* iii. i. 187）

b. A church clock … to **go** eight days without winding.（1823 *New Monthly Mag.* 9 314/1）

c. Those who believe that democracy … will **go** of itself.（1887 J. R. Lowell *Democracy* 55）

d. She felt her heart '**go**' in a most unusual manner.（1889 *Cornhill Mag.* Dec. 581）

这一用法还可以延伸至乐器等带声响的装置上，表示‘发出某种声音’，如例（68a）The organs went and the bellys dyd rynge，即‘管风琴奏响，钟也敲响’。go 的后面可接数词，表示‘（钟）响了几次’，如例（68b）“The clock … had just gone eight”，即‘……钟声刚刚敲响了八下’。go 的后面还可接拟声词，如例（68c）clatter，即‘马蹄蹬地发出的咔嗒声’；例（68d）crack，即‘桅杆折断时发出的咔嚓声’。

（68）a. The organs **went** and the bellys dyd rynge.（1503 S. Hawes *Example of Vertu* xiii. st. 16）

b. The clock … had just **gone** eight.（1793 E. Parsons *Castle of Wolfenbach* I. 1）

c. Clatter, clatter, **went** the horses' hoofs.（1887 S. Baring-Gould *Gaverocks* II. xxxiv. 200）

d. Crack **went** the mast.（1892 *Sat. Rev.* 2 July 10/2）

go 还可以表示货币的流通，如例（69a）“The Coins … shall go and be current …”，即‘硬币的流通和通行’，这里的 go‘流通’和 be current‘通行’起到语义互补的作用。go 也表示名声、传言、教义的流传、传播，如例（69b）

---

① 此句选自莎士比亚《爱的徒劳》（*Love's Labour's Lost*）中的一段台词：“A woman, that is like a German clock, Still a-repairing, ever out of frame, And never going aright, being a watch, But being watch'd that it may still go right!”意思是：‘女人，就像一个德国时钟，一直需要修理，一直出毛病，虽是一挂钟，却总也走不准，只有严加看管，也许才能走准。’

as the catechism goes，即‘正如教理准则所说’。

（69）a. The Coins … shall **go** and be current in Payment…（1503 *Act 19 Hen. VII* c. 5）
　　b. Those … (as the catechism **goes**).（1853 Dickens *Bleak House* xlv. 438）

go 还可以表示事情的进展，如例（70a）the thynge wente euyll for hym，即‘the thing went evil for him’‘事情开始对他不利’；例（70c）your Greek grammar goes pretty well，即‘你的希腊语法学得很不错’。go 还可以表示被允许、被接受，如例（70b）it won't go here，即‘它在这里行不通’；例（70d）scheme didn't go，即‘计划没有实现’。

（70）a. … the thynge **wente** euyll for hym.（1490 *Caxton's Blanchardyn & Eglantine* xxvii. 102）
　　b. You must not …; it won't **go** here.（1742 H. Fielding *Joseph Andrews* I. ii. xvii. 305）
　　c. … your Greek grammar **goes** pretty well.（1745 Ld. Chesterfield *Let.* 12 Nov. III. 695）
　　d. His London street-railway scheme didn't **go**.（1866 *Public Opinion* 13 Jan. 51/1）

表示‘离开’的 go 还可引申为‘离世’‘去世’，如例（71a）We're here to-day and gone to-morrow 中的 here 和 gone 指代‘生’和‘死’。go 也有‘昏迷、失去知觉’的意思，如例（71b）She's going。除此之外，go 还指‘物体的破损’，如例（71c）the foremast went in three places，即‘前桅杆断了三截’；例（71d）“His jerseys go into holes, and his flannels shrink”，即‘他的针织衫破了几个洞，绒衣也缩水变小了’。

（71）a. We're here to-day and **gone** to-morrow.（*a*1721 M. Prior *Turtle & Sparrow* [1723] 375）
　　b. Help, she's **going**, give her air.（1768 O. Goldsmith *Good Natur'd Man* v. 65）
　　c. … the foremast **went** in three places.（1798 Ld. Nelson in *Dispatches & Lett.* [1845] III. 20）
　　d. His jerseys **go** into holes, and his flannels shrink.（1892 *Cassell's Mag.* July 469/2）

4.5.2　[GO NP]构式

表示单纯的位移时，go 一般为不及物动词，但它可以接状语宾格（adverbial

accusative）成分，表示行程长度、行进速度等的名词短语，形成[GO NP]构式。例如，例（72a）A grete pas to the tempyll he gos 直接转写成现代英语为‘A great pace to the temple he goes’，即‘他大步走到那座庙那里’；例（72b）goo many hundred myles，即‘go many hundred miles’‘走了好几百英里’；例（72c）go any great pace，即‘大步急速地走’；例（72d）go three miles in an hour，即‘一小时要走三英里’；例（72e）go miles for one，即‘（蛋糕太好吃了，我宁愿）为一个蛋糕走几英里’。

（72）a. A grete pas to the tempyll he **gos**.（*c*1300 *Cursor M.* [Laud] 19076）
b. … **goo** many hundred myles in drede of þeues and enemyes.（*c*1380 Wyclif *Wks.* [1880] 32）
c. … that they might scant **go** any great pace.（1569 R. Grafton *Chron.* II. 250）
d. To **go** three miles in an hour.（1677 G. Miège *New Dict.*）
e. Oh, the nice cakes … I'd **go** miles for one now.（1887 G. R. Sims *Mary Jane's Mem.* 49）

除了表示行程长度、行进速度外，[GO NP]构式中的 NP 还可以是表示位移路线的名词短语。例如，例（73a）Þe weie þæt ich am in begunnen to ganne 直接转写成现代英语为‘The way that I am in beginning to go’，即‘我正要走的那条路’；例（73b）Þei gon not þe streiȝt weie 直接转写成现代英语为‘They go not the straight way’，即‘他们不走直路’；例（73c）ga any way，即‘走任何一条路’；例（73d）ȝode his way，即‘走他的路’；例（73e）go those ways，即‘（大多数游客都）走那些路’。这种用法延续至今，如 Go that way please，即‘请走那条路’。

（73）a. Þe weie þæt ich am in begunnen to **ganne**.（*a*1225 *St. Marher.* 4）
b. Þei **gon** not þe streiȝt weie.（*c*1380 *Antecrist* in Todd *Three Treat. Wyclif* [1851] 152）
c. Qua has to **ga** any way.（*a*1400 [1325] *Cursor Mundi* [Fairf. 14] l. 14195）
d. He … **ȝode** his way.（*c*1400 *Mandeville's Trav.* [Roxb.] v. 14）
e. Usually those by-paths are most beaten, most travellers **go** those ways.（1688 J. Bunyan *Heavenly Foot-man* [1886] 155）

go the way 也引申为‘人或物按照某一方式或方向发展’，如例（74a）go the right way，即‘走正确的路’；例（74b）goes another way to work，即‘用另一种方式工作’；例（74c）go my way，即‘按我的方式’。

（74）a. … should the people of God **go** the right way.（1555 in Strype *Eccl. Mem.* III. App. xliv. 125）

b. Vossius **goes** another way to work.（1662 E. Stillingfleet *Origines Sacræ*i. iii. §10）

c. She will never **go** my way…（1895 'M. Corelli' *Sorrows Satan* xxix.［1897］353）

除此之外，go 还可以接同源宾语（cognate object），如 circuit、cruise、errand、journey、pilgrimage、progress、voyage 等表示'游走、旅行'的名词短语，如例（75a）All christians gooth this pilgrymage 直接转写成现代英语为'All Christians go this pilgrimage'，即'所有基督徒都进行这种朝圣'；例（75b）go arrands，即'go errands''跑腿、差遣'；例（75c）gone a Journey，即'旅行'。如今，在这种名词短语之前一般要用介词 on，如 go on a journey。

（75）a. All christians **gooth** this pilgrymage.（1756 W. Bonde *Pylgrimage of Perfection* Pref. sig. Ai）

b. … to runne, **go** arrands or the like.（1638 T. Herbert *Some Yeares Trav.* rev. ed. 38）

c. …, he might be busy, or asleep, or **gone** a Journey.（1727 D. Defoe *Syst. Magick* i. iii. 83）

还有更明显的及物用法，go 所带宾语为 a tract of country、a river、woods 之类表示'走过之处'的名词短语或者 a course of study'一段时间的研究/学习'，如例(76a)I have goon this ryver，即'我走过了这条河'；例(76b)I went the wastefull woodes，即'我穿过了那片荒芜的林地'；例（76c）went a course of chimistrie，即'研究过（一段时间）化学'。以上三个语例在现当代英语中一般要加介词，如 I have gone through this river、I went through the wasteful woods、went through a course of chemistry。

（76）a. … I have **goon** this ryver of …（1483 Caxton tr. J. de Voragine *Golden Legende* 47 b/1)

b. I **went** the wastefull woodes and forest wyde.（1579 Senser *Shepheardes Cal.* Dec. 23)

c. … certaine scholars **went** a course of chimistrie.（1683 A. Wood *Life* 28 Sept.［1848］)

4.5.3 ［NP-time GO］构式

表示空间位移概念的 go 还可以表示时间概念，施事主语为表示时间的名词短语，形成[NP-time GO]构式，表示'时间的行进'，如例(77a)Ten dais … was gan，即'十天过去了'；例（77b）One week and half of another is already gone，即'一周半的时间已经过去了'；例（77c）The afternoon went pleasantly enough，即'下午过得比较愉快'。

（77）a. Ten dais on þe monet was **gan**. （*a*1400 (1325) *Cursor Mundi* (Vesp.) l. 11281）
b. One week and half of another is already **gone**.（1835 J. W. Carlyle *Lett.* I. 20）
c. The afternoon **went** pleasantly enough.（1889 N. H. Kennard *Landing Prize* I. viii. 147）

4.5.4 ［GO and VP］构式

［GO and VP］构式最早出现于古英语晚期，经过中古英语一直持续到现代英语，如例（78a）Gað soðlice and leornigeaþ 转写成现代英语为'Go indeed and learn'，即'一边走，一边学'；例（78b）go & beg my food，即'去要饭'。在现代英语口语体中，go 的位移性不强，甚至可以忽略不计，如例（78c）Don't go and imagine，即'不要幻想'，尤其是在现在完成时的句子中，如例（78d）The fool has gone and got married，句子的语义重心在 VP 上，即'这个傻子竟然结了婚'。

（78）a. **Gað** soðlice and leornigeaþ …（*c*1000 *West Saxon Gospels: Matt.* ix. 13）
b. Would'st thou haue me **go** & beg my food.（*a*1616 Shakespeare *As You Like It* ii. iii. 32）
c. Don't **go** and imagine that …（1755 H. Walpole *Corr.* 3 ed. cclxvii. III. 105）
d. The fool has **gone** and got married.（1878 *Scribner's Monthly* 16 87/1）

4.5.5 ［GO to VP］构式

［GO to VP］构式中，VP 是目的，go 的位移义不明显，句子的语义重心落在后面的 VP 上。例如，例（79a）gað to helpe widewen 转写成现代英语为'goes to help widow'，即'去帮助寡妇'；例（79b）ga To helpe the kyng，即'去帮助国王'；例（79c）I went to seek him，即'他没来，所以我去找他'；例（79d）goes to call，即'去喊（某人）'。

（79）a. Þet beoð alse he seide þe **gað** to helpe widewen.（*c*1225［1200］*Ancrene Riwle*［Cleo. C.vi］9）
b. He bidden was to **ga** To helpe the kyng Euandre.（*c*1470 J. Hardyng *Chron.*ix. ii）
c. … I **went** to seek him.（*a*1616 Shakespeare *Comedy of Errors*［1623］v. i. 226）
d. Coach, servants, gondola, he **goes** to call.（1817 Byron *Beppo* xl）

[GO to VP]构式出现在虚拟语气中，表示‘(某人)竟如此不合时宜地想去做某事’，或者‘(某人)竟如此愚蠢(或大胆)地要去做某事’，如例(80a) nobody wou'd go to kill，即‘没人会忍心杀死’；例(80b) go to leave her children，即‘丢下她的孩子不管’。有时在 go 和 to 之间出现 for，如例(80c) wouldn't go for to say sich a thing，即‘不会说这样的话’。除了要用虚拟语气，这种用法的[GO to VP]构式一般都出现在否定句中。

(80) a. Sure nobody wou'd **go** to kill … a creature. (1798 T. Morton *Secrets Worth Knowing* i. i. 6)
b. A non-natural woman, to **go** to leave her children. (1803 M. Charlton *Wife & Mistress* II. 59)
c. … I wouldn't **go** for to say sich a thing … (1895 'M. E. Francis' *Daughter of Soil* iii. 29)

4.5.6 [GO VP]构式

[GO VP]构式早在 13 世纪前就已出现，一般常见于祈使句中，如例(81a) "go … dyne"，即‘go dine’‘去吃饭’；例(81b) Ga purches，即‘Go purchase’‘去买’；例(81c) "Ga, tak him be the hand"，即‘Go, take him by the hand’‘去，抓住他的手’。有时[GO VP]构式也出现在陈述句中，如例(81d) Now thou maist go pack，即‘Now you may go pack’‘现在你可以去收拾行李了’，此句表示一种建议或命令的口吻。值得注意的是，例(81c)的 Ga 和 tak 之间有一个逗号，使得 go 和后面的 VP 之间有了停顿，先‘去’，后做 VP 这个动作，二者为并列关系。

(81) a. Lat vs heere a messe and **go** we dyne. (*c*1386 Chaucer *Shipman's Tale* 223)
b. **Ga** purches land quhar-euer he may. (1489 [1380] J. Barbour *Bruce* [Adv.] i. 433)
c. **Ga**, tak him be the hand. (1572 *Taill of Rauf Coilȝear* [1882] 159)
d. Now thou maist **go** pack. (1591 Spenser *Teares of Muses* in Complaints 398)

[GO VP]构式在接下来的几百年间继续出现，如例(82a-e)，这里因篇幅所限，每个世纪仅举 1—2 例(更多语例可参见第 6 章)。在历史语料中，尚未发现[GO VP]构式出现在疑问句、否定句中的语例，祈使句和表示建议、命令、请求的陈述句中出现[GO VP]构式的语例最多。

(82) a. We mighte as well **go** preach to devils. (1668 J. Howe *Blessedness of Righteous Disc.* 199)

b. I bid him **go** take Care of his ... Things.（1720 D. Defoe *Mem. Cavalier* 75）

c. Your Streatham & my Bookham may **go** hang.（1813 J. Austen *Let.* 7 Nov. [1995] 254）

d. **Go** hire the needful workmen.（1849 *Tait's Edinb. Mag.* 16 170/1）

e. **Go** hit your head against the wall.（1968 *Encounter* Sept. 22/1）

4.5.7 [GO ADJ]构式

[GO ADJ]构式中 go 后接形容词或过去分词，表示‘在某种情况下某人的状态’，如例（83a）sell theyr soules and bodyes to go gay，即‘sell their souls and bodies to go gay’‘出卖灵魂和肉体来放纵’；例（83b）“Neuer lackt gold, and yet went neuer gay”，即‘never lack gold, and yet never went gay’‘从不缺金少银，但也从不挥霍’。这两个语例中的 go gay 都有‘过度享用、不加节制’的意思。例（83c/d）中的 goe naked‘赤身裸体’、go decent‘穿着体面’也都是 go 后接过去分词和形容词的语例。

（83）a. ... sell theyr soules and bodyes to **go** gay.（1509 A. Barclay tr. S. Brant *Shyp of Folys* f. xl）

b. ... Neuer lackt gold, and yet **went** neuer gay.（*a*1616 Shakespeare *Othello* [1622] ii. i. 153）

c. Both sexe **goe** naked.（1634 T. Herbert *Relation Trav.* 19）

d. ... miser their clothes, and never **go** decent.（1888 G. MacDonald *Elect Lady* xvi. 144）

4.5.8 其他构式

go 还表示担任某一职务，如例（84a）goes Embassador to Spayne，即‘goes ambassador to Spain’‘出任西班牙大使’；例（84b）went Chaplain，即‘担任牧师’；例（84c）go bail，即‘当担保人’。

（84）a. ... **goes** Embassador to Spayne speedily.（1665 S. Pepys *Diary* 6 Dec. [1972] VI. 320）

b. He **went** Chaplain to the Factory.（1707 T. Hearne *Remarks & Coll.* 24 Jan. [O.H.S.] I. 321）

c. He won't marry her now, I'll **go** bail.（1884 H. R. Haggard *Dawn* lxxv）

[GO P NP]构式还表示‘诉诸、求助于某人或某物’，如例（85a）Goþ more to þe lawe & to þe witnes，即‘Goes more to the law and to the witness’‘诉诸法律和目击者’；例（85b）go to Aristotle，即‘求助于亚里士多德（参考亚里士多德的思想或著作以期找到答案）’；例（85c）go to nature，即‘借助自然（转向自然、在大自然中寻找灵感）’。

（85）a. **Goþ** more to þe lawe & to þe witnes.（*c*1475［1400］*Apol. Lollard Doctr.*［1842］93）
b. You must **go** to Aristotle for that.（1874 J. S. Blackie *On Self-culture* 76）
c. Why does not this artist **go** to nature?（1878 *Scribner's Monthly* 15 737/1）

[GO P NP]构式还有‘从事……工作（职业）’的意思，NP 一般为动名词，如例（86a）went to boxing，即‘选择拳击’；例（86b）gone to housekeeping，即‘提供住宿服务’。

（86）a. Two of ... having disagreed, they **went** to boxing.（1790 *By-stander* 79［*note*］）
b. He had rented ... and **gone** to housekeeping.（1891 M. E. Wilkins *Humble Romance* 277）

[GO P NP]构式也有‘接受或符合……价格’的意思，NP 一般为表示价格的名词，如例（87a）any that will goe to the price，即‘只要出价可以接受，任何事情（都可以）’；例（87c）higher than she cared to go to，即‘高于她能接受的价格’。有时介词 to 也可省略，如例（87b）go as high as twenty-five thousand crowns，即‘接受高达 25 000 克朗的价格’。

（87）a. Oh any that will **goe** to the price.（1639 J. Shirley *Maides Revenge* iii. sig. E4）
b. ... to **go** as high as twenty-five thousand crowns.（1849 T. B. Macaulay *Hist. Eng.* II. vi. 65）
c. The price was higher than she cared to **go** to.（1892 *Strand Mag.* 4 294/2）

当主语为金钱、房产、职位、头衔等时，[GO P NP]构式有‘落入……手中、归……所有’的意思，如例（88a）Let the high Office and the Honor go To one，即‘把高官职位和荣耀给那个……的人’；例（88b）to whom his Wealth shall go，即‘他的财富会给谁’；例（88c）The money I had saved went to the doctors，即‘我省下的钱都给了医生’；例（88d）The crown was then to go to the descendants，即‘皇冠接下来会传给……的子孙’。

（88）a. Let the high Office and the Honor **go** To one ...（*a*1616 Shakespeare *Coriolanus* ii. iii. 122）
b. Nor has he care to whom his Wealth shall **go**.（1807 G. Crabbe *Parish Reg.* ii, in *Poems* 89）

c. The money I had saved **went** to the doctors.（1878 *Scribner's Monthly* 15 638/2）

d. The crown was then to **go** to the descendants …（1879 M. J. Guest *Lect. Hist. Eng.* xliii. 432）

go 的-ing 形式，后接带 to 的不定式，表示‘将要做某事、准备做某事’，如例（89a）was goyng to be broughte into helle，即‘将要被带入地狱’；例（89c）As I was going to say，即‘正如我要说的’。going 后接表示年龄的名词短语，表示‘将要……岁’，如例（89b）was going in her fifteen，即‘将要 15 岁’，表示年龄的名词短语前可以加介词 in，也可省略。

（89）a. … was **goyng** to be broughte into helle for …（1482 *Monk of Evesham* 43）

b. Till she was **going** in her fifteen.（1700 W. Congreve *Way of World* v. i. 76）

c. As I was **going** to say.（1703 J. Locke *Let.* 23 July［On Dr. Pococke］）

4.6 小　　结

本章考察了英语直指位移构式在共时层面、历时层面呈现出的语用面貌。

在共时层面，[COME⁺]构式在现代英语中可分为三大类：①以[COME（P NP）]构式为代表，表示单纯或抽象的位移，其中[NP-time COME]构式表示时间的行进；②以[COME（and/to）VP（-ing）]构式为代表，表示单纯的位移；③其他[COME⁺]构式，如[COME ADJ]构式表示状态的变化，以及常见习语如 come and go 等。

在历时层面，[COME⁺]构式可分为四大类：①以[COME（P NP）]构式为代表，表示单纯的位移，也表示抽象的位移，如[NP-time COME]构式表示时间的行进；②以[COME(and/to)VP(-ing)]构式为代表，表示单纯的位移；③以[COME NP]构式为代表，表示空间位移或时间的行进，也出现在某些习语中；④其他[COME⁺]构式，如[COME ADJ]构式表示状态的变化，以及常见习语如 come and go 等。

在共时层面，[GO⁺]构式在现代英语中可分为四大类：①以[GO（P NP）]构式为代表，表示‘离开、去往、延伸’等单纯的位移，也表示时间行进、事情进展、状态变化、生老病死等抽象的位移；②以[GO NP]构式为代表，表示位移的路程或路线；③以[GO（and/to）VP（-ing）]构式为代表，表示单纯的位移，也表示‘将要、打算做某事’（如[GO to VP]构式），或者表示‘从事某项活动、以某种方式位移’（如[GO VP-ing]构式）；④其他[GO⁺]构式，如[GO ADJ]构式表示出现某种变化或处于某种状态，以及常见习语如 what goes around comes around 等。

在历时层面，[GO⁺]构式也可分为四大类：①以[GO（P NP）]构式为代表，既可以表示无方向或离开等单纯的位移，也可表示钟表运行、时间行进、发出声音、消息传播、事情进展等抽象的位移；②以[GO NP]构式为代表，表示位移的速度、路线、方式等；③以[GO（and/to）VP]构式为代表，表示单纯的位移；④其他[GO⁺]构式，如[GO ADJ]构式表示处于某种状态，以及常见习语如 go bail 等。

由于[COME⁺]构式、[GO⁺]构式语用功能的多样性，笔者在总结和归纳各类构式在语用、语义、句法层面的属性和特点时，犹如在一大堆乱麻中抽丝剥茧，即使顺藤摸瓜，但中途放弃又不得不另辟蹊径的情况也时有发生。

第5章

汉语直指位移构式的历时演化

5.1 引　言

上一章考察了英语直指位移构式在共时层面、历时层面的语用面貌，本章考察汉语直指位移构式的历时演化，聚焦汉语位移动词“来”和“去”，右上标的“+”号表示含有“来”和“去”但不仅限于“来”和“去”单独出现的构式。

5.2 ［来$^{+}$］构式的共时考察

现代汉语中的位移动词“来”表示从别的地方到说者所在的地方，与“去”相对，通常与有位移能力的人或动物搭配出现，有时也用在其他动词前，表示要做某事；有时也出现在其他动词后，表示动作朝着说者所在的地方。

5.2.1 ［来（NP-location）］构式

1. 表示单纯的位移

现代汉语中的“来”一般用作不及物动词，表示施事主语从别的地方向说者所在地进行位移。在句法序列上，形成[NP-person 来]构式，施事 NP 在前，“来”在后，可带“了”，如例（1a），以及“过”，如例（1b）；可带否定词，如例（1c）；也可以接结果状语，如例（1d）。

（1）a. 可是你先生已经<u>来</u>了，好得很，这些话可以面谈了。（钱锺书《围城》）
　　b. 冠先生只到祁家<u>来</u>过两次。（老舍《四世同堂》）
　　c. 可是，谁也没<u>来</u>！她的眼前变成一片乌黑。（老舍《四世同堂》）
　　d. 你<u>来</u>得正好！（夏衍《狂流》）

“来”也可用作及物动词，后接表处所的 NP，形成[来 NP-location]构式。NP 既可以是表示具体地点的城市或国家名称，如例（2a）“来北京”，以及“来美国”；

也可以是处所的指代成分，如由近指代词“这”构成的“来这儿”，如例（2b），例（2c）“来这里”，以及“这边”等表处所的代词。

（2）a. 他因主持上海作协分会工作，又编辑《收获》，常来北京。（沈从文《悼靳以》）
b. 记者问其中一个小朋友，你几岁啦，常来这儿吗？（《人民日报》1993 年 5 月）
c. 以前她常来这里，和宋庆龄一起在花园漫步。（陈廷一《宋氏家族全传》）

2. 表示抽象的位移

当 NP 表示矛盾、问题、兴趣等抽象概念时，如例（3a-c），构式中的“来”隐含一种从无到有的过程，表示一种抽象的位移。吕叔湘（1999）将“来”的这一用法释义为‘（问题、事情等）发生、来到’。

（3）a. 问题来了。唱什么好呢？（老舍《鼓书艺人》）
b. 非得要……的话，矛盾来了。（姚淦铭《百家讲坛·老子智慧与现代式离婚》）
c. 小汤嘴馋好吃，听说请客，兴趣来了。（李英儒《百家讲坛·野火春风斗古城》）

5.2.2　[来 NP]构式

表示单纯位移的“来”后也可以接表示人或物的 NP，形成[来 NP]构式。NP 可以是指人的名词短语，如例（4a-e），表示该施事 NP 发生了近向位移。“来”的前面经常出现表处所、时间以及与施事有领属关系的名词或名词短语，分别如例（4b/c）、例（4d）和例（4e），而且施事前常出现数量短语，如例（4c）“一队”、例（4d）“几个”、例（4e）“五个/四个”。

（4）a. 一来客，他总是派人到便宜坊去叫挂炉烧鸭。（老舍《四世同堂》）
b. 家里来了客人，我教她招待招待，你看她那个劲啦味啦的！（老舍《方珍珠》）
c. 远处来了一队小学生。（老舍《四世同堂》）
d. 这时候又来了几个人，差不多围成个半圆的圈子。（叶圣陶《城中·晨》）
e. ……等了很久，甲班只来了五个人，乙班只来了四个人。（赵树理《三里湾》）①

① 此句“甲班只来了五个人，乙班只来了四个人”，从逻辑关系上看，“五个人”属于甲班，“四个人”属于“乙班”，这种逻辑上的领属关系使得此句在语义表达和理解上完全没有问题，而在语用功能上，“甲班”“乙班”起到了充当话题的作用。

NP 可以是动物，如例（5a）“来了一群果狸”；也可以是无生命的事物，如例（5b）“来了一辆警车”；或是可传递的事物，如例（5c）“来电话”、例（5d）“来信”；或是自然现象，如例（5e）“来了一阵风”。

（5）a. 夜里来了一群果狸，吃了满地粘乎的甜枣都醉了。（严歌苓《第九个寡妇》）
b. 事故现场已经来了一辆警车。（新华社 2003 年新闻报道）
c. 刚才三先生又来电话，问起那扣减工钱的布告有没有贴出去呢！（茅盾《子夜》）
d. 去年父亲来信，问起阿九，那时阿九还在白马湖呢。（朱自清《儿女》）
e. 这时，沟口外又来了一阵风，从沟底下穿过去。（张贤亮《肖尔布拉克》）

有时[来 NP]构式经常出现在一种表命令、请求等的祈使句中。NP 可以是指人的名词，如例（6a）“来人”；也可以指物的名词，如例（6b）“再来一碗”；或者表示方式，如例（6c）“少来这一套”。“来”还表示做某个动作，以代替意义具体的动词，相当于万能动词，只不过大多出现在祈使句中，很少带“了”“过”等虚词，出现的句法环境还没有像万能动词那样宽泛①。例（6d）中的“再来一个”实际上是“再磕一个”；例（6e）的“来”指代动词“割”；例（6f）的“来”既指代“下（大雪）”，又指代“刮（狂风）”。这里的“来”更像是表示某种动作或现象从无到有的发生过程，隐含一种抽象的位移。

（6）a. 四奶奶一面答应着，一面叫喊道：“来人哪！开灯哪！”（张爱玲《倾城之恋》）
b. 半闭着眼，把碗递出去：“再来一碗！”（老舍《骆驼祥子》）
c. 她火了：“少来这一套！”（梁晓声《京华见闻录》）
d. 两个磕起来了，越磕越高兴：“再来一个！”（老舍《小坡的生日》）
e. 让她慢慢自己来，割一根算一根！我又不逼她！（赵树理《三里湾》）
f. 他几乎要喊出来：“爽性来一场大雪，或一阵狂风！”（老舍《蛤藻集》）

5.2.3 [（VP）来 VP]构式

“来”可以跟其他动词短语连用，仍旧表示位移；可以出现在其他动词前，如例（7a/b），形成[来 VP]构式，表示‘要做某事’，这里的“来”可以省略；也可出现在其他动词短语后，如例（7c），形成[VP 来了]构式，VP 是“来”的目的。

---

① 英语中的 do、make、have、get、take 等，以及汉语中的“搞”“弄”“打”“整”“干”等，传统语法常称作“万能动词”。所谓“万能”是指它们在具体语境中几乎可以指代任何动作，替代任何具体动词，从而可以与任何受事宾语搭配。这里的“来”在语用功能上也有类似属性，只不过大多出现在祈使句中，适用的语境比较有限，所以这里称之为“准万能动词”。

在[来VP]构式前面再加动词短语或介词短语，形成[VP_1来VP_2]构式或[PP来VP]构式，“来”之前的短语表示方法，如例（7d），或表示态度，如例（7e），之后的短语表示目的。

（7）a. 二叔，这个问题还是得你来解决。（老舍《残雾》）
b. 李太太，我来替你打。（曹禺《日出》）
c. 那天，在大树底下，我以为他是发现了我，找我算账来了！（老舍《全家福》）
d. 农民用什么办法来夺回自己的麦子？（杨沫《青春之歌》）
e. 放下架子来邀请一个外国教练去执教他们的国家队。（新华社2001年新闻报道）

5.2.4 [VP来（NP）]构式

“来”还可以出现在其他动词短语后，形成[VP来]或[VP来NP]构式，表示动作朝着说者所在的地方，所以“来”常被称作趋向动词。这类构式的VP既可以是位移动词，如例（8a）“飞”、例（8e）“走”；也可以扩展至导致位移发生的致使动词，如例（8b）“传来”、例（8c）“拿来”、例（8d）“送来”。[VP来NP]构式中的NP既可以是VP的受事，如例（8d）“送来一条被子”，也可以是VP的施事，如例（8e）“走来了一个人”。

（8）a. 她只盼丁一山会忽然自天外飞来，把她救出重围。（老舍《火葬》）
b. 忽然口哨传来了！（萧红《生死场》）
c. 淑文同志，把那几本账拿来。（老舍《春华秋实》）
d. 回去又送来一条被子。（赵树理《李家庄的变迁》）
e. 远远的走来了一个人，他的对头又到了。（鲁迅《阿Q正传》）

[VP来]构式中的VP还可以扩展至表示感官、言说、心理活动等的动词短语，如例（9a-f）“看来、听来、说来、想来、算来”，这里的“来”几乎都可以用“起来”将之替换，如例（9a）“她看来年纪比你大”和“她看起来年纪比你大”的基本义不变。这样的[VP 来]构式在句法地位上相当于插入语，即使省略，语句的命题义也不会变，如例（9d）“他这种笑话，想来一定还很多”和“他这种笑话，一定还很多”的命题义相同。这类构式一般表示语句的命题义或观点、结论是如何得来的，也就是说，这是“听来”的、“看来”的还是“想来”的等；有时也表示说者对某一命题、观点的主观判断或肯定程度，尤其与例（9d）“一定”、例（9f）“似乎”等也表示主观判断的状语搭配出现时，这种主观义就更明显了。

（9）a. 她看来年纪比你大。（张小娴《面包树上的女人》）

b. 他的笑声听**来**就像是野兽垂死前的长嘶。(古龙《圆月弯刀》)
c. 可是这姓苏的小子，说**来**也有一份小小功劳啊。(金庸《倚天屠龙记》)
d. 他这种笑话，想**来**一定还很多！(巴金《家》)
e. 赵姨娘的年纪，算**来**不过三十出头。(刘心武《话说赵姨娘》)
f. 这些理由听**来**似乎也有一定的道理。(1994年《报刊精选》)

[VP来]构式中的VP进一步扩展至其他动词，同时与“得”“不”连用时，形成[VP得来]或[VP不来]构式，表示‘有能力或没有能力’，如例(10a)，表示不可能或例(10b)表示可能；也表示‘融洽或不融洽’，如例(10c-f)，动词限于如例(10c)“谈”、例(10d)“合”、例(10e)“相处”、例(10f)“处”等少数几个。

(10) a. 何苦啰，人老了，唱不**来**，就莫丢丑啰。(陈世旭《将军镇》)
b. 什么事呀？能做得**来**，我一定做！(冯志《敌后武工队》)
c. 扫帚星和陆超也很谈得**来**！(琼瑶《月朦胧鸟朦胧》)
d. 据说那个女的同男的合不**来**，早在起义之前她就辞职走了。(冯德英《苦菜花》)
e. 鸿渐跟王先生还相处得**来**。(钱锺书《围城》)
f. 他就是这么个人，和谁都**处**得来。(杨朔《中国人民的心》)

5.2.5 其他构式

“来”还经常出现在其他一些高频构式中，如表示程度随时间发展的[越来越X]构式、表示动作反复发生的[V来V去]构式、表示大概量的[NUM来QUAN]构式、表示否定的[来不了①]和[来不及]等构式，这些构式的组词造句能力都很强。

1. [越来越X]构式

在CCL现代汉语语料库中输入“越来越”，共检索出45 060条语例，构式中的X大多是形容词和动词，其中“越来越多”“越来越大”“越来越重”“越来越高”“越来越少”的语用频率最高(表5.1)。“越来越X”构式可以作谓语、定语、状语等，分别如例(11a)、例(11b)、例(11c)。

(11) a. 这时候，卖呆的人**越来越**多了，黑鸦鸦地满屋子的人。(周立波《暴风骤雨》)
b. **越来越**多的人为这个群体所吸引。(新华社2003年新闻报道)
c. 科学技术**越来越**显示出第一生产力的巨大作用。(新华社2001年新闻报道)

① 这里的“了”应读作liǎo。

表 5.1 [越来越 X]构式在 CCL 现代汉语语料库中的检索结果

CCL 检索	越来越 X	越来越多	越来越大	越来越重	越来越高	越来越少
条数	45 060	14 574	4 552	2 194	2 095	1 580

2. [V 来 V 去]构式

[V 来 V 去]构式表示动作的多次重复，两个 V 既可以是同一个动词，也可以是同义或近义词。这里的 V 既可以是位移动词“跑”“飞”等，如例（12a/b），也可以扩展到其他动词，如例（12c-f）。例（12c）“想来想去”、例（12d）“研究来研究去”为同一个 V，而例（12e）“翻来覆去”、例（12f）“颠来倒去”中的前后两个 V 为近义词。这里的“来”和“去”也可以是“过来”和“过去”等表示方向相反的趋向词，如“研究来研究去”也可以说“研究过来研究过去”，“翻来覆去”也可以说“翻过来覆过去”。

（12）a. **跑来跑去**，跑到了天晌午，累得二虎喘不上气来。（刘流《烈火金刚》）

b. 也不知从哪里飞来一个蚊子，在他眼前**飞来飞去**，打着转。（古龙《小李飞刀》）

c. **想来想去**，妈妈是最喜欢他不过了。（周而复《上海的早晨》）

d. 可是**研究来研究去**，也没能找出个答案来。（戴厚英《流泪的淮河》）

e. 为这个，她**翻来覆去**急得一夜没睡好。（杨沫《青春之歌》）

f. 老孟只顾仰着脸讲，**颠来倒去**总是这两句。（李晓明、韩安庆《平原枪声》）

3. [NUM 来 QUAN]构式

“来”放在数词后、量词前，读轻声，形成[NUM 来 QUAN]构式①，表示‘大概的数目’，一般指‘比那个数稍大或稍小’，数词大多是十或几十等的多位数，如例（13a）“二十来个”、例（13b）“十来天”。有时“来”用在度量衡量词后，构成[NUM + QUAN 来 ADJ]构式，数词可以是个位数或多位数，构式的后面必须有相关的形容词或名词，如例（13c）“两斤来重”、例（13d）“二尺来长”。

（13）a. 朱海鹏带着**二十来个**团长营长跑过来。（柳建伟《突出重围》）

b. **十来天**没见老婆孩子了，得赶回去看看。（刘震云《官场》）

c. 一个衣兜里装了两碗，足足有**两斤来重**。（欧阳山《三家巷》）

d. 她说着，伸手从炕席底下，掏出一根**二尺来长**的焦黄的树根。（周立波《暴风骤雨》）

---

① NUM 代表数词（number），QUAN 代表量词（quantifier）。

4.［（自）NP-time（以）来］构式

“来”用在时间名词后，形成［（自）NP-time（以）来］构式，表示‘从过去某时直到说话时（或特指的某一时间）为止的一段时间’，如“别来无恙”的“别来”就是指‘（从上次）分别以来’；也可以是［NP-time 来］构式，如例（14a）“三年来”指‘从过去某一时间到说话时的三年里’，这里的“来”可以替换成“以来”，即［NP-time 以来］构式。“以来”构词组句的能力较强，如“自古以来、有生以来、有史以来、长期以来”等。在［NP-time 以来］构式的基础上前加“从、自、自从”等介词，如例（14b），形成［自 NP-time 以来］构式；有时介词不出现，如例（14c），意思不变。用于表示时间概念的“来”还出现在一些双音词中，如例（14d）“近来”以及“从来”“向来”等。有时“来”出现在时间名词前，形成［来 NP-time］构式，表示‘将来、未来’，如例（14e）“来年”，即‘（将要）到来的一年’，“来日”，即‘（将要）到来的日子’以及“来世”等。

（14）a. 三年**来**，谷歌中国经过了无数次谣言、危机。（李开复《世界因你不同》）
b. 自今年年初**以来**，……已几乎被以军完全摧毁。（新华社 2002 年新闻报道）
c. 此外，今年年初**以来**国内经济继续保持增长势头。（新华社 2001 年新闻报道）
d. 住在胡适家的徐志摩，**近来**有些心神不宁。（张清平《林徽因传》）
e. **来年**春季，定带兵前去征伐。（李文澄《努尔哈赤》）

5.［来得/不及/了］构式

“来”与“不”“得”连用，形成［来不及］、［来得及］、［来不了］构式，如例（15a）“来得及”表示‘还有时间能够赶得上’；例（15b）“来不及”表示‘因时间短促而无法赶上’；例（15c）“来不了”表示‘不可能来了’。“来得及”的否定也可以用“没（有）来得及”表示，如例（15d），在表述当前状况或连续叙述时，“来不及”和“没（有）来得及”可以互换。

（15）a. 快走，还**来得及**！（老舍《火葬》）
b. 他们**来不及**整顿房屋，先去张罗吃的。（张爱玲《倾城之恋》）
c. 药贵呀！上海的仗老打不完，药**来不了**！（老舍《四世同堂》）
d. 她还没有**来得及**点灯，扑通一响，炕上跳下一个什么来。（周立波《暴风骤雨》）

除上述构式外，现代汉语中的“来”还可以用作句末语气助词，如例（16a）“何苦来”；或表示列举，与前面数词构成双音词，如例（16c）“一来……，二来……”。这两种用法的“来”都可以与语气助词“呢”互换，如例（16b/d）。

（16）a. 你每回谈起四弟都要生气，又**何苦来**？（巴金《春》）
b. 你看，这是**何苦呢**！我怎能不同意呢？（老舍《女店员》）
c. **一来**帮着做点事情，**二来**也节省下这份学费。（冰心《庄鸿的姊姊》）
d. **一呢**，龙龙和丫丫也有个伴；**二呢**……我爸对治疗也积极了。（柳建伟《突出重围》）

5.3　[来+]构式的历时考察

"来"，也写作"來"，甲骨文象形文字。根据《汉语大字典》，"来"的字形经历了如下变化（图 5.1）。

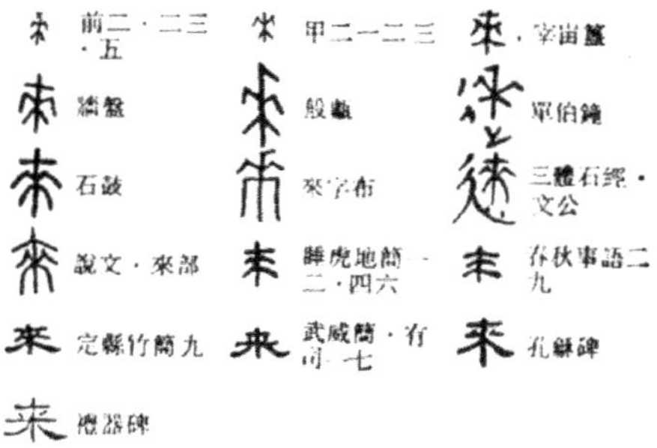

图 5.1　"来"的字形演变

"来"的甲骨文，字形如成熟的麦子，作为名词，原义是'小麦'，如例（17a/b），属于典型的象形文字，后经引申，其泛指五谷之穗。"来"用来表示'往来'的"来"，属于典型的假借[①]文字。"来"专门用作假借字后，"麳""秾"用来表示'小麦'，"麰"表示'大麦'，后来统一简化为"麦"，再冠以"大""小"来区分。

（17）a. 贻我来牟[②]，帝命率育。（《诗经·周颂·思文》）
b. 今天下育民人者，稻居什七，而来、牟、黍、稷居什三[③]。（明　宋应星《天工开物》）

---

① 汉字的造字方法有六种，所谓"六书"：象形、指事、会意、形声、转注、假借。前四种造字法称为"四体"；后两种实际上是用字法，被称作"二用"，即所谓的"四体二用"。"假借"是借用语言中已有的文字来表示比较抽象、难以用象形文字来表达的事物或概念。

② 贻（yí），赠送；来，通"麳"，小麦；牟（móu），通"麰"，大麦，参见《古汉语常用字字典》（第 5 版）第 234 页。此句的意思是'留给我们小麦和大麦'。

③ 黍，黄米；稷，高粱。此句意思是：'现在养育天下百姓的粮食中，稻子占十分之七，小麦、大麦、黄米、高粱共占十分之三。'

5.3.1 ［来（NP-location）］构式

1. 表示单纯的位移

作为位移动词，“来”的本义是‘由彼及此，由远至近’，如例（18a-e），与“去”“往”相对。施事NP为有生命、可以发生位移运动的人，如例（18a-c/e），或是处于位移常态中的物，如例（18d），这一意义下的“来”多用作不及物动词并沿用至今，如例（18e）。

（18）a. 出入无疾，朋**来**无咎①。（《易经·复卦》）
b. 不远千里而**来**②。（《孟子·梁惠王上》）
c. 往昔初阳岁，谢家**来**贵门③。（东汉《古诗为焦仲卿妻作》）
d. 日月往**来**④，则隔行悬合。（南朝 梁 刘勰《文心雕龙·丽辞》）
e. 野求**来**得正好⑤，野求知道钱家的一切。（老舍《四世同堂》）

位移动词“来”也可以与方位名词搭配，形成［来 NP-location］构式，如例（19a）“来王”，指古代诸侯定期入朝觐见天子；例（19b）“来庭”，即‘来朝廷’，意思是‘朝见天子以示臣服’，从而衍生出‘归顺、臣服’的意思。“来”也专指‘已嫁女子回娘家省亲’，如例（19c）的“来”，杨伯峻注解：“来者，仍将返回夫家也。”例（19d）的“来”与“归”并举，前者也沾染‘返回’的意思。例（19e）的“来家”在现代汉语中一般说“回家”，但“来家”并未被“回家”完全替代，现代汉语中“来家”多用于兼语式或连动式，如例（19f）“请朋友们来家吃饭”、例（19g）“放学来家吃饭”。

（19）a. 莫敢不来享⑥，莫敢不**来**王。（《诗经·商颂·殷武》）
b. 四方既平，徐方⑦**来**庭。（《诗经·大雅·常武》）
c. 凡诸侯之女，归宁曰**来**。（《左传·庄公二十七年》）
d. 雄鹄衔枝**来**，雌鹄啄泥归。（唐 韩愈《琴操·别鹄操》）

---

① 此句的意思是：‘出入没有疾病，朋友来了没有灾祸。’

② 此句的意思是：‘不以千里为远，而来到此地。’

③ 此句的大意是：‘几年前，十一月间，我辞别娘家，来到您家。’

④ “日月往来”，即‘日往则月来，月往则日来’，意思是‘日和月一来一往，一去一来’。

⑤ 这里的“来”也是不及物动词，用于动结式，这种用法在现代汉语中比较普遍。

⑥ “来享”，指古代诸侯前来进献贡物，参见《古代汉语词典》（第2版）第863页，该词典由商务印书馆于2014年出版。

⑦ 徐方，古国名，参见《古代汉语词典》（第2版）第863页“来庭”词条，该词典由商务印书馆于2014年出版。

e. 爹去吃酒到多咱晚来家？（《金瓶梅词话》）
f. 有时不想出去，我们就请朋友们来家吃饭。（邓友梅《在悬崖上》）
g. 天正晌了，明生已经放学来家吃饭。（冯德英《迎春花》）

2. 表示抽象的位移

“来”的施事范围扩展，不仅限于有生命的人或是位移中的物，还可以是表示‘情绪、心理、矛盾’等的抽象概念。尽管这时的“来”还是实义动词，但由于施事的变化，“来”隐含着某种抽象事物从无到有的变化过程，表示一种抽象的位移，可以理解为‘发生’，如例（20a），以及‘开始’，如例（20b）。这一用法保留至现代汉语，如例（20c）“兴趣来了”、例（20d）“问题来了”、例（20e）“矛盾来了”。

（20）a. 愁忧无端来，感叹成坐起。（唐　韩愈《秋怀诗》）
b. 欲治国治天下，须先从修身齐家来。（宋《二程遗书》）
c. 孙驼子的兴趣来了，点头道：“好。”（古龙《小李飞刀》）
d. 这一下问题来了。（张大春《认得几个字》）
e. 儿子和我都喜欢看直播，这下矛盾来了。（1996 年《人民日报》）

5.3.2　[来（NP-patient）]构式

1. 表示单纯的位移

位移动词“来”与指人名词连用，形成[来 NP-patient]构式，如例（21a-d），“来”由‘来到’引申为‘使……来’‘招之使来’‘招引’‘招致’。例（21a）中的“来之”，即‘使之来’；例（21b）中的“来远”，即‘招致远方之人’；例（21c）中的“来远方之贤良”，即‘使远方的贤良之士来’；例（21d）中的“来天下之人”，即‘使天下人来’。这个意义下的“来”也写作“徕”，如例（21e），后来便出现“招徕”，如例（21f），还有“招揽”的意思，这一意义保留至现代汉语，如“招徕客户”“招揽生意”。

（21）a. 故远人不服，则修文德以来之[①]。（《论语・季氏》）
b. 叶民有倍心，而说之悦近而来远，则是教民怀惠[②]。（《韩非子・难三》）

---

① 邢昺注疏为‘使远人慕其德化而来’，“来之”即‘使之来’，根据上下文，即‘使远人来’。此句的大意是：‘远地的人如不归服，便提倡仁义礼乐招来他们。’

② 叶，古地名；倍，通“背”，背逆。参见《古代汉语词典》（第 2 版）第 863 页“来远”词条，该词典由商务印书馆于 2014 年出版。

c. 将何以来远方之贤良[①]？（西汉 司马迁《史记·文帝本纪》）
d. 以来天下之人，而广其名誉[②]。（清 顾炎武《与友人论门人书》）
e. 徕三晋之民，而使之事本[③]。（《商君书·徕民》）
f. 招徕四方之士[④]，任贤序位，量能授官。（东汉 班固《汉书·公孙弘传》）

2. 表示抽象的位移

随着构式中的受事 NP 范围的扩大，受事 NP 不再限于有生命的人，“来”的意义也开始泛化。例（22a-e）中的“来”表示‘做某个动作’，以替代意义更加具体的动词，相当于现代汉语的“搞”“干”“做”等万能动词。例（22a）中的“胡来”是‘不按规则或常理办事、胡作非为’的意思，与例（22c）的“乱来”同义，二者均不带受事宾语。

（22）a. 你甚胡来我怎信？（金 董解元《西厢记诸宫调》）
b. 那一位小姐，……写算操作，没有一件不来的。（晚清 吴趼人《二十年目睹之怪现状》）
c. 表面上虽然也跟大家说说笑笑，实际上却不跟人乱来。（赵树理《小二黑结婚》）
d. 郭祥喜滋滋地，立刻把袖子一捋，说：“我也来几下子！”（魏巍《东方》）
e. 一下了课，回到家里，挑水、砍柴、泼菜，什么都来。（周立波《山乡巨变》）

例（22b）中的“来”相当于“做”，概括前面的“写算操作”。例（22d）说的是郭祥他们连队正在打坑道，马上快要打通了，郭祥听说后立刻跑到现场，说完“我也来几下子”后，就从陈三手里抢过镬头使劲刨起土来，所以这里的“来”指代‘用镬头刨土（以打通坑道）’。例（22e）的“来”指代“挑水、砍柴、泼菜”等一切家务活动，这里的“来”隐含某种动作的发生或到来，表示一种抽象的位移。

5.3.3 ［VP 来］构式

施事可以连续发出几个动作，折射到句法序列上，于是一个句子中就会有几个 VP 并列出现的情况。“来”也可以跟其他动词或动词短语并列出现，构成[VP 来]构式。这里的“来”与前面的动词都是句中的核心动词，实词意义充分，表示

---

① 此句的意思是：‘用什么方法能招来远方的贤良之人？’

② 这里的“以来天下之人”是指‘使天下之人来’，此句的意思是：‘以求招揽天下的人，来张扬自己的名声。’

③ 三晋，指赵、韩、魏三国；事本，指从事农业。参见《古汉语常用字字典》（第 5 版）第 234 页“徕”字条，该字典由商务印书馆于 2016 年出版。

④ “招徕四方之士”，即‘使天下有才能的人来（以重用）’。

‘某人受指使或某物被携带从别的地方向说者所在地进行位移运动’,“来”为趋向动词。

在[VP 来]构式中，VP 由[V + NP]构成，这里的 NP 既可以指人，也可以指物。例（23a）说的是齐王的朝廷上有位丞相名叫田单，几位宠臣想诋毁田单，便在齐王面前说了很多田单的不是。有一天，齐王突然下令：“召单相来。”所谓“召单相来”，即‘召丞相田单来’，这里的“召”和“来”都是实义动词，“单相”被召将向齐王所在地做位移运动。在这个[VP 来]构式中，指人的名词短语 NP 既是 V 动作的受事，又是“来”这一动作的施事，所以这一构式也被称作兼语式。

（23）a. 异日，而王曰：“召单相**来**。”（西汉　刘向《战国策·齐策》）①

b. 汉使取其实**来**，于是天子始种苜蓿、蒲陶肥绕地。（西汉　司马迁《史记·大宛列传》）

c. 明日日中此化道人送食而**来**。（西晋　法炬、法立译《大正藏·法句譬喻经》）

d. 若见沙门若婆罗门乞食**来**者。（隋　阇那崛多译《大正藏·佛本行集经》）

e. 学中许多有名的少年朋友，一同送孟沂到张家**来**。（明　凌濛初《二刻拍案惊奇》）

NP 也可以是物，如例（23b）“取其实来”，即‘取它们的种子来’。符合这类构式的 V 一般都是表携带义的动词，如“取”“持”“执”“送”等，整个构式表示‘施事携带受事从某地向当前地点进行位移’，“来”为趋向动词。由于施事连着发出 VP 和“来”两个动作，这一构式也被称作连动式。这里的 V 和“来”都是实义动词，VP 是受事发生位移的原因。有时 VP 和“来”之间出现并列连词“而”，如例（23c）“送食而来”中的“送食”和“来”在句法序列上呈并列关系。构式[VP 来]中的 VP 和“来”的发生有先后顺序，VP 在先，“来”在后，如“召单相来”是先“召”后“来”，“取其实来”也是先“取”后“来”。有时 VP 是“来”的目的，如例（23d）“乞食来”，即‘乞食’是“来”的目的，例（23e）的“来”更像是前面动作的趋向补语。

位移动作“来”从表示空间位移概念扩展到表示时间概念。[VP 来]构式以 VP 动作开始为起点，以动作结束为终点，产生表示‘动作完成’的意思。例如，例（24a/b）“教来”“射来”中的“来”都表示‘动作完成’，侧重表达动作的结果，后接结果补语，其用法和语义相当于结构助词“得”。这种用法一直延续，如例（24c）“见来”、例（24d）“看来”、例（24e）“秤来”，而“宁作独醒人”“理或有之”“不上半斤”分别是“见”“看”“秤”的结果。例（24f）“写来”、例（24g）“醒来”中的“来”也表示‘动作完成’，但侧重表达一种状态，后不带补语。

---

① 例（23a-d）、例（25a）均引自梁银峰（2004b：334-338）。

（24）a. 教来鹦鹉语初成，久闭金笼惯认名。（唐 王涯《宫词三十首》）[①]
b. 野外狐狸搜得尽，天边鸿雁射来稀。（唐 姚合《腊日猎》）
c. 留得却缘真达者，见来宁作独醒人。（唐 李咸用《同友生题僧院杜鹃花》）
d. 前辈有此说，看来理或有之。（宋 黎靖德《朱子语类》）
e. 纤纤玉指，秤来不上半斤。（清 李渔《奈何天·隐妬》）
f. 他用最便宜的纸和笔，信笔写来。（1998年《人民日报》）
g. 一天夜里，胡拉麻姑一觉醒来，发现丈夫不在身边。（李文澄《努尔哈赤》）

基于上面用法，[VP 来]构式与时间副词“曾”“曾经”“当时”搭配出现，使“来”表示过去的含义更加明显，相当于语助词“过”，表示动作、状态的完成或实现，给所述事件增加一种完结的意思，如例（25a）“曾供养什么人来”、例（25b）“曾经相识来”、例（25c）“当时恩泽赐谁来”都表示一种曾然态。这里的“来”相当于语助词，还不算是真正的完成体标记，与典型的完成体标记相比，二者在语义和功能上并不完全相同。

（25）a. 只如国王大臣，未见有小福，未审曾供养什么人来？（南唐《祖堂集·云居和尚》）[②]
b. 绿房[③]千子熟，紫穗百花开。莫言行万里，曾经相识来。（南北朝 庾信《忽见槟榔诗》）
c. 拾得玉钗镌敕字，当时恩泽赐谁来。（唐 罗邺《吴王古宫井二首》）

5.3.4 [VP 得/不来]构式

在[VP 来]构式的基础上，表示‘结果’的“来”如例（24a）“教来鹦鹉语初成”与“得”连用，表示‘有能力’或‘可能’，如例（26a）“赢得来”，即‘能赢’；同“不”连用，表示‘无能力’或‘不可能’，如例（26a-f）“合不来”“支吾不来”“配那小姐不来”“不是……做得来”“合抱不来”“干不来”。

（26）a. 就是赢得来，算一算费用过的财物已自合不来了。（明 凌濛初《二刻拍案惊奇》）
b. 孟沂支吾不来，颜色尽变。（明 凌濛初《二刻拍案惊奇》）
c. 只是才郎十分丑陋，配那小姐不来。（清 李渔《奈何天·媒欺》）
d. 这教班子弄行头，不是数百金做得来的。（清 吴敬梓《儒林外史》）

---

① 例（24a/b）引自曹广顺（1995：105）。

② 例（25a-c）句引自梁银峰（2004b：337-340）。

③ 绿房，指槟榔的果实。

e. 溪边有株数人合抱不**来**的一棵大松。（清　李汝珍《镜花缘》）
f. 我又没有力气，干不**来**累活儿。（老舍《龙须沟》）

5.3.5　[（VP）来 VP]构式

表示目的关系的还有[来 VP]构式，如例（27a）“来乞食”，“乞食”是“来”的目的，“来”表示趋向。对比例（23d）“乞食来”，二者只是在句法序列上位置对调，即[来 VP]和[VP 来]，其基本义并没有发生变化，只不过前者隐含“来”动作在先，“乞食”动作在后，“乞食”是“来”的目的；而后者更侧重“乞食”是“来”的目的。另外，二者虽同是表示目的关系，但前者更符合现代汉语的表达习惯。又如例（27b）“来帮我”中的“帮我”是“来”的目的，这时的“来”仍表趋向，但由于后面的 VP 是目的，句子的重心偏向 VP，“来”在语音上弱化，趋向义也会随之减弱。这一构式保留至现代汉语，“来”既可以出现在 VP 前，如例（27c）“来帮忙”，也可以出现在 VP 后，如例（27d）“送钱来了”。

（27）a. 妹，我非鬼，我是沙门，今**来**乞食。（东晋　瞿昙僧伽提婆译《大正藏·中阿含经》）
b. 不是这个干娘，邻舍家谁肯**来**帮我？（元末明初　施耐庵、罗贯中《水浒传》）
c. 自己改不了就请大家**来**帮忙。（巴金《探索集》）
d. 谁叫你送钱**来**了？（曹禺《雷雨》）

有时[来 VP]构式前出现另一个动词短语形成[VP_1 来 VP_2]构式，如例（28a）“戒刀举把群贼来斩”，即‘举起戒刀来斩群贼’，“戒刀举”可以理解为“把群贼来斩”的方法或方式，而“把群贼来斩”是“戒刀举”的目的；例（28b）“故把与学生做执照”，即‘所以（把这诗笺）给我作为凭证’，此句表示方式或方法，而“为敝友求令甥”是目的，这时的“来”仍表趋向，但由于 VP_2 是目的，因此句子的重心就偏向 VP_2，所以“来”在语音上会弱化，趋向义也会随之减弱，这一构式保留至现代汉语，例（28c/d）中的“来”也表示 VP_2 是 VP_1 的目的。

（28）a. 戒刀举把群贼**来**斩。（金　董解元《西厢记诸宫调》）
b. 故把与学生做执照，**来**为敝友求令甥①。（明　凌濛初《二刻拍案惊奇》）
c. 你们快牵了他来，炖了肉脯子**来**吃酒。（清　曹雪芹《红楼梦》）
d. 不知道是因为兴奋呢，还是有心要说些废话，**来**除去人家的不安。（周立波《阿金的病》）

---

① 该例句出自如下语境：说话者杜子中拜见富员外，打算为朋友魏撰之向员外的甥女景小姐说媒。景小姐与杜子中的另外一个朋友闻舍人已有婚约，而闻舍人无意娶景小姐，景小姐曾赠闻舍人诗笺，于是杜子中拿着景小姐的诗笺作凭证来员外府上说媒。

5.3.6 [（自）VP（以）来]构式

表示空间位移的“来”也可以表示时间的位移和行进方向。时间由彼至此为“以来”，即时间从过去某时持续到现在，“以来”前面接动词短语，有时跟介词搭配，形成[自 VP 以来]构式，如例（29a）“自获麟以来”，表示“自获麟”后一直到说话时所经历的时间。有时[VP 以来]单独出现，如例（29b）“获麟以来”，语义不变。

（29）a. 自获麟以**来**四百有余岁。（西汉 司马迁《史记·太史公自序》）
b. 获麟以**来**七百余年，天之历数将以尽终。（西晋 陈寿《三国志·魏书》）
c. 失**来**十余年。（东晋 干宝《搜神记》）
d. 掩关**来**几时？仿佛二三年。（唐 白居易《闭关》）
e. 我得仙**来**，已三万岁。（宋 李昉等《太平广记》）①

有时“以”也可以省略，出现[VP 来]构式，如例（29c）“失来”、例（29d）“掩关来”、例（29e）“得仙来”，分别是‘从失去以来’‘从掩关以来’‘从得仙以来’的意思。此类构式的后面一般都接表示时间长度的数量短语，如例（29a）“四百有余岁”、例（29c）“十余年”等。

5.3.7 [（自）NP-time（以）来]构式

上述[自 VP（以）来]构式表示‘自从做了 VP 动作以来’，表示时间的 NP 也可以替换 VP 进入该构式，如例（30a）“自古以来”、例（30c）“自尔以来”，以及“自顷以来”“自比以来”等。有时介词“自”和“以”同时省略，如例（30b）“古来”、例（30d）“尔来”，以及“顷来”“比来”等②。

（30）a. 夫齐鲁之间于文学，**自古以来**，其天性也。（西汉 司马迁《史记·儒林列传》）
b. **古来**帝王年谱五卷。（东汉 班固《汉书·艺文志》）
c. 今年正月繁霜，**自尔以来**，率多寒日，此亦急咎之罚。（南朝 范晔《后汉书·郑范陈贾张列传》）
d. 受任于败军之际，奉命于危难之间，**尔来**二十有一年矣。（西晋 陈寿《三国志·诸葛亮传》）

---

① 例（29e）引自曹广顺（1995：106）。

② 古来，即‘自古以来’；尔来，即‘从那时以来、从那以来’；顷来，即‘近来’；比来，即‘近来、近时’。

在双音词“古来、尔来、顷来、比来”出现的同一时期，语料中还出现了“迩来、近来、年来、日来、早来、夜来、历来、素来、向来、本来、原来、从来、后来、都来、总来”等表示时间的双音词，如例（31a）“早来”，即‘自早以来’；例（31b）“夜来”，即‘自入夜以来’；例（31c）“从来”；例（31d）“后来”；例（31g）“日来”沿用至今，其中“日来”多用于书面语。例（31e）中的“都来”其实是‘都’的意思，即‘全都、全部’；例（31f）中的“总来”是‘总’的意思，即‘全、一齐’。这两例中的“来”已脱离本义，单纯地成为一个构词成分。

（31）a. 至晚，山上堂，召曰：“**早来**沙弥在什么处？”（《五灯会元》）
b. **夜来**三更奉天符牒，下将军合作阴司之主。（五代《敦煌变文·韩擒虎话本》）
c. 盖盗憎其主，**从来**旧矣。（南朝 范晔《后汉书·钟离宋寒列传》）
d. 陛下用群臣如积薪耳，**后来**者居上。（东汉 班固《汉书·张冯汲郑传》）
e. 尽十方世界**都来**是金刚不坏之体，唯独牯羊角。（南唐《祖堂集·镜清和尚》）
f. 父、阿娘、眷属，远近邻舍，**总来**惊讶。（南唐《祖堂集·慧忠国师》）
g. **日来**耳目纷扰，无所可述。（鲁迅《书信集·致许寿裳》）

5.3.8 ［来 NP-time］构式

表示时间概念的“来”既可以表示时间由彼至此，即时间从过去某时持续到现在；也可以表示时间由此至彼，指向将来，即从现在到将来某一时刻。“来”用来修饰时间名词，如例（32a）“来者”，即‘未来的事情’；例（32c）“来年”，即‘明年（将要到来的一年）’。“来”也可以直接用作名词，表示‘未来’‘将来’，如例（32b/d）。

（32）a. 往者不可谏，**来**者犹可追①。（《论语·微子》）
b. 不慕往，不闵**来**②。（《荀子·解蔽》）
c. 如知其非义，斯速已矣，何待**来**年③。（《孟子·滕文公下》）
d. 因此察彼，推往知**来**④。（梁启超《论商业会议所之益》）

5.3.9 其他构式

“来”出现在名词短语之后、形容词之前形成［NP 来 ADJ］构式，《汉语大词

---

① 此句的意思是：‘过去的事无法挽回，未来的事还来得及改正。’
② 此句的意思是：‘不沉迷于过去，也不担忧未来。’
③ 此句的意思是：‘既然知道这样做不对，就应该马上改正，为什么还要等到明年呢？’
④ 此句的意思是：‘所以审视以往，就可推知未来。’

典》标注这种用法的“来”表示比况，相当于“一般、一样”，如例（33a）“天来大”，即‘如天一样大’；例（33b）“黑海来深”，即‘如黑海一般深’。有时“来”出现在表示‘年龄’的NP之后，表示‘一段时间’，“来”相当于‘……的时候’，如例（33c）“小来”、例（33d）“幼来”、例（33e）“老来”。

（33）a. 近来愁似天**来**大。（宋 辛弃疾《丑奴儿》）
b. 昏邓邓黑海**来**深，白茫茫陆地**来**厚，碧悠悠青天**来**阔。（元 王实甫《西厢记》）
c. 虞姬小**来**事魏王，自有歌声足绕梁。（北周 庾信《鸳鸯赋》）
d. 吾幼**来**在家恒闻如是。（唐 房玄龄《晋书·石勒载记上》）
e. 我到你们家已经六十多年了，从年轻的时候到老**来**，福也享尽了。（清 曹雪芹《红楼梦》）

“来”出现在数词之后，形成[NUM来]构式，表示概数，如例（34a）“十四五来人”、例（34b）“三百来匹”、例（34c）“三十来了”，分别表示‘十四或十五人左右’‘三百匹左右’‘三十左右了’。这种用法一直延续至今，如例（34d）“十来吊钱”、例（34e）“五十来岁”。

（34）a. 谁家洛浦神，十四五**来**人。（唐 杜牧《书情》）
b. 马三百**来**匹。（唐 樊绰《蛮书·名类》）
c. 今年已三十**来**了，懊悔前事无及。（明 凌濛初《初刻拍案惊奇》）
d. 这几个月，我又攒下有十**来**吊钱了。（清 曹雪芹《红楼梦》）
e. 这人有五十**来**岁，中等个子。（马烽《我的第一个上级》）

“来”出现在句中，用来描述说者自言自语或思考假设的过程，表示对举，往往带有两难的意思，例（35a-c）都用于假设句，“来”表示相反两方面的对举。有时“来”还表示列举原因、理由、目的等，出现在数词“一、二”之后，如例（35d）表示列举“到他家去”的两个目的，例（35e）表示介绍“孩儿”的性情特点。这种用法持续至今，有时在“一来、二来”的基础上继续列举“三来”，如例（35f）。

（35）a. 我待将这门亲事悔了**来**，则……；我待要将……**来**，他……（元 无名氏《举案齐眉》）
b. 大深**来**难下竹竿，大浅**来**难摇画桨。（明 洪楩《清平山堂话本·西湖三塔记》）
c. 若把做梦**来**，如何有这天书，……不把做梦**来**，我自分明在神厨里。（元末明初 施耐庵、罗贯中《水浒传》）
d. 今日特到他家去，一**来**去望妈儿，二**来**就提这门亲事，多少是好。（元 关汉卿《救风尘》）

e. 只是孩儿养的娇了，一来性儿好自在，二来有些拣择人。（元　马致远《青衫泪》）

f. 可是一来没有准备，二来碍于老恒元的面子，三来……（赵树理《李有才板话》）

“来”用在句末，作为语气助词，相当于“哩、咧、呢”等，如例（36a-c/f），有时也表示疑问语气，如例（36d/e）。

（36）a. 归去来兮，田园将芜，胡不归①？（东晋　陶渊明《归去来兮辞》）

b. 怎生这秀才却共这汉是弟兄来！（元　关汉卿《拜月亭》）

c. 我当初也是巨富的财主来，唤我做李十万。（元　关汉卿《四春园》）

d. 行者道：“他怎的想我来？”（明　吴承恩《西游记》）

e. 以致如此，干郎君什么事来？（清　李渔《慎鸾交·情访》）

f. 刚才奶奶和袭人姐姐怎么嘱咐来！（清　曹雪芹《红楼梦》）

5.4　[去⁺]构式的共时考察

现代汉语中的位移动词“去”表示从说者所在地到别的地方，跟“来”相对，通常与有位移能力的人或动物搭配出现，有时也用在其他动词前，表示要做某事；有时出现在动词后，表示人或事物随动作离开原来的地方。

5.4.1　[去（NP-location）]构式

现代汉语中的“去”可以用来描写单纯的位移，表示施事主语从所在地向别的地方进行位移，跟“来”相对，既可以用作不及物动词，如例（37a）“去了三天”、例（37b）“去过好几次”；也可以用作及物动词，后接表示处所的名词或名词短语，形成[去（NP-location）]构式，如例（37c）“从北京去上海”、例（37d）“去了办公室”；还有一些双音词“去路”“去向”等。

（37）a. 我们一共就去了三天，走的时候太匆忙……（李可《杜拉拉升职记》）

b. 我和我们老师到你家去过好几次，你记不起来了？（梁晓声《京华闻见录》）

c. 从北京去上海的那天，北京刮着大风，风在浩浩荡荡地行军。（1994 年《报刊精选》）

---

① 此句的意思是：‘归去咧，田园将要荒芜了，为什么还不回去？’

d. 庄大鹏不管这些，和老伍先去了办公室。（刘醒龙《菩提醉了》）
e. 他们行踪不定，去留匆匆。（张清平《林徽因传》）
f. 据悉，里奇将在明年2月初正式去职。（新华社2004年新闻报道）

“去”也可以表示‘离开’，一般用作不及物动词，如例（37e）“去留匆匆”，也有源于及物用法的双音词“去世”“去职”等，如例（37f）[1]。[去（NP-location）]构式可以用于过去时、现在时、将来时，如例（37a-f），可以带“了”“过”，如例（37a/b/d）。

5.4.2 [去 NP]构式

同样表示从说者所在地向别的地方进行位移，“去”还可以接发出位移动作的人或物，形成[去 NP]构式，如例（38a）“去了三个人”、例（38b）“去了三位教师”[2]；有时NP还可以是表示‘可传递的事物’，如例（38c）“去了一个电话”、例（38d）“去了一封信”。

（38）a. 咱们就去了三个人。（1982年《北京话调查资料》）
b. 由于江苏京剧院只去了三位教师。（1997年《作家文摘》）
c. 退稿前，我给陈老去了一个电话，说明我们的意见。（1994年《人民日报》）
d. 1934年，钱锺书给吴宓去了一封信。（1997年《作家文摘》）

作为及物动词，“去”还表示‘除去、除掉’，如“去皮”“去火”，如例（39a）；或者表示‘失去、失掉’，如例（39b）“大势已去”，受事名词短语提前。[去 NP]构式有时也表示‘距离’，常用于书面语，如例（39c）“彼此相去10多公里”。

（39）a. 海参滋阴补血，竹笋清热去火……（姬晓安《好肤色，吃出来》）
b. 我奶奶知道这场斗争大势已去……（六六《王贵与安娜》）
c. 两家酒店都位于海边，但彼此相去10多公里。（新华社2001年新闻报道）

5.4.3 [（VP）去 VP]构式

“去”用在另一个动词或动词短语前，如例（40a）“去想办法解决”，隐含一种趋向义，即让听者离开说者所在地自行做某件事而不是来找说者。值得注意的是，表示离开说者所在地自行做某件事时用“去”，而表示到说者所在地参与某件

① 这里的“去职”是‘离开职位’的意思，“职位”也表示‘一种处所’。
② 吕叔湘（1999：455）指出，“我们只去了个代表”相当于“我们只派去一个代表”。

事时用“来”，如例（40b）。有时“去”表趋向的意思不明显，如例（40c）“去解决”表示要做某事。此类构式若省略“去”，其基本义不变。

（40）a. 对不起，这种事情你应该自己**去**想办法解决。（李开复《世界因你不同》）
b. ……全社会都要**来**参与。（新华社 2004 年新闻报道）
c. 正因为有困难和问题，才需要我们领导干部**去**解决。（1994 年《报刊精选》）
d. 我经常骑着自行车，打着雨伞**去**找他。（1994 年《报刊精选》）
e. 第三天下午，七姑奶奶陪了罗四姐**去**请教吴铁口。（高阳《红顶商人胡雪岩》）
f. ……而且必须以鲜明的立场**去**反对吸烟。（1995 年《人民日报》）

“去”还可以出现在两个动词短语之间，形成[VP_1 去 VP_2]构式，如例（40d）“打着雨伞去找他”、例（40e）“陪了罗四姐去请教吴铁口”；有时也用在介词短语和动词短语之间，如例（40f），表示前面的 VP_1（或 PP）是后面 VP_2 的方法、方式或态度，后者是前者的目的。

5.4.4　[VP 去]构式

“去”出现在另一个动词或动词短语后，表示动作的趋向，形成[VP 去]构式。“去”跟表示位移方式的动词（如“走”“跑”）搭配构成双音词，如例（41a）“走去”、例（41b）“跑去”；除了表示趋向，“去”还隐含动作持续的意思。“去”也可以与表示携带的动词（如“拿”“捎”“带”）搭配构成双音词，如例（41c）“拿去”、例（41d）“捎去”、例（41e）“带去”。这类[VP 去]构式表示人或物随动作离开原来的地方，有时“去”可以出现在句末，如“我们给幼儿园送去不少文具”，也可以说“我们给幼儿园送了不少玩具去”，语义不变。

（41）a. 我迈着坚强的步伐，向院外走**去**。（卞庆奎《中国北漂艺人生存实录》）
b. 他们一拍马，向哭声跑**去**。（李文澄《努尔哈赤》）
c. 谁看到宝物谁拿**去**。（倪方六《中国人盗墓史》）
d. 前几天有顺便人，已经把钱捎**去**啦。（姚雪垠《李自成》）
e. 他又派人往学校给冬冬带**去**了花蛋糕。（王蒙《蝴蝶》）

VP 还可以是“上班”“跳舞”这样的双音词，如例（42a）“我得上班去了”，这里的“去”表示趋向，即‘离开所在地’，所以眼前的事情要暂停，表示“这次先谈到这儿”；也可以用于描写过去的动作，如例（42b）“一大早上班去了”，“上班”这个动作已经发生了，“去”隐含‘离开、不在说者所在地’的意思；还可以用于祈使句，如例（42c）“跳舞去”，“跳舞”这个动作显然还没有发生，“去”隐含‘离开此地’的意思，与“走吧，甭理丫的”呼应。以上三例的“去”都隐含‘离开’这一趋向义。有时“去”还可以在句中一前一后同时使用，如例（42d）

“去吃饭去”表示将来动作、例（42e）“去吃饭去了”表示过去发生的动作，这两例中的两个“去”的功能有了分工，前一个“去”表示将要做某事，后一个“去”表示趋向。

（42）a. ……我得上班**去**了。（林思云、马悲鸣《策马入林：林思云、马悲鸣对话中国近代史》）

b. 又去老蔺家，老蔺家保姆说，老蔺一大早上班**去**了。（刘震云《我叫刘跃进》）

c. 走吧，甭理丫的，咱们跳舞**去**。（王朔《玩的就是心跳》）

d. 想想应该到哪里**去**吃饭**去**。（古龙《陆小凤传奇》）

e. ……街上的伪村警们都回**去**吃饭**去**了。（马峰《吕梁英雄传》）

趋向动词“去”还可以跟感官动词搭配，如“看去”“听去”，既可以表示动作的持续，如例（43a）“他向岸上看去”；也可以表示说者对所述内容的一种主观判断或估计，如例（43b）“他看去有 50 多岁”、例（43d）“这些话我听去似乎很异样”，多见于书面语。这里的“看去”“听去”可以与例（43c）中的“看上去”、例（43e）中的“听上去”替换，后者多见于口语。

（43）a. 韩广半拉膀子又酸又麻，他向岸上看**去**。（李文澄《努尔哈赤》）

b. 他看**去**有 50 多岁，但身体壮健，声若洪钟。（陈廷一《宋氏家族全传》）

c. 那歌女看上**去**大约十七岁，头上盘着大得出奇的旧式发髻。（1997 年《作家文摘》）

d. 这些话我听**去**似乎很异样，便又不到她那里去了。（鲁迅《朝花夕拾·琐记》）

e. 听上**去**很滑稽，但我觉得不应该嘲笑那时候的人。（姚明《我的世界我的梦》）

有时[VP 去]构式中的“去”还隐含‘对当事人或物不利’的意思，如例（44a）“死去”、例（44b）“夺去”。有时“去”与“用”“占”“花”“吃”等动词搭配，表示动作完成且有‘失去某物’的意思，如例（44c）“分去了精力”“占去了不少时间”、例（44d）“用去了徽因家一大笔开支”，这里的“去”都隐含‘有损失’的意思。口语中还常见一种[VP 去]构式，表示任凭某人做某事，如例（44e）“让他说去”、例（44f）“随她说去”，这里的“去”除了表示动作的继续，还隐含说者对这一动作或事件不屑的意思。

（44）a. 他那么强壮，怎么会突然死**去**？（张小蛇《李小龙的功夫人生》）

b. 心肌梗死突然夺**去**了他的生命（1996 年《人民日报》）

c. 这集等那集，分**去**了精力，占**去**了不少时间。（冯德英《迎春花》）

d. 为了寄这封信，一定用**去**了徽因家一大笔开支。（张清平《林徽因传》）

e. 喝酒的对他这一套已经听惯了，他爱说让他说**去**吧！（汪曾祺《安乐居》）

f. 她想，随她说**去**，反正也是说说的。（何玉茹《一个叫李文娟的人》）

5.4.5　其他构式

在口语中，“去”经常用在“大、多、远”等形容词后，表示‘非常……’‘……极了’的意思，后面通常要加“了”，形成[ADJ+了+去了]构式，如例（45a）“多了去了”、例（45b）“大了去了”、例（45c）“远了去了”。

（45）a. 马上孩子要出来了，要使钱的地方多了去了！（六六《双面胶》）

b. 官儿大了去了，就差当皇上了！（冯苓植《雪驹》）

c. 贾蓉和秦可卿比，差远了去了。（周思源《亦石亦玉话宝玉》）

“去”用在时间名词或名词短语前，表示‘过去的（时间）’，大多指过去的一年，形成[去 NP-time]构式，如例（46a）“去年”、例（46b）“去冬今春”。“去”用于婉辞，表示‘人死’，如例（46c）“去了”；也可用于行话，表示扮演戏曲里的角色，如例（46d）“去谁”。在语音学领域，“去”表示‘去声’，如例（46e）“平上去入”。

（46）a. 去年，他随林丹去劫掠南边的喀喇沁的一个屯寨。（李文澄《努尔哈赤》）

b. ……去冬今春最时髦的家用电器莫过于“增湿器”了……（陈建功《皇城根》）

c. 她和我一样糊涂了，不肯承认元凯已经去了……（琼瑶《青青河边草》）

d. 咱唱“黄鹤楼”啦，您去谁？您挑角儿吧！（相声《黄鹤楼》）

e. ……都讲究发音吐字，懂了平上去入，就很有帮助。（1981 年《读书》）

5.5　[去$^{+}$]构式的历时考察

“去”，也写作“厺”，甲骨文象形文字。根据《汉语大字典》，“去”的字形经历了如下变化（图 5.2）。

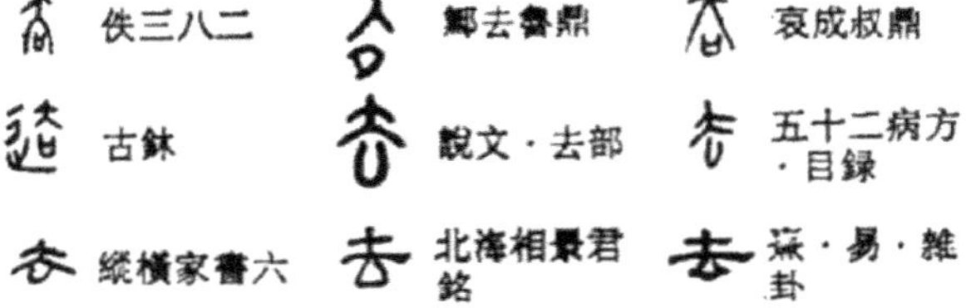

图 5.2　“去”的字形演变

“去”的本义是‘离开’，如“去留”“去职”“去世”等，例（47a）“去亳适夏”的意思是‘离开亳到了夏’；例（47b）的“去”指鸟‘飞走’，即‘离开’。

（47）a. 伊尹**去**亳适夏。（《尚书·夏书·胤征》）
b. 鸟乃**去**矣，后稷呱矣。（《诗经·大雅·生民》）

5.5.1 ［去（+NP-location）］构式

1. 表示离开

作为位移动词，“去”的本义是‘离开’，如例（48a-e），表示单纯的位移，既可以不接任何宾语单独出现，如例（48b）“高祖欲去”、例（48c）“有孙母未去”；也可以后接表处所的名词短语作宾语，形成［去 NP-location］构式，如例（48a）“去故乡而就远兮”，即‘离别家乡到远处去’。

（48）a. **去**故乡而就远兮，遵江夏以流亡。（先秦 屈原《九章·哀郢》）
b. 十余日，高祖欲**去**，沛父兄固请留高祖。（西汉 司马迁《史记·高祖本纪》）
c. 有孙母未**去**，出入无完裙。（唐 杜甫《石壕吏》）
d. 我不出应，客**去**而嗔。（唐 韩愈《剥啄行》）
e. 其辞官也，人所咨趄，倏然**去**之。（王闿运《刚直彭公墓志铭》）

2. 表示前往

［去 NP-location］构式还表示从所在地到别处，即由此处到彼处，这里的“去”相当于“赴、前往”[①]，而且表处所的 NP 也不再是表示离开的地点，而是表示去往的目的地，如例（49a）“去陵虚”、例（49b）“去五湖”、例（49c）“去南天”中的“去”都表示‘到（陵虚、五湖、南天）去’，这种构式一直沿用至今，如“从武汉去上海”“去美国”等。

（49）a. 今自抚踵至顶以**去**陵虚。（南朝 宗炳《明佛论》）
b. 终于安社稷，功成**去**五湖。（唐 李白《赠韦秘书子春》）
c. 君**去**南天，游击穿梭。（陈毅《送旧友南归》）
d. 还曾回到黄罗寨乡下**去**那个坟前磕过头。（沈从文《从文自传·我的家庭》）
e. 一天很早，我**去**火车站接人。（王朔《痴人》）

另外，［去 NP-location］还可以与 VP 连用形成［去 NP-location VP］构式，如例（49d）“去那个坟前磕过头”，表示先后发生的两个动作；或者例（49e）“去火车站接人”，表示 VP 是去往某地的目的。

---

① 参见《古代汉语词典》（第 2 版）第 1211 页，该词典由商务印书馆于 2014 年出版。

3. 表示方位

在[去 NP-location]的基础上增加方位名词，如“里”“边”“下”“上”，形成[去 NP-location NP-direction]构式，表示具体的方位处所，相当于介词“在”，如例（50a）“去面前石上磨”，表示处所的“石上”是“磨”这一动作发生的地点，而不是表示施事者位移的终点。同理，例（50b）“去那左廊下”、例（50c）“去里面”、例（50d）“去那帅字旗边”中的“去”都是引介动作行为发生的处所，有时也相当于介词“从”，如例（50e）“去骷髅眼里”，即‘从骷髅眼里’。

（50）a. 马和尚在一处坐，让和尚将砖**去**面前石上磨。（南唐《祖堂集·怀让和尚》）
b. **去**那左廊下，一个妇女，摇摇摆摆，从府堂里出来。（明 冯梦龙《警世通言·崔待诏生死冤家》）
c. **去**里面一字儿摆着三只大酒缸，半截埋在地里，缸里面各有大半缸酒。（元末明初 施耐庵、罗贯中《水浒传》）
d. **去**那帅字旗边，设立两个护旗的将士。（元末明初 施耐庵、罗贯中《水浒传》）
e. 脸子是一个骷髅，**去**骷髅眼里生出两只手来。（明 冯梦龙《警世通言·皂角林大王假形》）

5.5.2 [去（+ NP-patient）]构式

作为及物动词，“去”后可接指人的受事名词或名词短语，形成[去 NP-patient]构式，如例（51a）“去之”①，即‘使之去、使之离开’；例（51b）“去其贼”，即‘使贼去、使贼离开’；例（51c）“去之”②，即‘使之去、驱赶之’，这里的“去”表示‘赶走、打发走（某人）’。有时“去”在祈使句中单独出现，表示‘命令退去’，如例（51d）中的“去”用于叱责、怒喝语气，现代汉语中仍保留这种用法，如例（51e）。

（51）a. 夫江上之处女……欲**去**之。（西汉 刘向《战国策·秦策三》）
b. 解曰：“公杀之固当，吾儿不直。”遂**去**其贼。（西汉 司马迁《史记·游侠列传》）
c. 夏帝卜杀之，**去**之，止之，莫吉。（东汉 班固《汉书·五行志下之上》）
d. 文信侯叱曰：“**去**！我身自请之而不肯，女焉能行之？”（西汉 司马迁《史记·樗里子甘茂列传》）

---

① 鲍彪注：“遣之使去。”

② 颜师古注：“去谓驱逐也。”

e. **去**罢，野草，连着我的题词！（鲁迅《野草·题辞》）

[去 NP-patient]句式还表示‘去掉、除去（某物）’，这里的受事一般是指物的名词或名词短语，如例（52a）“去几”[①]，即‘去税、免税’；例（52b）中“去”的受事为“小恶”；例（52c）中“去”的受事为“滓”；例（52d）中“去”的受事为“碍”。“去”表示‘去除、除掉’的用法一直沿用至今，如例（52e-f）的“去伪存真”“去掉”，以及“去皮、能去百病、去粗取精”等。

（52）a. 以荒政十有二……六日**去**几。（西周 周公旦《周礼·地官·大司徒》）
b. 小人……以小恶为无伤而弗**去**也。（《易经·系辞下》）
c. 荀子之学，**去**其滓而水自清。（宋 戴埴《鼠璞·性善恶》）
d. 不求**去**碍，而欲见不颠倒，难矣哉！（宋 沈括《梦溪笔谈·辩证一》）
e. ……可以摧邪辅正，可以**去**伪存真。（明 居顶《续传灯录·褒禅溥禅师》）
f. 她懒洋洋地站起来，拨了灯芯，又把灯花**去**掉。（巴金《家》）

[去 NP-patient]构式还有一个引申义，即表示‘抛弃、舍弃’，如例（53a）“去杀”[②]，即‘舍弃刑杀（的制度）’；例（53b）“去仁义”，即‘摒弃仁义（的美德）’；例（53c）“皆去之”[③]，即‘全都丢弃掉’；例（53d）“去圣人之道”，即‘放弃圣人之道’，这里的“去”与并列句中的“舍”在语义上前后呼应。表示‘舍弃、抛弃’的“去”一直沿用至今，如例（53e/f）。

（53）a. 善人为邦百年，亦可以胜残**去**杀矣。（《论语·子路》）
b. 是君臣、父子、兄弟终**去**仁义，怀利以相接……（《孟子·告子下》）
c. 得汉食物皆**去**之，以示不如湩酪之便美也。（西汉 司马迁《史记·匈奴列传》）
d. 何有**去**圣人之道，舍先王之法……（唐 韩愈《与孟尚书书》）
e. 岂有掘人之塚以自立其塚者乎？遂**去**之。（清 郑燮《焦山双峰阁寄舍弟墨》）
f. 一说起来也不愿掐头**去**尾。（老舍《骆驼祥子》）

[去 NP-patient]构式还可以引申为‘失去、损失’，如例（54a）“去其几”[④]，即‘失去了他们的机会’；例（54b）“去失”为同义并列结构，“去”即‘失’；例（54c）“去慈亲”[⑤]，即‘失去了慈亲’，这里的“去”与后面并列句中的“丧”在语义上呼应；例（54d）“大事去矣”，即‘失去了成就大事的机会’；例（54e）“去

① 郑玄注：“去其税耳”，即‘停收关市之税’。
② 何晏集解引王肃曰：“去杀，不用刑杀也。”即不用死刑。
③ 颜师古注：“去，弃也。”
④ 司马贞索隐：“去，猶失也。”
⑤ 李贤注：“去，亡也。”

破毡具一床”，即‘失去一块床毡子’。

（54）a. 胥人者，去其几也。（西汉 司马迁《史记·李斯列传》）
b. 鸿乃寻访烧者，问所去失……（南朝 范晔《后汉书·逸民传·梁鸿》）
c. 孤儿去慈亲，远客丧主人。（唐 孟云卿《悲哉行》）
d. 大事去矣，可痛惜哉[①]！（元末明初 罗贯中《三国演义》）
e. 吾家无一物，独去破毡具一床耳。（清 周亮工《书影》）

表示失去、损失的“去”在现代汉语中还有‘大势已去’之意；表示‘失去（亲人）’的用法又引申出‘亡故’的含义，如例（55a-c），作为“死”的婉辞，“去”的这种表示‘去世、死亡’的用法一直沿用至今，如例（55d）。

（55）a. 居生不乐，不如早去，下从地下黄泉。（汉《孤儿行》）
b. 日月还复周，我去不再阳。（晋 陶潜《杂诗其三》）
c. 小姐去三年，待与招魂上九天。（明 汤显祖《牡丹亭·魂游》）
d. 父亲去了，把这一房的责任放在他的肩上。（巴金《家》）

5.5.3 [去 NP-location NUMQ]构式

在[去 NP-location]构式的基础上，“去”后接表距离的数量短语，表示‘距、距离’，如例（56a）“去齐八百里”，即‘距离齐国八百里’；例（56b）“去天”，即‘距离天’；例（56c）“相去”，即‘相互间的距离’；例（56d）“去犬羊不远”，字面义为‘距离犬羊不远’，实际上是描述遭遇和生存环境与狗和羊差不多；例（56e）“去今”，即‘距离今天’，这里的“去”已由表述空间延伸至表述时间；例（56f）“去大路”，即‘距离大路’。表示空间和时间距离的“去”保留至现代汉语中，如例（56e/f），但大多都出现在半文半白的书面语中。

（56）a. 梁丘在曹邾之间，去齐八百里。（战国 谷梁赤《谷梁传·庄公三十二年》）
b. 连峰去天不盈尺，枯松倒挂倚绝壁。（唐 李白《蜀道难》）
c. 彭祖与颜回，相去犹瞬息。（宋 梅尧臣《刑部厅海棠见赠依韵答永叔》）
d. 是虽为人，去犬羊不远，性命朝夕不保。（康有为《大同书》）
e. ……的唐虞之世，去今已远。（鲁迅《且介亭杂文二集·靠天吃饭》）
f. 那地方已去大路约三里……（沈从文《过岭者》）

---

① 当时曹操正在东征徐州，这是袁绍攻击曹军的最好时机，而袁绍却以儿子有病为由，犹犹豫豫、举棋不定，谋士田丰意识到袁绍的优柔寡断，惋惜这种性格无法成就大事。这里的“大事去矣”即‘失去成就大事的机会’。

5.5.4 [去 VP]构式

表示前往（某地）的[去 NP-location]构式还可以与 VP 连用表示趋向，既可以形成[去 NP VP]构式，如例（57b）“去店中宿”；也可以形成[去 VP NP]构式，如例（57a）“去倚危栏”、例（57c）“去坠落陷人坑”。

（57）a. 休**去**倚危栏……（宋 辛弃疾《摸鱼儿》）
b. 小哥只在我家下，休**去**店中宿。（元末明初 施耐庵、罗贯中《水浒传》）
c. 尔是道门仙子骨，休**去**坠落陷人坑。（魏文中《绣云阁》）

5.5.5 [VP 去]构式

“去”出现在另一个动词或动词短语后，形成[VP 去]构式，可以表示‘行为的趋向’，如例（58a-e）“下东北去”“上天去”“睡去”“上去”“起去”，这种用法一直持续至今，如例（58f）“进去”；也可以表示‘动作的持续’，如例（58g）“读去讲去”。

（58）a. 禹之行河水，本随西山下东北**去**。（东汉 班固《汉书·沟洫志》）
b. 断烬遗香袅翠烟，烛骑啼乌上天**去**。（唐 李贺《沙路曲》）
c. 只恐夜深花睡**去**，故烧高烛照红妆。（宋 苏轼《海棠》）
d. 上**去**下来船不定，自飞自语燕争忙。（宋 梅尧臣《绝句》）
e. 你起**去**，待我打这不明白的东西。（明 汪廷讷《狮吼记·闹祀》）
f. 让我进**去**，让我进**去**，进到你们的小屋里。（艾青《太阳的话》）
g. 一节一节地读**去**讲**去**。（夏丏尊、叶圣陶《文心》）

[VP 去]构式还可以表示事态已出现某种变化或将要出现某种变化，“去”常位于句末，主要有以下三种用法：①表示将要，在例（59a/b）两句中，“去”用于未然语境，肯定事态将要出现某种变化，句中常伴随表示未来的词语，如例（59a）的“他后”、例（59b）的“后人”；②表示假设，在例（59c/d）两句中，“去”表示有某种前提推测事态将要出现变化，与“则”连用，相当于“既然这样，那就……了”；③表示完成，在例（59e/f）中，“去”用于已然语境，表示确定事态已出现变化。

（59）a. 大师云：“这阿师他后打破泥龛塑像**去**。”（南唐《祖堂集》）①

① 例（59a-f）引自曹广顺（1995：107-118）、蒋冀骋和吴福祥（1997：545-547）。他们指出，“去”作为事态助词的以上用法产生时间不晚于晚唐五代，在五代成书的《祖堂集》里，这样的用法有 70 例左右。此处语例的具体章节和页码信息，由于篇幅原因而被省略了。

b. 师曰："不可教后人断绝去也。"（南唐《祖堂集》）
c. 僧云："与摩则忘前失后去。"（南唐《祖堂集》）
d. 进曰："与摩则不欺于学人去也。"（南唐《祖堂集》）
e. 庆放身作倒势，师云："这个师僧患疯去也。"（南唐《祖堂集》）
f. "大德且道那个如来？"对曰："到这里却迷去。"（南唐《祖堂集》）

这种用法一直持续到宋代，主要见于禅宗语录，如例（60a-c）。到了元代，这种用法开始少见，主要出现在一些翻译体文献中，如例（60d-e）中的"去"都表示将要或在某种条件下将会出现什么情况或变化，这种用法的"去"一般与其他事态助词或语气助词连用。以上用法到了明代就基本消失了。

（60）a. 如何名邈，往往唤作雪窦使祖师去也。（宋 圆悟克勤《碧岩录》）[①]
b. 僧云："与摩则把断要津去也。"（宋 妙源《大正藏·虚堂和尚语录》）
c. 南北和好，因是好事。如今地界了后，更胜如旧日去也。（宋 沈括《乙卯入国奏请》）
d. 如今俺省得底勾当不说呵，怕后头俺不是去也。（《元典章》）
e. 似这般的，若不严切整治呵，惯了去也。（《元典章》）
f. 这般歹和尚每教寺院里住了呵，侵使常住的钱粮，坏了寺院去也。（《元典章》）

5.5.6 其他构式

"去"还可以用在形容词后，形成[ADJ 去]构式，这里的"去"相当于语气助词"啊""了"，如例（61a-c）。这一构式在某些方言和现代汉语中，加上两个"了"，形成[ADJ 了去了/啦]构式，表示形容词所表示属性的程度之深，相当于"很""极"等程度副词，如例（61d）"大了去啦"、例（61e）"多了去了"表示'非常大''非常多'。

（61）a. 绿鬟富去金钗多，皓腕肥来银钏窄。（唐 白居易《盐商妇》）
b. 谁知艰难去，边尘暗……使人愁。（宋 刘过《六州歌头·镇长淮》）
c. 风雨两无情，庭院三更夜，明日落红多去也。（元 刘时中《清江引》）
d. 这群小鬼的严肃劲儿可大了去啦！（老舍《试验田》）
e. 哭着喊着找咱们一块儿参加主办单位的，多了去了。（王朔《编辑部的故事》）

"去"还可以跟时间名词连用，形成[去 NP-time]构式，表示'过去的（时间）'，

---

① 例（60a-f）引自曹广顺（1995：107-118）。

如例（62a）“去日”，即‘已过去的岁月’；例（62b/c）“去月”，表示‘刚过去的一个月’，即‘上个月’；例（62d）“去八年十一月”、例（62e）“去年”、例（62f）“去岁”中的“去”都表示‘过去的’，其中“去年”沿用至今。

（62）a. 譬如朝露，**去**日苦多。（东汉 曹操《短歌行》）
b. 仆**去**月谢病，还觅薜萝。（南朝梁 吴均《与顾章书》）
c. 张佛奴昨还，得**去**月二十九日书。（南朝陈 徐陵《梁贞阳侯时重与裴之横书》）
d. **去**八年十一月，臣在史职。（唐 韩愈《进〈顺宗实录〉表状》）
e. **去年**白帝雪在山，今年白帝雪在地。（唐 杜甫《前苦寒行》）
f. **去**岁君为蓟门客，燕山雪暗秦云白。（明 徐祯卿《寄华玉》）

“去”还可以出现在时间名词之后，前面接介词，形成[P + NP-time 去]构式，表示‘从某个时间点以后’，这里的“去”引申为‘后、以后’，如例（63a）“自今已去”、例（63b）“从今去”、例（63c）“从今日去”都表示‘从今以后’，例（63d）“从此去”表示‘从此以后’。

（63）a. 自今已**去**，国家永无南顾之虞。（西晋 陈寿《三国志·吴志·吕岱传》）
b. 未知从今**去**，当复如此不？（晋 陶潜《游斜川》）
c. 愿从今日**去**，身长健。（宋 张元干《感皇恩》）
d. 但愿公婆从此**去**，相和美。（元 高明《琵琶记·五娘劝解公婆争吵》）

“去”还用于行话，表示‘扮演（角色）’，如例（64a）“去女主角”，即‘扮演女主角’；例（64b/c）都出自相声作品。“去”还表示汉语四声之一的去声，如例（64d）“羽为去”。这些用法一直持续至今。

（64）a. **去**女主角的那位，长的并不美。（茅盾《第一阶段的故事》）
b. 我**去**一个开车的，你来提醒我。（刘宝瑞、郭全宝《活动之家》）
c. 啊，她**去**那苏三嘛。（《中国传统相声大全》）
d. 凡宫为上平……羽为**去**。（明 王鏊《震泽长语·音韵》）

5.6 小结

基于现代汉语语料和汉语历史语料，本章分别从共时层面、历时层面对[来⁺]构式和[去⁺]构式进行了描写和归纳。

现代汉语中，[来⁺]构式在共时层面可分为三大类：①以[来（NP）]构式为代表，既可以表示单纯或抽象的位移，也可以作为代动词构式表示做某一具体动作；②以[（VP）来 VP/（NP）]构式为代表，表示趋向或目的，也表示结果；③其他[来⁺]构式，如[越来越 X]、[V 来 V 去]、[NUM 来 QUAN]、[（自）NP-time（以）来]中的“来”充当构词成分，或充当组句成分，如“一来……二来……”等。

[来⁺]构式在历时层面可分为四大类：①以[来（NP）]构式为代表，既可以表示单纯或抽象的位移，也可以作为代动词构式表示做某一具体动作，还可以用于构词，如[来 NP-time]构式；②以[（VP）来（VP）]构式为代表，既可以表示单纯的位移，也可以表示结果或完成，还可以表示趋向；③以[（自）VP/NP（以）来]为代表，表示趋向，也用于构词；④其他[来⁺]构式，如[NP 来 ADJ]、[NP-age 来]、[NUM 来]、[……来，……来]等构式中的“来”充当构词或者组句成分。

[去⁺]构式在共时层面可分为三大类：①以[去（NP）]构式为代表，既可以表示‘前往或离开’等单纯的位移，也可以表示‘除去、失去’等抽象的位移；②以[（VP）去（VP）]构式为代表，表示‘趋向或目的’，也表示‘损失’等不利情况的出现；③其他[来⁺]构式，如[ADJ+了+去了]表示‘程度强’，[去 NP-time]表示‘过去的时间’，[去了]表示‘死亡’，[去 NP-role]表示‘扮演’等。

[去⁺]构式在历时层面也可分为三大类：①以[去（NP）]构式为代表，既可以表示‘前往或离开’等单纯的位移，也可以表示方位，还可以表示‘驱赶、除去、抛弃、失去、死去’等抽象的位移；②以[去 VP]、[VP 去]构式为代表，可以表示趋向，也可以表示‘持续、将要、完成’；③其他[去⁺]构式，如[ADJ 去]表示‘语气’，[ADJ 了去了/啦]表示‘程度强’，[去 NP-time]表示‘过去的时间’，[去 NP-role]表示‘扮演’等。

第 6 章

位移构式演变过程中的语法化现象

6.1 引　　言

Kuteva 和 Heine（2008）在探讨语法化学说的解释力时指出，共时层面无法解释的例外现象往往是有规律的语言演变的结果。语法化学说可以解释很多语言在演化过程中出现的共同属性，比如有规律的演化路径和相同的演变机制等。英汉位移构式在演变过程中出现语法化现象，表现为[COME VP]和[GO VP]构式中的 come 和 go、[VP 来]和[VP 去]构式中的“来”和“去”、[GO to VP]构式中的 be going to、[来 VP]和[去 VP]构式中的“来”和“去”的语义属性、句法功能发生了变化。本章将从 come 和 go 的准助动词用法、“来”和“去”的体貌助词用法、be going to 的将来时标记、“来”和“去”标记将来这四个方面分析和探讨英汉位移构式在演变过程中的语法化现象。

6.2　准助动词 come/go

英语[COME and VP]、[GO and VP]构式[①]中的位移动词 come/go 与动词短语 VP 具有相同的形态句法属性，但是学界一般称此类构式为假并列结构，如 Carden 和 Pesetsky（1977）称之为 fake coordination，Quirk 等（1985）称之为 pseudo-coordination。在修辞学上，[COME/GO and VP]构式被称作二词一义或重言法（hendiadys）[②]，即用 and 连接的两个词表达一个意思。在重言动词构式[VP_1 and VP_2]中，常见的 VP_1 有 come、go、try、stop、wait 等，如例（1a-e）中 come and help、go and see、try and keep、stop and think、wait and see。

---

① 为了表达方便，这里把[COME and VP]、[GO and VP]统称为[COME/GO and VP]构式，将[COME VP]、[GO VP]统称为[COME/GO VP]构式。

② 英语的 hendiadys 源于希腊语，原义是 one by means of two，即两个独立的词语用 and 连接后表达一个意思，如两个并列名词 grace and favor 实际上是 gracious favor，两个形容词并列 nice and warm 其实就是 nicely warm，两个动词并列 come and help 相当于 come to help。

（1）a. Anybody interested who would like to **come and help** … would be most welcome.

b. I must **go and see** this film later.

c. **Try and keep** the hands busy while doing other things.

d. **Stop and think** before you pay in advance.

e. "We will have to **wait and see**." Advocaat said.

既然 and 前后的两个动词句法形态相同，而且都是有词汇义的实义动词，为何这类构式被称作假并列结构呢？为何明明是两个不同的动词却被称作二词一义结构，即二者共有一个意思呢？这是因为有学者认为尽管此类构式在句法序列上看似并列，但在语义权重上并不平衡，VP_2 是 VP_1 的目的，[VP_1 and VP_2] 相当于 [VP_1 to VP_2]，例如 try and come 相当于 try to come（Quirk et al. 1985）。也就是说，come and help 相当于 come to help；go and look 相当于 go to look。因此，这类构式被称作假并列结构或二词一义结构。

英语[COME/GO VP]构式中的 come/go 和 VP 似乎也具有相同的形态句法属性，而且从表层结构来看，[COME/GO VP]构式只比[COME/GO and VP]构式少了连词 and，所以前者很像是后者的省略式或截短式，然而，学界并没有把这类构式也称为假并列（或真并列）结构，而是对[COME/GO VP]构式另有命名。例如，Carden 和 Pesetsky（1977）称之为双动词构式（double-verb construction）；Pullum（1990）称之为准连动构式（quasi-serial verb construction，QSVC）①；Jaeggli 和 Hyams（1993）称之为标记体的 come 和 go（aspectual *come* and *go*）②。由于在此类构式中的 VP 出现频率最高的是 get，所以 Pullum（1990）和 Nicolle（2007）用 go get 来概括此类构式，既包括[GO VP]，也包括[COME VP]。

既然两类构式在语言学界有不同的称谓，那么二者在句法属性、语用功能等方面是否存在差异？如果存在差异，那么二者到底有何不同？位移动词 come 和 go 在这两类构式中具有什么样的语义功能和句法属性？[COME/GO VP]构式中 come/go 跟[COME/GO and VP]构式中的 come/go 有何差异？[COME/GO VP]构式与[COME/GO and VP]构式是否存在一种历时演变关系？如果存在，位移动词 come/go 在这一演化过程中起到了何种作用或反作用？随着语言的使用和发展，[COME/GO VP]构式中的 come/go 将何去何从？

学界对[COME/GO VP]构式的关注主要集中在它与[COME/GO and VP]构式的差别上。Shopen（1971）指出，[COME/GO VP]构式中的 VP 可以叠加（stacking），即 come/go VP_1 VP_2，而[COME/GO and VP]构式中的 VP 不可以叠加，

① 以区别于标准的连动构式（serial verb construction，SVC）。

② 这里的 aspectual *come* and *go* 的意思是'发挥体标记语法功能的 come 和 go'。

即 come/go and VP_1 and VP_2是不成立的。笔者在语料中确实发现了[COME/GO VP]构式 VP 叠加的语例，但是也找到了[COME/GO and VP]构式 VP 叠加的语例（下文将详细介绍）。Zwicky（2003）发现，[GO VP]构式在祈使句中出现的频率较高，希腊语和希伯来语中类似构式只出现在祈使句中。那么[COME/GO VP]构式是否与祈使句存在某种关系呢？构式中的 go 和 come 是主动词还是功能词？

还有学者指出这两类构式在搭配上存在差异。例如，Pullum（1990）、Jaeggli 和 Hyams（1993）认为，[COME/GO and VP]构式可以与非施事主语（non-agentive subject）搭配，而[COME/GO VP]构式则不行；Nicolle（2007）指出，当[COME/GO and VP]构式与非施事主语搭配出现时，整个句子在语义上不再含有空间位移的意思，而是让所述之事有一种出乎意料的效果。综合以往研究成果，针对以上研究问题，这里首先从语料分析入手，分别从共时、历时的角度分析和比较[COME/GO and VP]构式和[COME/GO VP]构式。

6.2.1 四类构式的共时比较

[COME/GO and VP]构式和[COME/GO VP]构式在意义表达方面相差无几，如在 BYU-BNC 当代英语口语语料中有这样的语例：

（2）a. ...go on then **go and get** them, **go get** them ...

b. They don't **come and look** at your 'ouse, they **come have a look** at ...

go and get 和 go get 在例（2a）中同时出现，come and look 和 come have a look 在例（2b）中同时出现，从上下文可以推断出这两类构式在语义上没有差别。如果在语义上没有明显差别，那么它们在句法结构、语法属性、语用频率上是否存在不同？再来看下一组语例：

（3）a. Yesterday she **went and joined** her friends in the ...

b. *Yesterday she **went joined** her friends in the ...

c. Mum **came and sat** down beside me.

d. *Mum **came sat** down beside me.

在[COME/GO and VP]中，come/go 有显性的屈折变化形式。例如，例（3a）中的时间状语为 yesterday，go 和 join 分别以过去式 went 和 joined 的形式出现；例（3c）也是描述过去某个时间发生的动作，come 和 sit 分别以过去式 came 和 sat 的形式出现。然而，同一语例以例（3b）went joined 或例（3d）came sat 的形式出现却不能被接受。也就是说，[COME/GO and VP]中的 come/go 有显性的屈折变化，而[COME/GO VP]中的 come/go 却没有。

另外，能出现在[VP_1 and VP_2]构式中 VP_1 位置上的动词除了 come 和 go 外，try、stop、wait 等也可以在 VP_1 的位置上出现，如例（4a）come and check、例（4b）try and check 也可以被接受。然而[COME/GO VP]构式中的 come 和 go 不能被任何动词替换，如例（4c）Come have your dinner 取自语料库，可以被接受，但是例（4d）*Try have your dinner 却不能被接受。从某种程度上说，[COME/GO VP]构式像是一个成语，但由于 VP_2 具有开放性，所以不能算是完全意义上的成语。总之，在没有连词 and 的情况下，只有 come 和 go 能进入这一构式。

（4）a. I'll **come and check** on you every autumn …

b. I'll **try and check** on you every autumn …

c. **Come have** your dinner.

d. *__Try have__ your dinner.

值得注意的是，笔者在当代英语语料库中也发现了下面的语例，如例（5a-c）。上面提到过，Shopen（1971）指出，[COME/GO VP]构式中的 VP 可以叠加，即 come/go VP_1 VP_2，而[COME/GO and VP]构式中的 VP 不可以，然而例（5b）证明[COME/GO and VP]构式中的 VP 也可以叠加。另外两例尽管在线性序列上是并列的三个动词，但比较有争议，因为 VP_2 是 help，help 后可接不带 to 的不定式，所以这里的 helps knock 和 help pick 整体上算是 VP_2。

（5）a. She **comes and helps knock** on door.

b. I will **go and come and join** you …

c. Your vote will **go help pick** the winners of ….

另外，在主语类型上，笔者发现不仅[COME/GO VP]构式的主语是施事，[COME/GO and VP]构式的施事主语也占绝大多数，类似例（5c）的语例非常少。下面就四类构式的出现频率、小句类型两方面进行比较和分析。

首先，Nicolle（2009）对 BNC 中相关构式的出现频率做了统计，go 引导的两类构式在语用频率上远远高于 come 引导的两类构式，其中[GO and VP]构式出现 5206 次，[COME and VP]构式出现 1913 次，前者比后者高出近 2 倍；[GO VP]构式出现 315 次，[COME VP]构式出现 58 次，前者比后者高出 4 倍以上。然而，[GO and VP]构式比[GO VP]构式高出 15 倍以上，[COME and VP]构式比[COME VP]构式高出 31 倍以上，这说明有 and 连接的构式比没有 and 连接的构式的出现频率高出很多。其次，在小句类型上，[GO and VP]构式出现在陈述句中 1670 次，祈使句中 547 次，疑问句中 105 次；[COME and VP]构式出现在陈述句中 549 次，祈使句中 188 次，疑问句中 1 次。这说明有连词 and 连接的两类构式出现在陈述句中的情况明显多于祈使句和疑问句。[GO VP]构式出现在陈述句中 121 次，祈使句中 54 次，疑问句中 5 次；[COME VP]出现在陈述句中 12 次，祈使句中 9 次，疑问句中 1 次。这说明无连词 and 连接的两类构式更多地出现在陈述句和祈使句中。

当代美国英语中，[GO VP]构式经常出现在面对面的会话语境中，如例（6a-c）取自小说《饥饿游戏》（*The Hunger Games*）中的对话，小说作者选择这样的语句说明[GO VP]构式在口语中还是很常见的。

（6）a. I **go find** your shoes.

b. Now **go get** some sleep while the grown-ups talk.

c. What if you show me what's edible around here and **go get** us some meat?

另外，笔者在 COCA 口语语料中也发现了这样的语例，如例（7a-e），go 被 gone 取代，通过上下文，可以判断一些语例属于非标准英语，这种[GONE VP]构式出现在陈述句中的语例要多于出现在祈使句中的语例。

（7）a. **Gone get** you some supper.

b. You **gone go** South somewhere.

c. Mr. Feaver and I are **gone get** to the bottom of this thing right now.

d. It's bred in him to be scared and to hope that praying **gone get** you out of trouble.

e. I sneak a look at my Mama, and I know I ain't **gone get** out of here no time soon.

6.2.2 [COME and VP]与[COME VP]的历时比较

从句法序列上看，[COME and VP]构式包含两个并列动作，即 come 与 VP，come 在先，VP 在后，由连词 and 连接，表示施事主语先发生 come 位移，后做 VP 动作。二者在句法结构上地位相等，在语义组合上都是核心成分。

先看 16 世纪以前的三个语例。例（8a）出现于公元 9 世纪初，He cwæþ to him cumað & geseoþ 即 'He said to him, 'Come and look.''，这里的 cumað、geseoþ 是指施事先发出相对于说者的近向位移，之后再做出看的动作，cumað 在先，geseoþ 在后，形态上二者都为句子的主动词。例（8b）出现于 15 世纪末，to come and speke withe hym，即 'to come and speak with him'，施事先发出 come 这一动作，到了之后再做出 speak with him 的动作。例（8c）出现于 16 世纪，"All nacions ... shall come and worshipe ..." 即 'All nations ... shall come and worship ...'，情态词 shall 后面的两个主动词 come 和 worshipe 充当谓语，come 动作在先，worshipe 动作在后。

（8）a. He cwæþ to him **cumað** & geseoþ.（*c*800 *West Saxon Gospels: John* [Corpus Cambr.] i. 39）

b. Every manne was suffred to **come** and speke withe hym.（*a*1498 J. Warkworth *Chron.* 5）

c. All nacions … shall **come** and worshipe before …（1535 *Bible* [*Coverdale*] Psalms lxxv [i]. 9）

再看早期现代英语的语例。例（9a）的[COME and VP]构式出现在一般过去时的句子中，陈述过去某一时间发生的事件，Several persons came and offered themselves 即‘来了几个人，主动表示要做某事’，这里的 came 和 offered 分别是 come 和 offer 的过去式，施事主语先后发出这两个动作。例（9b）比较有意思，[COME and VP]构式出现在祈使句中，而且 come 和 and 之间出现了 NP，显然这个 NP 是两个动作的施事，说者提出请求或建议，请施事 lovely Nymph 先做出 come 位移动作，然后再做出 bless the silent Hours 这一动作。尽管二者之间插入了 NP，但是 come 和 bless 这两个动词在句中的句法地位相等，语义重心平衡。

（9）a. Several persons **came** and offered themselves.（1660 *Exact Accompt Trial Regicides* 196）

b. **Come** lovely Nymph, and bless the silent Hours.（1709 Pope *Summer* in *Poet. Misc.* vi. 735）

接下来是晚期现代英语的语例。例（10a）的[COME and VP]构式出现在祈使句中，pray come and be kill'd，即‘please come and be killed’，come 和 be killed 的时态形式相同，由于 be killed 不是施事希望发生的事情，所以 pray 不能跟 be killed 发生关联。也就是说，pray 和 be killed 尽管在语法上行得通但语义上不合常理，所以用了 pray 后面就要出现另一个动词 come，pray 与 come 关联，施事先是 come，到了之后再 be killed。例（10b）的 Come and see us in our new home 也是祈使句，come 和 see 的句法地位相等；后一句 He came and bought one 为陈述句，came 和 bought 的句法形态相同。

（10）a. Good Duncan pray **come** and be kill'd.（1812 H. Smith & J. Smith *Rejected Addr.* 103）

b. **Come** and see us in our new home. He **came** and bought one.（1891 *N.E.D.* at *Come, Mod.*）

当代英语中，[COME and VP]构式可以用于过去时、现在时、将来时，分别如例（11a）、例（11b）、例（11c）。例（11b）的 come and go，语义上 come 和 go 表示方向相反的两个位移动作，句法结构上二者完全一致。祈使句表示‘说者让某人来其所在地做某事'，如例（11d）。

（11）a. She **came** and sat on the bunk seat, facing me so our eyeballs practically touched.

b. Families **come** and go.

c. "I'll **come** and check on you every autumn, Cheviot."

d. "**Come** and sit down."

下面来看[COME VP]构式：come 和 VP 在线性序列上依次紧密排列，come 后面直接跟 VP，二者之间既没有 and，也没有 to。此类构式看起来很像是现当代英语中新兴的构式，但实际上在目前的英语历史语料中，笔者发现最早的语例出现在公元 1000 年左右，这说明[COME VP]构式与[COME⁺]的其他构式一样历史悠久。例（12a）"Her ys se yrfeweard … cumaþ uton hine ofslean"转写成现代英语是'Here is the property guard … come let's him kill'，后半句 come let's him kill，即'come let's kill him'，表示'说者让对方跟他一起行动杀了他'。例（12b）"Cum, broiþer, here and se"转成现代英语是'Come, brother, hear and see'，这里的 come 跟另外两个动词连用，此句有两种理解：一是 come、hear、see 为先后三个连续动作，三者的句法属性相同；二是 come 相当于话语标记，起到召唤对方以引起注意或邀请、鼓励的作用。例（12c）"come ȝe, sle we him"转成现代英语是'come you, fight we him'，即'come let's fight him'。以上三例中，come 与后面的 VP 在语义关系上并不紧密。例（12a/c）都是 come 后接 let 引导的祈使句 let's kill him、let's fight him，例（12c）的 come 和 VP 之间用逗号隔开，come 后出现 you；例（12b）的 come 和后面 VP 之间有逗号，还有称呼语 broiþer。

（12）a. Her ys se yrfeweard … **cumaþ** uton hine ofslean.（*c*1000 *West Saxon Gospels: Luke* xx. 14）

b. **Cum**, broiþer, here and se.（*a*1300 *Cursor M.* 2030［Cott.］）

c. This is the eier; **come** ȝe, sle we him.（1382 *Bible*［*Wycliffite, E.V.*］Mark xii. 7）

15 世纪以后，[COME VP]构式发生了变化，come 和 VP 在语义关系上似乎更加紧密，此类构式出现的语境和句子类型增多。例如，例（13a）come flatter，即'来奉承'出现在陈述句中，come 和 flatter 出现在情态动词 must 之后；例（13b）的 to com dyne at my hows，即'to come dine at my house''来我家吃饭'，come 和 dine 出现在带 to 不定式中；例（13c）Come se the place，即'come see the place''来看看这个地方'；例（13d）come follow hym，即'come follow him''来跟随他'；例（13e）come speake，即'come speak''来（跟你）说'等。[COME VP]构式一般出现在表示'建议、请求、命令'等的陈述句中，如例（13b）be-seche，即'beseech''恳求'；例（13e）bid，即'吩咐、建议'；例（13a）的情态词 must

和例（13d）的 should 表示‘建议或命令’。

（13）a. He must **come** flatter.（*c*1430 Lydgate tr. Bochas *Fall of Princes*［1554］iv. ix. 107 b）
b. I be-seche yow … thys daye to **com** dyne at my hows.（*c*1485 *Digby Myst.*［1882］iii. 618）
c. **Come** se the place where that the Lord was layed.（1539 Cranmer *Matt.* xxviii. 6）[①]
d. … should … **come** follow hym.（1542 N. Udall tr. Erasmus *Apophthegmes* f. 299^v）
e. I haue sent to bid Cassio **come** speake with you.（*a*1616 Shakespeare *Othello* iii. iv. 50）

［COME VP］构式还可以用于其他语境。在例（14a）wee'le come dresse you straight 即‘We'll come dress you straightaway’中，［COME VP］构式出现在表示将来时的陈述句中；例（14b）to have come offer 出现在表示完成态的不定式中。特别值得注意的是，当 come offer 用于完成时的语境时，完成时 have done 的过去分词部分落在了 come 上，come 的原形和过去分词同形，这里 come 位于 have 之后，说明 come 承担了时体标记的任务。这两例的［COME VP］构式已经突破了之前的语境限制，不只在表示‘建议、请求、命令’等的陈述句中出现。这种用法 *OED* 标注为 obsolete，即已废弃不用。笔者在当代英语语料库中没有发现类似例（14a/b）的语例。

（14）a. …wee'le **come** dresse you straight.（*a*1616 Shakespeare *Merry Wives of Windsor* iv. ii. 74）
b. … to have **come** offer …（*a*1645 W. Browne tr. M. Le Roy *Hist. Polexander* iii. ii. 55）

在 16 世纪以后的语料中，［COME VP］构式出现在祈使句中的情况比较常见，大多表示‘邀请某人来到说者所在地’，或者表示‘邀请、鼓励某人加入说话人的行动’，如例（15a）Com kys vs both，即‘Come kiss us both’；例（15b）Come let vs kyll hym，即‘Come let's kill him’；例（15c）“Come Brabant … giue me…”，即‘Come Brabant … give me…’；例（15d）“Come go, I will fall prostrate at his feete”，即‘来，我们去吧，我要跪在公爵的脚下’；例（15e）原句中连续出现三个［COME VP］构式，即 Come fill up my cup、come fill up my can、Come saddle my horses，再加上最后一个祈使句，这样使整句读下来具有节奏和音律感。

① 此句在《圣经》Tindale 版本中写作：“Come and se the place where that the Lord was layed.”换句话说，这里的 come se 可以与 come and see 互换，而不是与 come to see 互换。

（15）a. **Com** kys vs both.（*a*1500［1460］*Towneley Plays* (1994) I. v. 59）
b. **Come** let vs kyll hym.（1526 *Bible*［*Tyndale*］Mark xii. 7）
c. **Come** Brabant … giue me …（1601 J. Marston et al. *Iacke Drums Entertainm*.v. sig. H3）
d. **Come** go, I will fall prostrate at his feete.（*a*1616 Shakespeare *Comedy of Errors* v. i. 115）
e. **Come** fill up my cup, **come** fill up my can, **Come** saddle my horses and call out my men.（1803 Scott *Bonnie Dundee*）

在当代英语中，［COME VP］构式更多地出现在美国英语语料中①，而且经常出现于祈使句中或者表示‘请求、建议’等的一般疑问句中，如例（16a）和例（16c）；语义上与有 and 的构式差不多，如例（16b）。

（16）a. **Come** have your dinner.
b. **Come** and have your dinner.
c. Will you **come** visit me at the nursery sometime?

对［COME and VP］构式和［COME VP］构式进行历时比较之后，笔者发现两类构式最早出现的年代都处于古英语晚期，就目前的英语历史语料来看，还不足以证明这两类构式之间存在一个演变的时间差，从而无法证明 Zwicky（1969）、Carden 和 Pesetsky（1977）、Wulff（2006）、Nicolle（2007）所提出的［COME VP］构式有可能源于［COME and VP］构式这一说法的正确性。

笔者还发现［COME VP］构式出现较早的语例都有一个共同点，那就是 come 在语句中起到了召唤或引起他人注意的作用，如例（12a）转写成现代英语是‘Here is the property guard … come let's him kill’，例（12b）转写成现代英语是‘Come, brother, hear and see’。即使这两例中的 come 有让对方‘来’的意思，但它和后面的 let's him kill 和 hear and see 无论在语义功能上还是句法地位上都不相同。也就是说，这两例的语义重心和句法核心都在后面，come 只起到了引起对方注意的话语标记的作用，因此，［COME VP］构式与［COME and VP］构式在这一点上有很大的不同。

另外，come 有显性屈折变化的语例，如例（14b）to have come offer 中的 come 位于 have 之后，have come 很明显是现在完成时，然而 come 有屈折变化而 offer 却没有，这说明 come 跟 offer 在语法地位上是不平等的，come 有准助动词的特点。这一语例出现于 17 世纪中叶，在之后的历史语料中，更多的语例是出现在祈使句

① 上文指出，《牛津高阶英汉双解词典》（第 8 版）第 392 页 come 词条下，对这种用法做了注释：come and have your dinner 中的 and 有时被省掉，出现 come have your dinner，这种用法尤其出现在美式英语中。

中，似乎是受到其他因素的影响，[COME VP]构式中的 come 没有在语法化的进程中继续前进。

6.2.3 [GO and VP]与[GO VP]的历时比较

[GO and VP]构式最早出现于古英语晚期，经过中古英语一直持续到现当代英语，如例（17a）Gað soðlice and leornigeaþ 转写成现代英语是‘Go indeed and learn’，即‘一边走，一边学’；例（17b）go & beg my food，即‘去要饭’。

（17）a. **<u>Gað</u>** soðlice and leornigeaþ …（*c*1000 *West Saxon Gospels: Matt.* [Corpus Cambr.] ix. 13）

b. Would'st thou haue me **<u>go</u>** & beg my food.（*a*1616 Shakespeare *As You Like It* ii. iii. 32）

17 世纪及以后的语料中，[GO and VP]构式发生了一些变化，go 表位移的功能逐渐减弱。例如，例（18a/b）均为祈使句，例（18a）Goe and catch a falling starre，即‘去抓住一颗流星’，此句中的 go 还有位移的含义；但是例（18b）Don't go and imagine，即‘不要幻想……’，此句中 go 的位移义不强，如果把 go 省略，句子语义也不太受影响。例（18c/e）为虚拟语气句，例（18c）He might go and hang himself，即‘他不如去上吊’，表示一种戏谑的语气；例（18e）That I should actually have been and gone and told him so，即‘我应该事先告诉他’，表示后悔的语气。例（18d）为现在完成时，The fool has gone and got married，即‘这个傻子竟然结婚了’，句子的语义重心在 VP 上，语句中透露出说者对所述事件感到不可思议甚至恼怒的情绪。

（18）a. **<u>Goe</u>** and catch a falling starre.（*a*1631 J. Donne *Poems* [1650] 3）

b. Don't **<u>go</u>** and imagine that …（1755 H. Walpole *Corr.* 3 ed. cclxvii. III. 105）

c. He might **<u>go</u>** and hang himself for all …（1815 *Houlston Juvenile Tracts* vi. *Cork Jacket* 6）

d. The fool has **<u>gone</u>** and got married.（1878 *Scribner's Monthly* 16 87/1）

e. That I should actually have been and **<u>gone</u>** and told him so!（1891 *Temple Bar* Aug. 470）

当代英语中的[GO and VP]构式，一般出现在两种语境中。一是出现在表示建议、请求的反问句和陈述句中，句子语义重心落在后面的 VP 上，go 的位移义减弱，如例（19a）Why don't you go and have a chat，即‘你何不去聊聊’，表示建议；例（19b）I beg you to go and see the doctor，即‘我求你去看看病’，表示请求；

例（19c）Just go and get a beer，即‘去来杯啤酒’，表示命令。

（19）a. Why don't you **go** and have a chat with so-and-so's wife?

b. And then, my dear, I beg you to **go** and see the doctor.

c. "Just **go** and get a beer," Marlette snapped.

二是出现在叙述事件的一般陈述句中，尤其是描述过去发生的事情，[GO and VP]构式中的 go 和 VP 都以一般过去时的形式出现，二者在语义和句法上的地位相等，如例（20a）I went and sat on the red carpet，即‘我去了，还坐在红地毯上’；例（20b）So I went and had a look for it，即‘我去了，还（到处）找它’。

（20）a. I **went** and sat on the red carpet that leads up to the royal box.

b. So I **went** and had a look for it and I couldn't find the thing anywhere.

用于过去时或完成时的[GO and VP]构式还表示‘对某人做了蠢事感到愤怒、恼怒’，如例（21a）Why did you have to go and upset your mother like that，即‘（谴责的语气）你为什么一定要那样气你的母亲？’；例（21b）You have really gone and done it，即‘（愤怒的语气）你竟然干出这样的事来’；例（21c）he goes and does a thing like that，即‘（不满的语气）他还做出那样的事’。

（21）a. Why did you have to **go** and upset your mother like that?

b. You have really **gone** and done it!

c. He supports an orphanage … then he **goes** and does a thing like that and stays cool.

在当代英语使用者看来，[GO VP]构式比较新颖，以为是新兴构式，但其实该构式在古英语中就已出现。笔者在《贝奥武夫》(*Beowulf*)中发现这样一句："Eode þa to setle." 这句话字对字地转写成现代英语是：'Went she there rest.' went 和 rest 之间没有 and 或 to。杰弗雷·乔叟（Geoffrey Chaucer）的《坎特伯雷故事集》(*The Canterbury Tales*）中也有一例，即例（22a）"go … dyne"，即‘go dine’‘去吃饭’。

（22）a. Lat vs heere a messe and **go** we dyne.（*c*1386 Chaucer *Shipman's Tale* 223）

b. **Ga** purches land quhar-euer he may.（1489［1380］J. Barbour *Bruce*［Adv.］i. 433）

c. **Ga, tak** him be the hand.（1572 *Taill of Rauf Coilȝear*［1882］159）

d. Now thou maist **go** pack.（1591 Spenser *Teares of Muses* in *Complaints* 398）

15 世纪末至 16 世纪，这类构式在句法结构上就比较清晰了，一般出现在祈使句中，如例（22b）Ga purches，即‘Go purchase’‘去买’，以及例（22c）"Ga, tak him be the hand"，即‘Go, take him by the hand’‘去，抓住他的手’，Ga 和 tak

之间有一个逗号，使得 go 和后面 VP 的动作有了先后顺序，表示先做 go 的动作，后做 VP。有时[GO VP]构式也出现在陈述句中，如例（22d）Now thou maist go pack，即‘Now you may go pack’‘现在你可以去收拾行李了’，此句表示一种建议或命令的语气。

[GO VP]构式在接下来的几百年间继续出现。在 17—18 世纪的语料中，既有祈使句，如例（23a）goe sell fish，即‘go sell fish’‘去卖鱼’；也有表示戏谑或请求语气的陈述句，如例（23b）和例（23c）。

（23）a. Come, daunce vs a morrice, or els **goe** sell fishe.（1602 *Narcissus* [Rawl. Poet. 212] 87）
b. We mighte as well **go** preach to devils.（1668 J. Howe *Blessedness of Righteous Disc.* 199）
c. I bid him **go** take Care of his … Things.（1720 D. Defoe *Mem. Cavalier* 75）

19 世纪的语料中，[GO VP]构式既出现在如例（24a/b）的表示命令、建议的陈述句中，也出现在如例（24c/d）的祈使句中。

（24）a. Your Streatham & my Bookham may **go** hang.（1813 J. Austen *Let.* 7 Nov. [1995] 254）
b. … that you may **go** sleep in.（1831 S. Lover *Paddy the Piper* 151）
c. **Go** hire the needful workmen.（1849 *Tait's Edinb. Mag.* 16 170/1）
d. **Go** chase yerself.（1893 S. Crane *Maggie* xv. 130）

20 世纪的语例中，[GO VP]构式出现在祈使句中的情况增多，如例（25a-c）。

（25）a. **Go** jump in the lake.（1912 *Pedagogical Seminary* XIX. 96）
b. **Go** see.（1968 *Globe & Mail* [*Toronto*] 17 Feb. 35 (*advt.*)）
c. **Go** hit your head against the wall.（1968 *Encounter* Sept. 22/1）

在美国英语口语体中，频繁出现 go get，如例（26a/c），以至于构成 go-getter 这一复合词。to go get 在语义上相当于 to go and get、to reach，即‘去取（某物）’‘去够（某物）’，还引申为 to work hard or ambitiously，即‘努力工作’　‘雄心勃勃地做事’，在此基础上形成的复合词 go-getter，如例（26b），即‘实干家、志在必得的人（尤指商业上的）’。

（26）a. I don't like a man you have to climb up to **go get** at.（1922 J. Joyce *Ulysses* iii. 716）
b. You are **go-getters**.（1929 J. Galsworthy *Roof* iii. 45）
c. Let's **go get** ourselves a drink.（1969 A. Glyn *Dragon Variation* vii. 216）

当代英语中，[GO VP]构式大多出现在美国英语中，既有口语也有书面语的语料，口语语料占大多数。这类构式一般出现在祈使句或者表示建议、请求、命令的陈述句和疑问句中，如例（27a）Why don't you go find out，即‘你何不去打听一下’；例（27b）Why don't you two go find one your size，即‘你俩何不去找一个适合你们的型号’，这里的反问句 why don't you 表示提出建议。表示建议的陈述句中一般出现 should、had better、may 等情态词，如例（27d）You should go ask，即‘你应该去问问’。

（27）a. Why don't you **go** find out about that, see what they think?①

b. Why don't you two **go** find one your size?

c. If your kid is in trouble, **go** ask for help or something.

d. You should **go** ask the superintendent of the cemetery.

对[GO and VP]构式和[GO VP]构式进行历时比较之后，笔者发现这两类构式最早出现的年代相差无几，目前的英语历史语料不足以证明两类构式之间存在一个演变的时间差，无法证明 Zwicky（1969）、Carden 和 Pesetsky（1977）、Wulff（2006）、Nicolle（2007）所提出的[GO VP]构式有可能源于[GO and VP]构式这一说法的正确性。

笔者还发现[GO and VP]构式除了表示两个并列动作外，还引申了原义，扩展了语用功能，如 19 世纪末出现的语例 The fool has gone and got married 这里的[GO and VP]构式出现在陈述句中，以现在完成时形式描述某种状态的实现，语句中隐含着说者的一种主观态度，即对所叙述事件感到不理解或恼怒。当代英语中[GO and VP]构式还用于这样的语境 Why did you have to go and upset your mother like that，这里的[GO and VP]表达了说者不满、谴责的态度，省略 go 后，Why did you have to upset your mother like that 这句话依然成立，但是用了 go，说者的态度就能比较充分地表露出来。

另外，笔者在 19 世纪末的语料中发现了这样的语例：I should actually have been and gone and told him，这句话有了三项叠加的情况，即 have been and gone and told，在语用功能上，三项叠加使得说者后悔不迭的态度得以充分表现；在句法结构上，been、gone、told 都以过去分词的形式出现，其形态句法属性相同。从历史语料来看，笔者认为[GO and VP]构式的语义表现力在逐步增强，修辞效果明显，句法属性稳定，在语用频率上一直居高不下，因此，它不会被[GO to VP]、[GO VP]等构式所取代。

最后，从[GO VP]构式的早期语料来看，go 更像是与后面祈使句的跨句融合，如这句出现在 17 世纪的语例："Ga, tak him be the hand"，这里的 Ga 即‘Go’，可以独立成句，表示命令或指示（某人做某事），与后面的 tak him be the hand 即‘take

① 例（27a-d）在语料库中标注为美国英语，其中例（27b）为美国英语书面语体，其余为美国英语口语体。

him by the hand'融合，这一点与[COME VP]的早期语例相似，come 起到召唤的作用，后面的 VP 才是语句的信息中心，come 可以独立成句。

6.2.4 [COME/GO（and）VP]的构式化

通过比较历史语料，笔者认为[COME and VP]、[GO and VP]已经发生了构式化，除了表示两个并列动作外，还可以表示说者的情绪和主观态度。两类构式在不同的语境中引申出不同的语义，语用功能也借以扩展。随着语用功能的扩大和语义表现力的增强，[COME/GO and VP]构式在句法形态上也日趋稳定，come/go 与 VP 同为语句的核心动词，句法属性相同，并且在不同的句法环境中发挥不同的语用功能。

在构式化的过程中，[COME/GO and VP]构式的主观性也在增强，主要表现在：含有[COME/GO and VP]构式的语句在表达命题义的基础上，还表达了说者的主观态度或心理因素等。例如，在描述某种状态的实现或动作的完成时，[COME/GO and VP]隐含说者的一种主观态度，有时省略 come/go 后，语句的命题义不变，但是说者的态度和情绪就不能恰如其分地表露出来了。

通过对以上两组构式的历时比较和分析，笔者认为[COME/GO VP]构式并不是从[COME/GO and VP]这一构式演化而来的，这一观点与以往研究（Zwicky 1969；Carden & Pesetsky 1977；Wulff 2006；Nicolle 2007；Nicolle 2009）得出的结论不同。笔者的推断是[COME/GO VP]是 come/go 与后面的祈使句 VP 发生了跨句融合后，逐步构式化为当代英语特有的[COME/GO VP]构式，并呈现出特殊的语用功能和句法特点。

在这一构式化的过程中，come/go 有向助动词虚化的倾向。从句法结构上看，come/go 在[COME/GO VP]构式中已失去核心动词的句法地位；在语用功能上，语句的语义重心偏向后面的 VP。从目前收集的语例来看，[COME/GO VP]构式经常出现的祈使语境限制了这一语法化过程的进展，导致当前[COME/GO VP]构式中的 come/go 并不具备典型英语助动词的形态特征，如不能加载否定词，也不能在疑问句中提至主语之前形成倒装等。也就是说，二者已具备助动词的某些特征，但还不完全、不典型，因此可以被称作准助动词。总之，come/go 处于向助动词发展的初始阶段，至于是否会进一步演化并最终发展成为助动词，这还需要继续观察。

6.3 体貌助词“来”/“去”

在完成去往、前来等位移动作的过程中，人们常常进行做出动作或行为，体现在句法结构上就是这类位移动词可与另一个 VP 组合，出现不同的组合序列，形成不同的构式。

6.3.1 [VP 来]构式中的完成体助词

“来”在其他动词或动词短语之后出现，构成[VP 来]构式。近代汉语中，[VP 来]构式中的“来”可以表示动作的完成或状态的实现，如例（28a）“沽来”，即‘沽到’；例（28b）“赋来”，即‘赋成’，这两例中的“来”均表示动作的完成。与表示完成的体标记相比，“来”给所述事件增加了一种终结[①]（telic）意义，属于“准”体标记（梁银峰 2005）。江蓝生（2002）[②]从语法史的角度，以近代汉语文献和现代方言为依据，考察了吴语助词“来”“得来”用作助词的历史渊源，发现“得”“著”“来”三个动词原来的意义各不相同，但当它们出现在动词后面时，都可以表示行为动作的完成或状态的实现，由此产生了大体相同的新的语法功能。

（28）a. 村酒沽来浊，溪鱼钓得肥。（唐 杜荀鹤《山中喜与故交宿话》）
b. 赋来诗句无闲语，老去官班未在朝。[③]（唐 张籍《赠王秘书》）
c. 生计抛来诗是业，家园忘却酒为乡。（唐 白居易《送萧处士游黔南》）
d. 富贵祝来何所遂，聪明鞭得无转机。（唐 元稹《酬复言长庆四年元日郡斋感怀见寄》）

江蓝生（2002）指出，动词“来”本来指到达说话人所在之处，当抵达说话人所在之处时，这一动作也就完成了。“来”的这一意义就为它虚化为完成体助词提供了语义上的可能性。当“来”用于动词后面时，它有时虽然保持了一些实义，但与原义已有距离，其核心意义应该是‘得到’或‘完成’。例（28c）“抛来”与“忘却”相对，例（28d）“祝来”与“鞭得”相对，“来”“却”“得”均表示动作完结，在语用功能上相当于完成体助词“了”。例（29a）“来”跟在动补短语之后，例（29b）“来”跟在动宾短语后，二者都表示动作的实现或完成，而完成体助词容易引出行为动作完成后的结果，如例（29c）“来”与“得”互文对举，都引出结果补语。

---

① 终结体（telilcity）指一个事件或活动有一个明显的终止点（Crystal 2008）。英语中的终结动词包括 fall‘落下’、kick‘踢’、make‘制作’等，终结动词与无终（atelic）动词对立，后者表示‘事件没有这种自然终止点’，如 The children are playing 一句中的 play‘玩’。

② 这篇文章《吴语助词“来”“得来”溯源》原刊于《中国语言学报》1995 年第 5 期：12-27。

③ 此句诗文前后两句对应，“赋来”“老去”与之后的“诗句”“官班”在句法关系上分别是“无闲语”“未在朝”的主语，即“赋来，诗句无闲语；老去，官班未在朝”。

（29）a. 庄走出被赶，斫射不死，走得脱**来**，愿王哀之。（唐　张鷟《朝野佥载》）
b. 其岁天下不熟，舜自独丰，得数百谷**来**。（五代《敦煌变文集·舜子变》）
c. 野外狐狸搜得尽，天边鸿雁射**来**稀。（唐　姚合《腊日猎》）①

江蓝生（2002）发现，在早期白话中“得”和“来”主要用作结构助词，“得”用得更普遍，几乎没有地域的限制，一直沿用至今；“来”用得不普遍，有时代和地域的限制，作为“得”的陪衬，其地位无法同“得”相提并论。自唐五代以来，汉语的完成体助词主要由“了”承担，“得”“著”“来”表示完成体的功能都不如“了”强，在这三者之中，“得”最强，用作完成体助词的时间很长，在明清小说中仍多见，但最终也未能取代“了”。

蒋冀骋和吴福祥（1997）认为，“来”表示动作完成的用法是由趋向动词演变而来的。例如，例（30a）“郑詹自齐逃来”中的“来”与前面动词“逃”共承同一主语，属于连动式。汉魏六朝时，“来”由连动式的后一动词变成谓语动词的趋向补语。例如，例（30b）“汝当买来”中的“来”表示由于“买”这一动作的实施，受事成分“好甜美者”将发生由彼至此的位移，这里的“来”是一个趋向动词。在唐代，“来”在表示动作位移方向的基础上虚化，开始表示动作实现并有结果，如例（30c）“又似金钱未染来”的“染来”，即‘染成’。

（30）a. 郑詹自齐逃**来**。（战国　谷梁赤《谷梁传·庄公十七年》）
b. 而敕之言：“好甜美者，汝当买**来**。”（南朝　求那毗地译《百喻经·尝庵婆罗果喻》）
c. 已疑素手能妆出，又似金钱未染**来**。（唐　罗绍威《白菊》）

到了中晚唐，“来”由表示动作实现并有结果的用法进一步虚化成表示动作完成或状态实现的动态助词，例（31a）“已早死来三年”、例（31b）“读来一百遍”的“来”相当于完成体助词“了”，但是与“了”相比，“来”在句法属性上还不能算是一个标准的完成体助词，一是它后面很少接受事宾语，二是它有时与“了”同时出现，如例（31c）“天色又晚来了”（即现代汉语的“天色又晚了”），这说明二者在语法功能上还有差别。宋代以后，随着助词“了”的广泛使用，“来”在文献中逐渐少见。

（31）a. 树人曰：“其女适与刘元祥为妻，已早死**来**三年。”（五代《敦煌变文集》）②
b. 如此而论，读**来**一百遍，不如亲见颜色，随问而对之易了。（唐韩愈《与大颠书》）
c. 天色又晚**来**了，逢着个独木桥……（元　马致远《邯郸道省悟黄粱梦》）

① 例（28a-d）、例（29a/b）引自江蓝生（2002：40-41），例（29c）引自曹广顺（1995：105）。
② 例（30a-c）、例（31a）引自蒋冀骋和吴福祥（1997：542-543）。

梁银峰（2005）认为，“来”的完成体助词用法是在其引申义“以来”“以后”的语境中发展而来的。汉魏六朝时期，动词短语 VP 后接“以来”，有时前面接介词“从”“自”，表示从 VP 动作发生一直到发话者说话这一刻所经历的时间，如例（32a）“自获麟以来”、例（32b）“获麟以来”表示从“获麟”后一直到“现在”（说话这一刻）的时间，后面常接表示时间长度的数量短语，如“四百有余岁”；汉代以后，介词消失，语义不变；东汉以后，“以”省略，“V 来”出现，例（32c）的“来”既可以理解为‘自失以来’，也可以理解为“失”这个动作已完成，同时，动词与“来”之间出现宾语，如例（32d）“身添一岁来”，“来”位于句末，表示动作完成。

（32）a. 自获麟以**来**四百有余岁。（西汉 司马迁《史记·太史公自序》）

b. 获麟以**来**七百余年，天之历数将以尽终。（西晋 陈寿《三国志·魏书》）

c. 失**来**十余年。（东晋 干宝《搜神记》）

d. 坐到四更后，身添一岁**来**。（唐 尚颜《除夜》）①

6.3.2 ［VP 来］构式中的曾然体助词

［VP 来］构式中的“来”可以是趋向动词，如例（33a），也可以表示某动作是过去发生或曾经发生过的，如例（33b）“来”表示‘曾然’，曹广顺（1995）把后者称作事态助词②。梁银峰（2004b）认为这样的语例在先秦就已出现，“来”的句末位置为它进一步演化提供了句法条件，东汉以后更多动词进入［VP 来］构式，同时动词后的 NP 省略，构式前出现介词短语，表示位移的起点。例（33c）的施事“我”发出两个动作：一是“从迦叶如来”“无所著”“等正觉所来”（原句）；二是“供养礼事”。这两个动作是并列关系，实义动词“来”表示施事（而不再是受事）发生位移，这一构式也被称作连动式。当介词短语消失的时候，句中不存在位移起点，“来”的趋向义相对弱化，这里的［VP 来］构式隐含一种动作先后发生的关系。

（33）a. 异日，而王曰：“召单相**来**。”（西汉 刘向《战国策·齐策》）

b. 老贼吃虎胆**来**，敢偷我物。（唐 张鷟《朝野佥载》）

c. 我今从迦叶如来……所，供养礼事**来**。（东晋 瞿昙僧伽提婆译《大正藏·中阿含经》）

---

① 例（32a-d）引自梁银峰（2005：30-32）。

② 事态助词的语法意义是指明一个事件、一个过程所处的状态，与动态助词的区别是：事态助词总是加在一个句子（分句）之后，陈述一个事物、事件的状态；而动态助词总是跟在一个谓词性成分（动词或形容词）之后，表示一个动作、变化的状态（曹广顺 1995：98，110）。

d. 我见世尊礼事供养**来**。（东晋 瞿昙僧伽提婆译《大正藏·中阿含经》）①

例（33d）“我见世尊礼事供养来”是对上一问句“晨起从何处来”的应答，本该回答“我从……处……来”，但这里并没有表位移起点的介词短语，此句更像是强调“见世尊礼事供养”在“来”之前已经发生了，整个句子隐含“见世尊礼事供养”这个动作已发生的意思。句义重心落在 VP 上而不再强调施事是否做了位移动作，这里的“来”趋向义弱化，又位于句末，更像是一个表示 VP 已发生且附着于其后的语助词。

例（34a）的“释迦牟尼佛”是“供养”的受事，根据上下文分析，“来”表示“供养”这个动作已完成。例（34b）出现的时间副词“曾”使“来”表过去的含义更加明显，相当于语助词“过”，表示动作、状态的完成或实现，给所述事件增加一种完结的意思。当表示完成态的“来”特指过去曾做过某事时，就成为表示曾然态的助词，大体相当于今天的“来着”，这种表曾然的“来”都出现于句末，可以看作兼表时态和语气的助词（江蓝生 2002）。

（34）a. 释迦牟尼佛，皆悉供养**来**。（隋 阇那崛多译《大正藏·佛本行集经》）②

b. 只如国王大臣，未见有小福，未审曾供养什摩人**来**？（南唐《祖堂集·云居和尚》）

c. 绿房千子熟，紫穗百花开。莫言行万里，曾经相识**来**。（南北朝 庾信《忽见槟榔》）

d. 拾得玉钗镌敕字，当时恩泽赐谁**来**。（唐 罗邺《吴王古宫井二首》）

与“曾”搭配出现后，“来”表目的的趋向动词义进一步弱化，而表过去的含义更加明显。例（34c）“曾经相识来”中的“来”与“相识”之间本来存在目的关系，但由于“曾经”的出现，“曾经相识来”着重叙述“相识”在过去某一时间发生，“来”的趋向义若有若无。后来，此类构式进一步演化，例（34d）中“当时恩泽赐谁来”，时间名词“当时”将语义重心指向过去，很明显，此句的意思是‘当时恩泽赐给谁了’，这里的“来”完全表示动作已完成，趋向义彻底消失。这样，[VP 来]构式中的“来”由原本表目的演变为表动作曾经发生。

例（35a-b）中的“吾已食来”“先已闻来”都有表示已然态的时间副词“已”，“来”表示动作完成或曾经做过，这种用法一直存在，如例（35d）“当初他要嫁我来”、例（35e）“往日小生也曾挂念来”。到了现代汉语，句末出现“来着”，表示曾经发生过什么事情，如例（35f）“刚才她晕来着”，“着”读轻声。

（35）a. 吾已食**来**，不须复办。（西晋 法炬、法立译《大正藏·法句譬喻经》）

---

① 例（33b）引自曹广顺（1995：99），例（33c/d）引自梁银峰（2004b：335-337）。

② 例（34a-d）句引自梁银峰（2004b：337-340）。

b. 种种言语，先已闻**来**，心乐谓乐。（北魏 般若流支译《大正藏·正法念处经》）①

c. 当时张生却是见甚的**来**，见甚的**来**？（金 董解元《西厢记诸宫调》）

d. 当初他要嫁我**来**，如今却嫁了周舍。（元 关汉卿《救风尘》）

e. 往日小生也曾挂念**来**。（元 郑德辉《倩女离魂》）

f. 金宝这时有些结巴，说："现在她好了，刚才她晕**来着**！"（刘震云《故乡天下黄花》）

陈前瑞和王继红（2009）以下面两句为例，为"来"演化为表示时间的用法提供了另一种解释：例（36a/b）中的"来"可理解为'出现'或'发生'，主动词"见"本身有达成义，既然见到"耗减亡弃老病死法"，那么"耗减亡弃老病死法"就一定是已出现或发生过的，这样"来"的'出现'或'发生'义就可以进一步理解为"见"的过去发生，"来"也就可以被重新分析为"见"的事态助词。文章继而指出，"来"的过去经历义源于过去发生义，感官动词（如"见""闻"）在其演变过程中起到重要作用。

（36）a. 见耗减亡弃老病死法**来**，不以为忧。（三国吴 支谦译《义足经》）②

b. 见耗减亡弃老病死法**来**，即生忧愦悲哀。（三国吴 支谦译《义足经》）

笔者认为，"来"表完成（过去发生）和表曾然（过去经历）的用法源于其本义：表位移和表趋向。其理由是汉语中的"来"除了表由彼至此的位移外，本身还隐含一种到达义，尤其是在[V+O+来]构式中，当 V 也隐含一种达成义时，这类构式必然表示一种过去发生或过去经历等指向过去时间的含义。

6.3.3 [VP 去]构式中的完成体助词

本义为"离开"的"去"出现在 VP 之后，形成[VP 去]构式，该构式最初表示在 VP 发生的同时，施事主语从此地向彼地发生远向位移。例如，例（37a）"荆轲嘿而逃去"中的"逃""去"是施事主语发出的两个并列动作，语义上都表示位移，句法结构上地位相等，属于连动式，相当于"逃而去"，"去"在这里表示离开所在地的位移。再比如例（37b）"取财物去"中有先后两个动作，"取财物"在先，"去"在后，语义重心平衡，句法地位相等，也属于连动式，即'先取了财物，之后离开'。然而，在例（37c）"便取水去"中，"取水"和"去"语义重心不平衡，"去"的目的是"取水"，这里的[VP 去]构式表示一种目的关系，"取水去"

---

① 例（35a-b）引自梁银峰（2005：29）。

② 例（36a-b）引自陈前瑞和王继红（2009：30），为节省篇幅，略有删节。

相当于现代汉语的“去取水”或“取水去了”。

（37）a. 荆轲嘿而逃去。（西汉 司马迁《史记·刺客列传》）[①]

b. 寿掘楼下，合埋妾在下，婢在上，取财物去。（东晋 干宝《搜神记》）

c. 凡有所作，举动行止，先白父母，白父母已，便取水去。（北魏 吉迦夜、昙曜译《大正藏·杂宝藏经》）

d. 不得，发乡我身挫折，中外不相应，首足灭去。（西汉 司马迁《史记·龟策列传》）

e. 久之，少君病死。天子以为化去不死也，使黄锤史宽舒受其方。（东汉 班固《汉书·郊祀志》）

另外，当VP不是位移动词而是表示拿取类动词时，[VP去]构式中的“去”不再表示实体的离开，而是表示VP动作的趋向，如例（37d）“首足灭去”、例（37e）“天子以为化去”中的“去”都表示动作的趋向，即‘离开、逝去’。当[VP去]构式后接另一个VP，即[VP_1去VP_2]时，“去”的语义又有变化，表示VP_1的动作或情状发生之后，接着发生VP_2，如例（38a）“老去徒伤悲”，即‘老了以后只能徒然悲伤’；当VP_2消失，[VP去]构式位于句末时，“去”表示VP这一动作已完成或状态已实现，如例（38b）“肠断去”、例（38c）“冰消瓦解去”、例（38d）“澹薄去”、例（38e）“懒去”中的“去”都表示某种情状的出现并会持续下去，这里的“去”是表完成的动态助词。

（38）a. 当年失行乐，老去徒伤悲。（唐 李白《相和歌辞·相逢行二首》）

b. 应是一声肠断去，不容啼到第三声。（唐 元稹《哭女樊》）

c. 未逾七十秋，冰消瓦解去。（唐 拾得《诗》）

d. 噫，佛法已后澹薄去也！（南唐《祖堂集·岩头和尚》）

e. 今之学者不知此理，初时甚锐，渐渐懒去，终至都不理会了。（宋 黎靖德《朱子语类》）

6.3.4 [VP去]构式中的已然体助词

梁银峰（2007）发现在表目的的[VP去]构式中，VP通常是持续性动作且具有自主性，而当VP的动作是瞬间的，不需要一个有起点和终点的时段或过程时，“去”的趋向义就不那么明显了，而且当VP的完成或实现不受施事控制，即不具有自主性时，“去”的目的义也消失了，如例（39a）“患疯去也”、例（39b）“得成佛去”、例（39c）“笑杀人去”中的“去”既不表示趋向，也不表示目的，而是

① 例（37a/d/e）、例（38a-e）引自梁银峰（2005：33-34），例（37b/c）引自梁银峰（2007：260）。

确认状态已实现的事态助词。

（39）a. 庆放身作倒势，师云："这个师僧患风**去**也。"（南唐《祖堂集·雪峰和尚》）
　　b. 王永门徒志心问："如何得成佛**去**？"（南唐《祖堂集·慧忠国师》）①
　　c. 尽是一队吃酒糟汉。与摩行脚，笑杀人**去**。（南唐《祖堂集·黄蘖和尚》）

曹广顺（1995）指出，事态助词"去"的用法一直持续到宋代，主要见于禅宗语录，如例（40a-c），宋词中出现"老去"，即'老了'，如例（40d/e）②。

（40）a. 如何名邈，往往唤作雪窦使祖师**去**也。（宋 圆悟克勤《碧岩录》）③
　　b. 僧云："与摩则把断要津**去**也。"（宋 妙源《大正藏·虚堂和尚语录》）
　　c. 南北和好，因是好事。如今地界了后，更胜如旧日**去**也。（宋 沈括《乙卯入国奏请》）
　　d. **老去**惜花心已懒，爱梅犹绕江村。（宋 辛弃疾《临江仙·探梅》）
　　e. 而今**老去**，何忧何乐，不空不色。（宋 李曾伯《水龙吟·和韵》）

到了元代，这种用法开始少见，主要出现在一些翻译体文献中，如例（41a-c）中的"去"表示将要或在某种条件下将会出现什么情况或变化，这种用法下的"去"都与其他事态助词或语气助词连用；到了明代，"去"的这种用法就基本消失了。

（41）a. 如今俺省得底勾当不说呵，怕后头俺不是**去**也。（《元典章》）
　　b. 似这般的，若不严切整治呵，惯了**去**也。（《元典章》）
　　c. 这般歹和尚每教寺院里住了呵，侵使常住的钱粮，坏了寺院**去**也。（《元典章》）

元代助词"去"的用例减少，语义限制更严格，但与其他助词连用的情况增多并变得更丰富复杂了，这些变化是汉语助词体系发展的结果。宋代是助词"了"形成的时期，而"了"的用法在一定程度上与"去"重合，"了"的使用会阻碍助词"去"在宋代的普及，同时这也是宋以后助词"去"逐渐消亡的一个重要原因。同时，这些变化也可能受语言接触方面因素的影响，因为元代蒙古人入主中原，元代白话受到一些影响，"去"的以上用法到了明代就基本消失了。

① 例（39b/c）引自梁银峰（2007：262-263）。

② 宋词"老去"中的"去"出现在形容词之后，主要表示动作、变化的完成，它其实是唐诗"贫去""落去"等动态助词用法的延续，不是严格意义上的事态助词。宋代以后，这种用法的"去"搭配能力减弱，只剩下"老去"等最常见的一两个凝固成词而被继续使用（曹广顺 1995：112）。

③ 例（40a-e）、例（41a-c）引自曹广顺（1995：111-115）。

6.3.5　体貌助词的延续与发展

近代汉语中“来”和“去”标记完成、曾然的用法在现代汉语中基本都已消失，只有“来着”还留存在语言生活中。例（42a）“前头也说来着”中的“来着”，表示“说”是发生在过去时间里的动作，前面有“刚才”“前头”充当时间状语，所以这里的“来着”表示‘近过去’[①]。然而，例（42b）的“来着”似乎并不表示时间，更像是一个语气词。如果该句省略“来着”，只说“什么专业”，语义不变，但是整个问句显得平淡，给人一种“就事论事”的感觉；有了“来着”，便拉近了与听者的关系，语气不那么直接、生硬；如果将“来着”替换成语气词“啊”，即“什么专业啊”，也有类似的语用效果。

（42）a. 刚才我们底下，前头也说**来着**，提到这个就是满语。（1982 年《北京话调查资料》）

b. “我要到清华上大学了”……“什么专业**来着**？”（1996 年《人民日报》）

基于前人的研究，陈前瑞（2005）对现当代汉语中“来着”的现时相关性进行了梳理和归纳。他指出，“来着”在例（43a）中表示原因或结果，在例（43b）中表示对比，在例（43c）中用于引出下文，在例（43d）中表示责问，在例（43e）中表示一时想不起，在例（43f）中表示提供新情况；文章继而指出，从例（43a）至例（43f）“来着”的主观性依次增强。通过历时考察，陈前瑞（2005）指出，“来着”在指称时间和现时相关性两方面都表现出主观化的倾向，在指称过去时间方面开始突出最近的过去，并从指称时间发展出不指称时间的其他语用功能，这种演变主要受语用因素的驱动。陈前瑞（2006）补充分析北京话中“来着”的用法有可能受到满语过去时某些形式的影响，并指出“来着”的语气用法是其时体用法进一步虚化的结果。

（43）a. 大家都挺关心你的，觉得你有点儿怪，于是就分析你**来着**[②]。

b. 我本意没想参加义和团，想到绿营当兵**来着**。

c. 唉，你们猜，我家老头子在枕头边跟我说什么**来着**？

d. 大立压着火：“看金枝？你早干什么**来着**！晚啦……”

e. 这叫侵犯……什么**来着**？

f. 杨妈告诉金枝，老爷子审金秀**来着**，把金枝的事全问出来了。

熊仲儒（2009）采用离析法将“他刚才还在这里来着”一句中的“来着”省

---

① 王力（1985）把这种用法称作“近过去貌”，朱德熙（1982：209）称之为“表时态的语气词”，龚千炎（1995：87）将其称作“近经历时态”。

② 例（43a-f）引自陈前瑞（2005：312-313）。

略后发现，“他刚才还在这里”仍然成立，而且表示‘近过去’的意思并没有缺失，这说明“来着”本身并不具有近过去义，而是它所在的构式中含有这种指示过去时间的意义，或者是汉语语法系统的隐性时制范畴赋予了语句这种近过去义。

笔者认为，离析法确实可以检验语言成分是否具有某一语用功能，但是仅就上句的离析检验还不能确定“来着”没有指示时间的功能。这里可以用替换法来检验“来着”是否具有指示时间的语法功能。例如，在例（43d）“你早干什么来着”中，用“了”替换“来着”，则该句变为“你早干什么了”，如果替换后的句子仍然成立而且这里的“了”有表示过去的含义，那么“来着”也就具有指示时间的语法功能。另外，“来”在近代汉语中比较活跃的表完成、表曾然的用法不会消失得无影无踪，语言演变过程中常见的语义存续[①]现象表明：语义的产生和消亡不是一蹴而就的，往往会伴随或影响某一构式的进一步演变。因此，笔者认为“来着”在小句中仍或多或少地含有它原来的（近）过去义，随着“来着”发展出更多的表示语气助词的用法并适用于更多的语境，这种指示时间的用法还会存续。

6.4 从表示目的到标记将来

英语中的[COME/GO to VP]构式、汉语中的[来/去 VP]构式都可以表示一种目的关系，come/go、“来/去”与后面的 VP 之间存在一种目的关系，VP 是位移的目的。然而，这两组构式几乎都可以将 VP 指向将来，这样一来，直指位移动词的功能就扩展至标记将来。

6.4.1 [COME to VP]语用功能的扩展

在[COME to VP]构式中，come 后接带 to 的不定式，VP 和 come 之间存在一种目的关系。先看 17 世纪以前的语例，例（44a-c）都是陈述句，且都是一般过去时，用来描述过去某一时间发生的事件。例（44a）Com to wasse vr lauerdes fete，即‘Came to wash our lord's feet’，Com 的目的是 wasse vr lauerdes fete。例（44b）Were comen for to see the feste，即‘(A troop of army) came forward to see the stronghold’，comen for‘前来’的目的是 see the feste‘看堡垒’。例（44c）They came to take him，‘他们来’的目的是‘带走他’。

（44）a. Mari … **<u>Com</u>** to wasse vr lauerdes fete.（*a*1300 *Cursor M.*［Gött.］190）

① 语义存续（persistence）现象将在第 9 章详细讨论。

b. Were **comen** for to see the feste.（1485 Caxton tr. *Paris & Vienne*［1957］15）

c. They **came** to take him.（1569 R. Grafton *Chron.* II. 89）

再看 17 世纪以后的语例。例（45a-d）都是陈述句，其中例（45a）Charon and Atropos are com'd to call me，即‘Charon and Atropos have come to call me’，属于现在完成时。例（45b）Those who came to visit me 中的［COME to VP］构式以一般过去时的形态出现在 those 的定语从句中。例（45c）When will you come to see me 为将来时的特殊疑问句。例（45d）I did not come to curse thee 为一般过去时的否定句。这些语例中的 come 和 VP 都存在一种目的关系。值得注意的是，［COME to VP］构式在历史语料中尚未被发现用于祈使句的语例。

（45）a. Charon and Atropos are **com'd** to call me …（1607 T. Walkington *Optick Glasse*［1664］i. 9）

b. Those who **came** to visit me.（1726 Swift *Gulliver* II. iii. ix. 121）

c. When will you **come** to see me?（1843 Dickens *Christmas Carol* i. 4）

d. I did not **come** to curse thee, Guinevere.（1859 Tennyson *Guinevere* 529）

当代英语中的［COME to VP］构式的出现频率很高，可以出现在各种时态的陈述句、疑问句和否定句中，VP 是 come 的目的，如例（46a-c），但未发现该构式出现在祈使句中的语例。

（46）a. Archie **came** to see us off.

b. They are **coming** to stay for a week.

c. When will he be **coming** to see us in Chicago?

［COME to VP］构式还表示经历漫长的时间或过程后开始做某事或出现某种状态，如例（47a）as she came to know him，即‘当她慢慢了解他的时候’，这里的 came to know 表示‘逐渐地了解’；例（47b）has come to be largely used，即‘渐渐被用作’，这里的 come to be used 也表示 to be used 不是一蹴而就的动作。

（47）a. She … liked more and more as she **came** to know him.（1842 *Tait's Edinb. Mag.* 9 246/1）

b. The … has **come** to be largely used as a place of …（1885 *Act 48 & 49 Vict.* c. 76 Pream.）

当 VP 为思维动词 think、consider 时，［COME to VP］构式表示‘某人慢慢明白或开始考虑某事’，如例（48a）He came to understand，即‘他渐渐明白’；例（48b）When one comes to think of it abstractedly，即‘当我们开始抽象地去考虑它’；例（48c）when you come to think of it，即‘当你认真考虑它的时候’。

（48）a. He **<u>came</u>** to understand that.（1563-1587 J. Foxe *Actes & Monuments* viii. 327）
　　b. When one **<u>comes</u>** to think of it abstractedly, it …（1838 R. H. Froude *Remains* II. xiv. 179）
　　c. … but not so, when you **<u>come</u>** to think of it.（1859 F. W. Faber *Spiritual Conf.* 180）

这种用法一直持续到当代英语，如例（49a）的意思是‘他也想相信，而且后来终于慢慢地相信了’；例（49b）的意思是‘她终于开始用另一种眼光看待这个问题了’。

（49）a. He'd wanted to believe, and in the end had **<u>come</u>** to believe it.
　　b. She had **<u>come</u>** to see the problem in a new light.

例（48b）中的 come to think of it 出现频率高于[COME to VP]构式中其他表示思维和心理活动的动词。到了 19 世纪末，come to think of it 经常出现在句首或句末，如例（50a-c）。在句法结构上，它不再是句子的谓语核心结构；在语义上，它被删掉后并不影响句子的命题义；在语用功能上，它起到话语标记的作用，相当于插入语。分析这些例句，笔者发现 come to think of it 通常是对过去发生的事情或已有的状态进行反思，表示‘回想一下’‘细想一下’‘想想看’。

（50）a. **<u>Come to think of it</u>**, she's only …（1875 L. M. Alcott *Eight Cousins* xii. 134）
　　b. What was …, was really very sad, **<u>come to think of it</u>**!（1927 C. Asquith *Black Cap* 100）
　　c. **<u>Come to think of it</u>**, I never knew why I …（1943 E. M. Almedingen *Frossia* ii. 59）

[COME to VP]构式还出现在 how 引导的特殊疑问句中，表示‘（某事）如何发生或出现的’，如例（51a）的意思是‘太阳是怎么发光的’；例（51b）的意思是‘你怎么起得这么早’。

（51）a. But how **<u>came</u>** the Sun to be Luminous?（1693 R. Bentley *Boyle Lect.*viii. 1）
　　b. How **<u>came</u>** you to be up so early?（1889 K. S. Macquoid *Roger Ferron* I. 54）

这种用法一直持续到当代英语，如例（52a/b），该用法在日常口语和会话中出现的频率很高。

（52）a. How did he **<u>come</u>** to break his leg?
　　b. How did you **<u>come</u>** to meet him?

6.4.2 [GO to VP]语用功能的扩展

在[GO to VP]构式中，go 和 VP 之间也存在一种明显的目的关系，如例（53a）

gað to helpe widewen，即‘goes to help widow’‘去帮助寡妇’；例（53b）ga To helpe the kyng，即‘去帮助国王’；例（53c）he not comming thither I went to seek him，即‘他没来所以我去找他’。

（53）a. Þet beoð alse he seide þe **gað** to helpe widewen.（*c*1225［1200］*Ancrene Riwle* 9）
　　b. He bidden was to **ga** To helpe the kyng Euandre.（*c*1470 J. Hardyng *Chron*.ix. ii）
　　c. … he not comming thither I **went** to seek him.（*a*1616 Shakespeare *Comedy of Errors* v. i. 226）

在晚期现代英语中，[GO to VP]构式继续出现，相比之前的语例，这时表位移的 go 虽然位居核心谓语动词的位置，但整个句子的语义重心偏向 VP，如例（54a）goes to call，即‘去喊（某人）’；例（54b）went to dress for dinner，即‘换上赴晚宴的衣服’。

（54）a. Coach, servants, gondola, he **goes** to call.（1817 Byron *Beppo* xl）
　　b. Esperance … **went** to dress for dinner.（1879 ‘E. Lyall’ *Won by Waiting* xiv）

[GO to VP]构式出现在表示虚拟语气的句子中，表示‘某人竟如此不合时宜地想去做某事’或者‘某人竟如此愚蠢（或大胆）地要去做某事’，如例（55a）nobody wou'd go to kill，即‘没人会忍心杀死’；例（55b）to go to leave her children，即‘忍心丢下她的孩子不管’；例（55c）You'd never go to suspect her，即‘你可不能怀疑她’。

（55）a. Sure nobody wou'd **go** to kill … creature.（1798 T. Morton *Secrets Worth Knowing* i. i. 6）
　　b. A non-natural woman, to **go** to leave her children.（1803 M. Charlton *Wife & Mistress* II. 59）
　　c. You'd never **go** to suspect her!（1890 Mrs. H. Wood *House of Halliwell* II. xi. 293）

有时在 go 和 to 之间出现 for，这种用法的[GO to VP]构式都出现在虚拟语气的否定句中，如例（56a）would go for to say such a thing，即‘竟会说出这样的话’；例（56b）wouldn't go for to say sich a thing，即‘不会说这样的话’。

（56）a. I did not … would **go** for to say such a thing.（1847 C. M. Yonge *Scenes & Characters* vi. 57）
　　b. I wouldn't **go** for to say sich a thing …（1895 M. E. Francis *Daughter of Soil* iii. 29）

go 的-ing 形式后接带 to 的不定式，即‘be going to’，表示‘将要做某事、准备要做某事’，如例（57a）was goyng to be broughte into helle，即‘将要被带入地狱’；例（57c）As I was going to say，即‘正如我要说的’。going 后接表示年龄的

名词短语，表示‘将要……岁’，如例（57b）was going in her fifteen，即‘将要15岁’；例（57d）is goin' fifteen，即‘将到15岁’。表示年龄的名词短语前可以加介词in，也可以省略。

（57）a. Thys … sowle … was **goyng** to be broughte into helle for …（1482 *Monk of Evesham* 43）

b. Till she was **going** in her fifteen.（1700 W. Congreve *Way of World* v. i. 76）

c. As I was **going** to say…（1703 J. Locke *Let.* 23 July [On Dr. Pococke]）

d. Doris is **goin**' fifteen.（1877 *Good Words* XVIII. 5/2）

当代英语中的[GO to VP]构式继续表示去做某事，VP是go的目的，句子的语义重心还是落在VP上，如例(58a)went to live outside，即‘去外面住’；例(58b)went to visit him，即‘去看望他’。[GO to VP]继续以进行时的形式出现时，一般有两种用法：一是表示‘某人打算、计划做某事’，如例（58c）are going to buy shares，即‘计划买股份’；二是表示‘某事将要（不可避免地）发生’，如例（58d）there were going to be problems following an incident，即‘事件发生后就会有一些问题’。

（58）a. Both of Harry's sons **went** to live outside.

b. George W. Bush **went** to visit him at his home in Austin.

c. If you say that you are **going** to buy shares …

d. I should have guessed that there were **going** to be problems following an incident.

综合上述对[COME/GO to VP]构式功能扩展的分析，笔者发现come/go在这一类构式中都有表示位移的目的是VP的用法，如They are coming to stay for a week一句中的stay for a week‘来待一周’是come的目的；又如went to dress for dinner中的dress for dinner‘换上赴晚宴的衣服’是went的目的。[BE COMING TO VP]中的coming表示‘即将/马上到’，这里的come的位移义很明显，瞬间动词的-ing分词有表示‘这个动作即将发生’的意思，然而[BE GOING TO VP]中的be going to并不表示位移，而是标记将来时。

Krug（2001）统计了BNC口语语料库中出现频率最高的30个动词，除了助动词、情态动词等功能词外，高频实义动词可分为六类：①推理认知类，如know、see、think、mean、look；②言说思维类，如mean、say、tell、think；③系词形式类，如get、look；④高度概括性位移类，如come、go；⑤概括性万能类，如give、make、put、take；⑥意愿类，如like、want。其中go的出现频率为每千词大于5次，仅次于助动词do和have，以及系词get；going to/gonna的出现频率也很高，如果将going to/gonna的频率和go的频率相加，那么go的频率值会更高；

come 的出现频率为每千词大于 2.5 次，属于排名前十的高频动词，高频使用无疑推动了 come 和 go 的虚化。

那么，为什么 be going to 演变为标记将来时的助动词成分，而 be coming to 却没有呢？其实 come 和 go 基本义的不同是二者功能产生分化的一个重要原因。come 除了表示由彼至此的近向位移外，本身还隐含一种到达义，而 go 表示由此至彼的远向位移，本身有指向下一个时间段/点的方向义，但没有到达义；come 的到达义含有动作已完成的语义倾向，从而限制它进一步演化为将来时标记，而 go 指向下一个时间段/点的方向义为其进一步演化为将来时标记提供了语义基础。

6.4.3　[来 VP]的功能扩展

[来 VP]构式表示‘要做某事’，这里的“来”可以省略，如例（59a）。在[来 VP]构式前面再加动词短语或介词短语，形成[VP_1 来 VP_2]构式或[PP 来 VP]构式，“来”之前的短语表示方法或态度，如例（59b）和例（59c）；之后的短语表示目的，“来”指示后面的 VP 朝向将来。

（59）a. 二叔，这个问题还是得你来解决。（老舍《残雾》）

b. 农民用什么办法来夺回自己的麦子？（杨沫《青春之歌》）

c. 放下架子来邀请一个外国教练去执教他们的国家队。（新华社 2001 年新闻报道）

例（60a/b）中的“来”标记将来时的作用更加明显。例如，例（60a）“替你打”这个动作一定是还没有发生，说者表示将要或马上要做这个动作；例（60b）“谁来可怜我”出现在一个假设句中，说者假设某种情况会发生，“谁来可怜我”其实是“到那时谁来可怜我”，有了指代将来的时间状语，“来”标记将来时的功能就比较突出了。

（60）a. 李太太，我来替你打。（曹禺《日出》）

b. 谁来可怜我？（王火《战争和人》）

6.4.4　[去 VP]的功能扩展

“去”出现在另一个动词或动词短语前，如例（61a）“去想办法解决”，隐含一种趋向义，即‘让听者离开说者所在地自行做某件事而不是来找说者’；有时表趋向的意思不明显，如例（61b）“去解决”，表示‘要做某事’。

（61）a. 对不起，这种事情你应该自己**去**想办法解决。（李开复《世界因你不同》）

b. 正因为有困难和问题，才需要我们领导干部**去**解决。（1994年《报刊精选》）

c. 我经常骑着自行车，打着雨伞**去**找他。（1994年《报刊精选》）

d. 第三天下午，七姑奶奶陪了罗四姐**去**请教吴铁口。（高阳《红顶商人胡雪岩》）

e. 必须以鲜明的立场**去**反对吸烟。（1995年《人民日报》）

“去”还可以出现在两个动词短语之间，形成[VP_1去VP_2]构式，如例（61c）“打着雨伞去找他”、例（61d）“陪了罗四姐去请教吴铁口”；有时也用在介词短语和动词短语之间，如例（61e），表示前面的VP_1（或PP）是后面VP_2的方法、方式或态度，后者是前者的目的，“来”指示后面的VP朝向将来。

（62）a. 我和谁**去说**？对总统**去说**？人家管咱们拉洋车的臭事吗！（老舍《老张的哲学》）

b. 你**去会**白小姐，顺便带着找帽子，再好不过了。（张恨水《金粉世家》）

例（62a/b）中的“去”标记将来时的作用比较明显。例如，例（62a）“我和谁去说”中的“和谁说”，以及“对总统去说”中的“对总统说”，这个“说”的动作一定是还没有发生，说者假设将要做这个动作；例（62b）“去会白小姐”也表示‘将要做某事’。

总结上述[来/去 VP]构式中“来”和“去”的功能，二者既有表示趋向的用法，也有指向/标记将来的用法，但是即便在例（60a/b）、例（62a/b）两组有明显标记将来的语例中，“来”“去”的趋向义也没有完全消失。也就是说，它们在语义属性上指向将来，所在的线性序列也有利于重新分析，但它们的语法化并不彻底，这种现象出现的原因是：汉语中已经有比较成熟、语用频率很高的“将”“要”等典型的将来时标记，所以“来”和“去”只能在“将”“要”等将来时标记不适用的语境中发挥作用。

下面再做跨语言的对比：为何汉语中的“来”和“去”一样可以标记将来时态，而英语中的come却没有同be going to一样的语法功能呢？笔者认为，汉语的“来”与英语的come在语义内涵上并不完全对等，“来”不一定有到达义；[来VP]构式中的“来”可以表示趋向，也可以指示将来，但没有到达的含义，所以与come的基本义上不同。另外，以“李太太，我来替你打”为例，对于说者来说，要完成“替你打”这个动作实际上是离开其当前所在地，理应为“去”，但是如果说者把视角转向听者“李太太”，以“李太太”为参照物，那么“替你打”这个动作的完成需要对“李太太”做近向位移，这就是为什么这里可以用“来”。在语义的情感表达上，“来”拉近了说者与听者的心理距离，以听者为交际中心，体现了说者想要表达的亲密关系，从这一点上看，直指位移动词本身具有很强的主观性。

6.5 小　　结

本章分析和讨论了英汉位移构式在演化过程中出现的语法化现象，描写和比较了[COME VP]和[GO VP]构式中的 come 和 go 语法化为准助动词，[VP 来]和[VP 去]构式中的“来”和“去”虚化为体貌助词，[GO to VP]构式中的 be going to、[来 VP]和[去 VP]构式中的“来”和“去”的语用功能扩展至标记将来等现象。

基于上述语法化现象的描写与分析，笔者认为，英汉直指位移动词发生语法化的原因既有语言内部因素，也有语言外部因素：语言外部因素体现在直指位移动词的高频出现率上；语言内部因素是直指位移动词的基本义。直指位移动词本身指示位移的方向，而且是相对于说者的方向，因而具有较强的主观性；其他表示方向的词语指示的是绝对方向，如“东、西、南、北”等方位词，一般情况下不受说者所在地或视角的影响，还有“进、出”等位移动词，也可以独立于说者的主观因素，单纯指示位移方向。“来/去”、come/go 表示主观趋向，其中“来”和 come 表示相对于说者或说者视角而言由远到近的位移，“去”和 go 表示相对于说者或说者视角而言由近到远的位移，这种位移方向是以说者的主观视角为转移的，这种主观性为直指位移构式的语法化提供了语义基础。

第 7 章

位移构式演变过程中的词汇化现象

7.1 引　　言

位移构式在演变过程中常伴随着词汇化的发生。有关英语位移动词的词汇化模式，主要是通过位移动词与介词、副词、小品词的组合实现的，Brinton 和 Traugott（2005）在这一方面有比较详细的论述，这里不再赘言。本章主要考察和描写汉语位移构式演化中的词汇化现象，将分别对[NP 来]构式、[VP 来/去]构式、[来/去 NP]构式的词汇化进行分析和探讨。

7.2 位移构式[NP 来]的词汇化

[NP 来]构成的双音词在《现代汉语词典》（第 6 版）中收录有"本来、古来、近来、原来、历来、素来、向来、夜来、日来、年来、比来、迩来、上来"共 13 个，其中"日来、年来、比来、迩来、上来"在 CCL 现代汉语语料库中能检索到的语例极少，有的甚至没有。吕叔湘（1999）的著作中共收录"本来、向来、历来、原来"4 个双音词。

7.2.1 现代汉语中的[N 来]

下面从现代汉语共时层面考察"本来、历来、向来、近来、原来、素来、古来、夜来"等 8 个高频[NP 来]双音词在语用、语义、句法上的特点。

1. [本来]

吕叔湘（1999）将例（1a）的"本来"标注为形容词，意思是'原有的'，只修饰名词；将例（1b）的"本来"标注为副词，意思是'原先，先前'，可用在主语前，如"本来这条街很窄"。

（1）a. 她们不承认<u>本来</u>的工会，她们现在组织了一个罢工委员会。（茅盾《子夜》）

b. 他**本来**不是这个意思。（梁冬《梁冬对话王东岳》）

另外，“本来”还进入[本来就 VP]构式，如例（2a），表示‘按道理就应该这样’，VP 前通常会有“应该、该、会、能”等助动词或者以“VP 得”“VP 得不”的形式出现，如“普通话他本来就说得不错”。“本来”后可接“嘛”等语气助词，用于句首，如例（2b），后面稍有停顿。

（2）a. 你史玉柱**本来就该**还钱，没什么好宣扬的。（成杰《史玉柱传奇》）
b. **本来嘛**，做男人就去承受男人的东西。（豆豆《遥远的救世主》）

2.［历来］

《现代汉语词典》（第 6 版）将“历来”标注为副词，意思是‘从来；一向’。吕叔湘（1999）指出，“历来”用法基本上同“从来”，多用于书面语，不用于否定句，在否定句中一般要用“从来”。例如，例（3a）的“历来如此”可以独立成句；例（3b）的“历来”作状语；例（3c）的“历来”后接“的”，修饰后面的名词“看法”。

（3）a. 一有钱就全变。**历来**如此。（王朔《编辑部的故事》）
b. 他**历来**就怕提“整党”，更怕一连整好几天。（赵树理《三里湾》）
c. 按照他**历来**的看法，只要不是欺他一个人的事……（高晓生《漏斗户主》）

3.［向来］

《现代汉语词典》（第 6 版）将“向来”标注为副词，意思是‘从来；一向’。吕叔湘（1999）指出，“向来”用法基本上同“从来”，但用于肯定句比用于否定句中要多，可以修饰单个的双音节动词、形容词，如例（4a）和例（4b）。例（4a-c）的“向来”都作状语，其中例（4c）中的“向来”用于否定句。

（4）a. 你们高家的人**向来**如此吗？（于晴《红苹果之恋》）
b. 我深知穆青同志为人，办事**向来**认真。（1996 年《人民日报》）
c. 我**向来**不会很快得到自己想要的。（姚明《我的世界我的梦》）

4.［近来］

《现代汉语词典》（第 6 版）将“近来”标注为名词，表示‘过去不久到现在的一段时间’，如例（5a）的“近来”起到状语的作用；例（5b）的“近来”后接“的”，修饰名词“脾气”。“近来”后还可接“呢”等语气助词，用于句首或者主语之后，如例（5c），后面稍有停顿。

（5）a. **近来**我是不算寂寞了。（丁玲《莎菲女士的日记》）

b. 因为惶惑迷惘，老人**近来**的脾气也不甚好。（老舍《四世同堂》）
c. 鸿渐**近来**呢，是好像有点反常。（钱锺书《围城》）

5.［原来］

吕叔湘（1999）将例（6a）的“原来”标注为形容词，不能单用作谓语，修饰名词时要加“的”；将例（6b）的“原来”标注为副词，表示‘以前某一时期、当初’，含有‘现在已经不是这样’的意思；有时也用于例（6c）这样的语境，表示‘发现从来不知道的情况’，含有‘忽然醒悟’的意思。

（6）a. 按咱们**原来**的计划，水渠要社内外合股去开。（赵树理《三里湾》）
b. 屋里的灯光**原来**很暗，可是他刚刚进了屋门……（老舍《四世同堂》）
c. 脸不洗，牙不刷，**原来**都没大关系，不但省钱，而且省事。（老舍《骆驼祥子》）

6.［素来］

《现代汉语词典》（第6版）将“素来”标注为副词，意思是‘从来；向来’，如例（7a）的“素来”修饰“强悍”，例（7b）的“素来”作状语。

（7）a. 但出身草莽、**素来**强悍的陈天桥就是不信邪。（侯继勇《打工皇帝唐骏》）
b. 可是，表妹**素来**性情柔顺，不惯于人争执结怨的。（陈廷一《宋氏家族全传》）

7.［古来］

《现代汉语词典》（第6版）将“古来”标注为副词，意思是‘自古以来’，如例（8a）的“古来”起到状语的作用，例（8b）的“古来”后接“的”，修饰名词主语“圣人”。

（8）a. **古来**时常吃人，我也还记得，可是不甚清楚。（鲁迅《狂人日记》）
b. **古来**的圣人，真是怪极了。（李宗吾《厚黑学》）

8.［夜来］

《现代汉语词典》（第6版）将“夜来”标注为名词（书面语），意思有两个：一个是‘昨天’；另一个是‘夜间’。CCL语料库中“夜来”的语例不多，参见如下示例。

（9）a. 天气若无其事的晴朗，只是黄泥地表示**夜来**有雨。（钱锺书《围城》）
b. 她又归咎于**夜来**失眠，以至精神烦闷。（茅盾《蚀》）
c. **夜来**她实在过度了一点儿。（茅盾《子夜》）

7.2.2　双音词[N 来]的词汇化

现代汉语中出现的"古来、尔来、顷来、比来"在 CCL 古代汉语语料中也有类似的语例。例如，例（10a/b）"自古以来"源于[自（从）NP 以来]构式，"来"从表空间的趋向引申为表时间的趋向或行进，常位于句首，表示'自 NP 所表示的时间以来到说话时为止的一段时间'，所以"自古以来"就是'从古代以来到现在'的意思；例（10c/d）"古来"也位于句首，从上下文判断，也是'从古到今、从古代以来到现在'的意思，因此，"古来"很有可能是由"自古以来"缩略而来的。

（10）a. **自古以来**，未之或失也。(《左传·昭公十三年》)
　　b. 夫齐鲁之间于文学，**自古以来**，其天性也。(西汉　司马迁《史记·儒林列传》)
　　c. **古来**帝王年谱五卷。(东汉　班固《汉书·艺文志》)
　　d. 醉卧沙场君莫笑，**古来**征战几人回！(唐　王翰《凉州词》)

无独有偶，笔者在语料中还发现了"自尔以来""尔来"的语例。"尔"在古汉语中常用作代词，既可以作人称代词（如"尔虞我诈"），也可以作指示代词，相当于"这""那"。例如，例（11a）"自尔以来"位于句首，意思是'从那时以来'；例（11b/c）"尔来"出现在时段名词短语之前，"尔来二十有一年矣"即'从那时以来有 21 年了'，也位于句首，所以"尔来"是由"自尔以来"缩略而成的。

（11）a. **自尔以来**，上参天人之征，下采降俘之言。(唐　房玄龄《晋书·列传》)
　　b. 奉命于危难之间，**尔来**二十有一年矣。(西晋　陈寿《三国志·诸葛亮传》)
　　c. **尔来**四万八千岁，始与秦塞通人烟。(唐　李白《蜀道难》)

同时，语料中还存在"自顷以来""顷来""自比以来""比来"的语例。"顷"在古汉语中有'短时间、往时、当时'的意思①，所以"自顷以来""顷来"就是'近来'的意思；"比"在古汉语中也有'近来'的意思，所以"自比以来""比来"就是'近来、近时'的意思。

（12）a. 关西诸郡，颇习兵事，**自顷以来**，数与羌战……(南朝　范晔《后汉书·郑孔荀列传》)
　　b. **顷来**公私纷纭，华、戎交构，皆此之由。(南朝　沈约《宋书·略阳清水氏杨氏列传》)
　　c. **自比以来**，轻尔出入，进无二傅导引之美，退阙群寮陪侍之式。(唐　李延寿《北史·列传》)

---

① 参见《汉语大字典》(第二版）第七卷第 4356 页，该字典由四川辞书出版社和崇文书局于 2010 年出版。

d. 且闻**比来**东征，经郡县，历屯田……（西晋 陈寿《三国志·文帝纪》裴注引《献帝传》）

基于以上语例及其演变模式，笔者认为，推动[自 NP 以来]缩略成[NP 来]的动因之一是语言使用过程中的省力原则。有关省力原则，第 3 章有专门的论述。所谓省力原则，即最小努力原则，是指以最小的代价获取最大的利益或最好的效果（Zipf 1949），也被称作经济原则（Martinet 1962）。语言学领域的省力原则是指在表达相同语义、发挥相同语用功能的前提下，说者总是选择相对经济、相对省力的语言表达方式。说者视角的省力原则和听者视角的省力原则之间，以及省力原则与信息量最大化原则之间存在张力，简单地说，就是由[自 NP 以来]词汇化为[NP 来]的动因是语言使用者为了交际方便，短词比长词省时省力。

除此之外，"古来""尔来"等出现的时间段也正好是汉语整个语言体系处于双音化的阶段。[自（从）NP 以来]构式在汉魏六朝时期频繁出现，东汉以后，其缩略式[NP 来]开始出现，那时汉语词汇双音化趋势正逐步加强。在双音化的推动下，汉语词汇向双音方向发展，秦汉以后汉语双音词的数量增多，"五四"以后受西洋文化的影响，双音词的增长速度空前（冯春田等 1995），从[NP 来]出现的时间段可以判断这一词汇化模式显然受到了汉语双音化的影响。

分析了以上由[自 NP 以来]到[N 来]的演变规律后，笔者发现，进入这一演变路径的 NP 都有一个共同点：它们都是表示时间的名词，包括时段或时点，如"古"（古代）、"尔"（那时）、"顷"（不久前）、"比"（最近）。也就是说，凡是具有表示时段或时点的名词都有可能进入这一词汇化模式。"来"与"古、尔、顷、比"等名词，形成"古来、尔来、顷来、比来"等双音词，此时的"来"仍表示时间行进的方向，继而在类推的作用下，其他表示时段或时点的名词后接"来"，出现了更多的表示时间的[N 来]，如与"比来""顷来"同义的"近来""迩来"[①]，如例（13a/b）等。N 还可以是"早、夜、年、日"等时间名词，如例（13c/d），"来"与它们构成"早来"（早上）、"夜来"（夜里）、"年来"（一年来、今年以来）、"日来"（近几天来）等双音词。

（13）a. **近来**人情何如？（唐 房玄龄等《晋书·列传》）

b. **迩来**数年，犹获侍座。（《隋唐五代墓志汇编》）

c. 至晚，山上堂，召曰："**早来**沙弥在什么处？"（宋 普济《五灯会元》）

d. **夜来**三更奉天符牒，下将军合作阴司之主。（五代《敦煌变文·韩擒虎话本》）

梁银峰（2009）发现"早来、夜来、尔来"发生了语义演变，例（14a）的"早

① "迩"在古汉语中有'近'的意思，参见《汉语大字典》（第二版）第七卷第 3826 页，该字典由四川辞书出版社和崇文书局于 2010 年出版。

来”不再是‘早上’的意思，根据上下文，应该是‘刚才’的意思；同样，例（14b）的“夜来”不是‘夜里’的意思，而是‘前一天’的意思；例（14c）的“尔来”在不接具体时间短语的情况下，所指的时间段开始变得比较模糊。

（14）a. **早来**说底，学经书者多流为传注，学史者多流为功利，……（宋 黎靖德《朱子语类》）[1]

b. 那妇人道：“叔叔却怎地忘了？**夜来**已对叔叔说了，害心疼病死了。”（元末明初 施耐庵、罗贯中《水浒传》）

c. 叔舅欲饮我，社瓮**尔来**尝。（唐 杜牧《郡斋独酌》）

d. 尽十方世界**都来**是金刚不坏之体，唯独牯羊角。（南唐《祖堂集·镜清和尚》）

e. 父、阿娘、眷属，远近邻舍，**总来**惊讶。（南唐《祖堂集·慧忠国师》）

语用推理可以解释上述语义变化：相对于一天中的其他时间段，“早上”先于其他时间过去，所以“早来”可以引申为‘刚才（经历）’；“夜里”，相对于其他时间段，代表了这一天的结束，所以“夜来”可以引申为‘（相对于即将到来的新一天的）前一天’；“尔来”后不再出现时间成分，为后来发展成‘近来’的意思做了铺垫。这种语义变化使得“早来、夜来、尔来”脱离本义，其意思开始泛化。

在类推和频率效应的双重作用下，随着“历来、素来、向来、本来、原来”等双音词的产生，更多的[N 来]双音词出现。“来”的构词能力逐渐增强，这时的“来”虽然仍保留着“时间行进的方向”的含义，但在词法功能上更多地起到了补充音节以构词的作用，相当于一个类词缀；“来”适用的语境也有所扩展，除了与时间名词搭配出现外，“来”还出现在表示范围的副词后面，如例（14d）“都来”、例（14e）“总来”，这里的“来”没有实际意义，完全是一个构词成分，“都来”就是‘都、总共’的意思，“总来”就是‘总、全’的意思。这两例中的“来”彻底脱离本义，单纯地成为一个构词成分。

7.2.3　双音词[X 来]的词汇化

现当代汉语中还存在“从来、由来、自来、后来、未来、将来”等双音词，由于与“来”搭配的词有不同的词性，这里统称为[X 来]构式。根据语义，[X 来]构式可分成两组：一组为“从来、由来、自来”；另一组为“后来、未来、将来”。

1.［从来］

吕叔湘（1999）将“从来”标注为副词，表示‘从过去到现在都是如此’，多

---

① 例（14a-c）引自梁银峰（2009：417）。

用于否定句，如例（15a）；也用于肯定句[①]，修饰动词、形容词短语或小句，但很少修饰单个动词或形容词；有时也与否定词“没、没有”搭配，后接双音节动词或形容词，如例（15b）；但其后接单音节动词、形容词时，要加“过”字，如例（15c）。

（15）a. 这种人**从来**就是不健康的，哪能够希望有个健康人生观。（沈从文《水云》）
b. 只拿他玩笑，**从来**没有留心他的“行状”的。（鲁迅《阿Q正传》）
c. 他帮日本人搞恐怖的时候，自己**从来**没有尝过恐怖的滋味。（老舍《四世同堂》）

“从来”可进入[从来没/没有这么 ADJ]构式，有“这么”和没有“这么”的意思完全不同。例如，例（16a）“她从来没这么瘦过”，即‘现在比以往任何时候都瘦’，而“她从来没瘦过”，即‘从过去到现在一直没瘦过’，所以有了“这么”，意思是‘一直瘦，现在更瘦’；如果没有“这么”，意思就是‘一直胖，从来没瘦过’。“从来”在“不”“未”前出现时，有时省略“来”，但后面一般接双音节动词，如“从不犯愁”“从不着忙”，如例（16b）。

（16）a. 她**从来没这么瘦过**，他想，大概是因为长大了。（老舍《鼓书艺人》）
b. 白玉山却**从不**犯愁，**从不**着忙。（周立波《暴风骤雨》）

2. [由来]

《现代汉语词典》（第6版）将“由来”标注为名词，意思有两个：一个表示‘从发生到现在的一段时间’，如例（17a）；另一个表示‘事物发生的原因；来源’，如例（17b）。笔者在老舍的作品中发现了“所由来”，如例（17c/d），从上下文判断，“所由来”为名词短语，直译为‘从（由）所来’，即‘来的地方、来源、源头’。

（17）a. 不是从来就有这句话么？大概是**由来**久矣！（田仲济《奴才的残暴》）
b. 这就是红颜薄命的**由来**。（苏青《论红颜薄命》）
c. 哀痛迷乱了他们的心，没工夫去想这祸患的**所由来**。（老舍《蜕》）
d. 她，他想，必定能告诉他这种变化的**所由来**，而且欣赏他的工作。（老舍《火葬》）

3. [自来]

《现代汉语词典》（第6版）将“自来”标注为副词，意思是‘从来；原来’。

---

① 我们在 CCL 现代汉语语料库中仅发现1例“从来”用于肯定句的语例，但也是用在反问句中。

例（18a/b）的“自来”都用作状语，两例均出自同一作者的同一作品，语料库中检索到的语例很有限。

（18）a. 富家大户**自来**是国家的顶梁柱。（姚雪垠《李自成》）

b. 这种成群结队的小粮食贩子在这里和豫西一带**自来**就有。（姚雪垠《李自成》）

CCL古代汉语语料库中存在下面的语例，即例（19a-d）。例（19a/b）的“所从来”为本义，即‘从何处来’，以小句的形式作“问”的宾语；例（19c）的“所从来”不是表示空间的位移，而是表示时间的行进，“所从来远矣”的意思是‘（这种做法）从开始以来已经很久了’，所以这里的“所从来”是‘从某一时间点开始以来’的意思，相当于现代汉语的“从来”；例（19d）省略“所”，只剩下“从来”，通过与例（19c）的“所从来远矣”进行对比，判断“从来旧矣”的“从来”与“所从来”一样都表示时间，后接谓词，如“远矣”“旧矣”都表示时间的久远；例（19e）的“从来”后接“颇得此力”，不再是表示时间的久远，而是成为“颇得此力”的修饰限定成分，起到了状语的作用，表示从过去到现在某种动作或行为一直存在，这种用法一直持续到现代汉语中，如例（19f）。

（19）a. 遇一道士亦从西来，同主人歇。之良与语，问**所从来**。（宋　李昉等《太平广记》）

b. 博望侯张骞使大夏来，……使问**所从来**。（西汉　司马迁《史记·西南夷列传》）

c. 立嗣必子，**所从来**远矣。（西汉　司马迁《史记·孝文本纪》）

d. 盖盗憎其主，**从来**旧矣。（南朝　范晔《后汉书·钟离宋寒列传》）

e. 我常秉许为家，**从来**颇得此力。（南朝　沈约《宋书·休仁传》）

f. 他**从来**不曾这么脆弱，他真是变了！（茅盾《子夜》）

关于这一表达方式，笔者在“由来”的现代汉语语料中就已发现，如“没工夫去想这祸患的所由来”“必定能告诉他这种变化的所由来”，这里的“所由来”也是‘从（由）何而来’的意思，如例（20a-c）。只是“所从来”“所自来”的“所”到了现代汉语中都已脱落，而“所由来”一直保留至今，如例（20c）。

（20）a. **所自来**者久矣，而轻失之，岂不惑哉？（西汉　刘安等《淮南子》）

b. 收之之道，**所由来**久矣。（东汉　班固《汉书·刑法志》）

c. 她，他想，必定能告诉他这种变化的**所由来**，而且欣赏他的工作。（老舍《火葬》）

这三个[XP来]构式的词汇化也受省力原则和双音化的驱动和影响，只不过与[X来]构式词汇化过程不同的是，这里的“所”是介词的宾语，把它省略后，介词与“来”直接结合。

4.［后来］

《现代汉语词典》（第 6 版）将“后来”标注为名词（时间词），‘指在过去某一时间之后的时间’，并解释了“后来”与“以后”的区别：“以后”可以单用，也可以作为后置成分接在具体表示时间的名词或名词短语之后，而“后来”只能单用；“以后”既可以指过去，也可以指将来，而“后来”只指过去。另外，“后来”还用作形容词，意思是‘后到的；后成长起来的’。例（21a/b）的“后来”用作时间状语，一般出现在句首或主语之后；也可以后接“的”修饰名词，如例（21c），或者直接接名词，如例（21d）“后来人”。

（21）a. **后来**再没人见过沈先生。（余华《活着》）
　　b. 一开始是弄个女秘书搪塞，**后来**连女秘书也不见了。（刘震云《官人》）
　　c. 南北四盘炕，坐得满满堂堂的，**后来**的人连脚都插不进去。（周立波《暴风骤雨》）
　　d. 但愿**后来**人能以我为鉴。（凝陇《冬至》）

5.［未来］

《现代汉语词典》（第 6 版）将“未来”标注为形容词，表示‘就要到来的（指时间）’，如例（22a）；也用作名词，指‘现在以后的时间；将来的光景’，如例（22b）。

（22）a. 他把过去的种种，**未来**的种种，全都想完了。（茅盾《蚀》）
　　b. ……对人类的**未来**怀有坚定的信心。（老舍《四世同堂》）

6.［将来］

《现代汉语词典》（第 6 版）将“将来”标注为名词（时间词），表示‘现在以后的时间’（区别于“过去、现在”），如例（23a）；也可以后接“的”修饰名词，如例（23b）。

（23）a. 这些小崽子，**将来**你们都有这天的。（周立波《暴风骤雨》）
　　b. 你瞧，冬天已经过去啦，**将来**的世界一定是光明的。（夏衍《脂粉市场》）

关于这一组［X 来］构式，笔者在 CCL 古代汉语语料库中发现了这样的语例，即例（24a-d）。例（24a）“路险难兮独后来”，即‘道路艰险难行，很晚才来到’，这里的“后”指的是‘晚’，表示时间上比较靠后，“来”即‘到来、来到’，所以“后来”在句中作谓语，“后”修饰限定“来”；例（24b）的“后来”语义不变，出现在“者”之前，在句法上充当“者”的定语；例（24c）的“后来”出现在宾语位置，指‘后来之人’或‘后世之人’；例（24d）的“后来”出现在动词短语之前，修饰动词短语，句法上充当状语，“后来”的意思泛化，表示‘从某一时间点以来的一段时间'，与现代汉语中“后来”的意思相近，这种用法一直流传至今。

（24）a. 余处幽篁兮终不见天，路险难兮独**后来**。（先秦 屈原《楚辞·山鬼》）
b. 陛下用群臣如积薪耳，**后来**者居上。（东汉 班固《汉书·张冯汲郑传》）
c. 宜置博士，为立学官，以助**后来**，以广圣意。（南朝 范晔《后汉书·卢植传》）
d. **后来**封桂阳郡公，邑二千王百户。（北齐 魏收《魏书·列传》）

同样，笔者发现了“未来”用作谓语的语例，如例（25a）“使者未来”，即‘使者没有来’；例（25b）“未来”的语义没变，但出现在名词之前，起到定语的作用；例（25c）的“将来”，即‘将要来’，动词短语作谓语；例（25d）的“将来”出现在动词“训导”之后作宾语。“未来”“将来”都由最初的动词短语“没有来”“将要来”演变为名词短语，指代没有来的人或物、将要来的人或物，再引申至时间领域，表示‘没有到来的时间’，即现代汉语的“未来”和‘将要到来的时间’即“将来”。

（25）a. 楚王使人绝齐，使者**未来**，又重绝之。（西汉 刘向《战国策》）
b. 见颜渊之来，乃知不死；**未来**之时，谓以为死。（东汉 王充《论衡》）
c. 王吾闻太师**将来**，甚喜。（《逸周书》）
d. 惑累之众，悛改浮心，发明既往，训导**将来**。（南朝 僧祐《弘明集》）

语义的泛化和句法属性的变化表明上述两组[X 来]构式已发生了词汇化。这一类[X 来]的词汇化受频率效应的影响，先是出现语义上的模糊、泛化，继而句法属性发生变化，由原来的名词短语演变为副词（如“从来”“自来”）或是由原来的动词短语演变为表示时间的名词（如“后来”“未来”“将来”）。

上述 20 余种构式一直沿用至现当代汉语。梁银峰（2009）指出，除了现代汉语中仍在使用的[X 来]双音词外，中古及近代汉语中还有很多[X 来]双音词（表 7.1）。其中“前来”既表示空间，也表示时间；“坐来”“当来”中的“坐”“当”为副词，意思是‘渐渐、将要’。这些双音词后来逐渐退出历史舞台，不再出现。

表 7.1 中古及近代汉语中的其他[X 来]双音词

X	[X 来]
时间性语素	适来、新来、顷来、旧来、昔来、先来、今来、昨来、旦来、晚来、夕来、晓来、朝来、早来、春来、夏来、秋来、冬来、前来
方位性语素	前来
代词性语素	尔来
副词性语素	坐来、当来、都来、总来、浑来

7.3 位移构式[VP 来/去]的词汇化

汉语[VP 来/去]构式中的 VP 可以是单字动词，也可以是双音词，这里发生的词汇化现象主要涉及单字动词与“来”和“去”的组合。这里将从共时、历时两个层面分别考察和分析[V 来/去]构式的词汇化。

7.3.1 现代汉语中的[V 来/去]

现代汉语中的[V 来/去]构式主要有三种：①[位移动词+来/去]；②[致使位移动词+来/去]；③[感言想类动词+来/去]。

1.[位移动词+来/去]

这一类位移动词既包括位移方式动词，也包括趋向动词，还包括位移方式和趋向动词组合后再加“来/去”的复合式[VP 来/去]构式。根据孟琮等（1999）的收录，汉语常见的单个位移方式动词有：

奔、蹦、冲、穿、闯、窜、登、顶、躲、踱、翻、飞、赶、拐、逛、跪、滚、滑、挤、跨、拉、溜、流、漏、掠、迈、冒、碾、撵、挪、趴、爬、抛、劈、跑、喷、漂、泼、扑、骑、潜、塞、闪、驶、射、渗、甩、摔、缩、踏、弹、探、逃、跳、踢、游、跃、撞、转、追、走、钻。

这些动词都可以进入[V 来/去]构式，如“走”“跑”可以分别与“来”和“去”组合，大多数情况下需要在构式前添加表示方向的介词短语，如例（26a-c/e）“朝我的车”“向他”“往得月楼酒店”“向村东北角”等；有时独立出现，如例（26d）“有别的狗跑来”。这类构式也可以用于拟人句，表示一种抽象的位移，如例（26b）。

（26）a. 一个 50 岁上下的男人朝我的车**走来**。（卞庆奎《中国北漂艺人生存实录》）
b. 那一份美好爱情，悄然向他**走来**。（陈廷一《宋氏家族全传》）
c. 三口子随副官一起，往得月楼酒店**走去**。（李文澄《努尔哈赤》）
d. 间或有别的狗**跑来**，那大都是笨狗。（宗璞《鲁鲁》）
e. 柳丛里却爬出了一个瘦骨伶仃的老头儿，一溜烟向村东北角**跑去**。（刘绍棠《狼烟》）

可以与“来/去”搭配的位移动词除了可以表示位移方式外，还可以是趋向动词。汉语中的单个趋向动词有 10 个（陆俭明 2002），这 10 个趋向动词中大多数都可以与“来/去”搭配出现，只有“起”“开”这两个动词在现代汉语中很少与“去”搭配并独立出现，这样就产生了 14 个双音复合趋向动词：

上来、上去、下来、下去、进来、进去、出来
出去、回来、回去、过来、过去、起来、开来

这 14 个双音词既可以独立作谓语，也可以与位移方式动词搭配构成复杂[VP 来/去]构式，如“走”可以分别构成例（27a）的“走上来”、例（27b）的“走上去”、例（27c）的“走下来”、例（27d）的“走下去”。这样几乎所有的位移方式动词都可以与这些复合趋向动词构式搭配，从而更加丰富了位移事件的表达方式。

（27）a. ……他光着脊梁，**走上来**……（周立波《暴风骤雨》）
b. 小常知道那就是讲台，便**走上去**……（赵树理《李家庄的变迁》）
c. 两个人便从金生的窑顶上那条小山路上**走下来**。（赵树理《三里湾》）
d. ……所以不能信着自己的意儿就这么**走下去**。（老舍《四世同堂》）

2.［致使位移动词+来/去］

这一类位移动词指的是引发人或物发生位移的动词，包括拿取类动词、推拉类动词、携带类动词（如“带来”“带去”）、获取类动词（如“买来”“得来”）等。这些动词既可以与“来/去”搭配，也可以与复合趋向动词搭配，如“拿”可以构成如例（28a）的“拿来”、例（28b）的“拿出来”；“取”可以构成如例（28c）的“取来”、例（28d）的“取出来”。

（28）a. 小王**拿来**药膏和药布，两个人动手给他细心地包扎。（周立波《暴风骤雨》）
b. 不，是老爷吩咐，说现在就要**拿出来**。（曹禺《雷雨》）
c. **取来**铺盖，七号已站满了小脚大娘，等梅选用。（老舍《生灭》）
d. ……把刘先生的法宝**取出来**，包管闺房中呈祥和之气。（李宗吾《厚黑学》）

推拉类动词如“推”可以构成如例（29a）的“推来”、例（29b）的“推出去”；“拉”可以构成如例（29c）的“拉来”、例（29d）的“拉起来”。

（29）a. 杨喜田又用小车**推来**一盆花，一下使人又年轻了许多。（1994 年《人民日报》）
b. 同志，我去把你的车**推出去**！这院里的拐弯抹角我都摸熟了！（老舍《全家福》）
c. 说完，他又**拉来**一个电暖器，放在我的身边。（卞庆奎《中国北漂艺人生存实录》）
d. 李老人把孙七**拉起来**，赶上去。（老舍《四世同堂》）

“去”出现在一些持续性动作动词后，表示动作的继续，可以构成如例（30a）的“望去”、例（30b）的“读去”、例（30c）的“唱去”。

（30）a. ……将窗纸戳了一个窟窿，对里面**望去**。（张恨水《春明外史》）

b. 柳生见案上翻着一本词集，便从小姐方才读过处往下**读去**。（余华《古典爱情》）

c. ……只当眼前没有什么人，随了胡琴**唱去**。（张恨水《夜深沉》）

刘丹青（2017）指出，动趋式中一个动词只能带一个单纯趋向动词或由两个趋向动词复合而成的双音节趋向动词，如“起来、过去、上来、下去”等，与动结式的区别之一是：复合趋向动词有时被宾语隔开，动词后出现两个趋向成分，如“拿出一个包裹来”“走上台阶去”等，形式上比动结式多了一项，实际上是复合趋向动词的非连续形式。

3. [感言想类动词+来/去]

这里的感言想类动词包括与感官、言说、心理活动等相关的动词，感官类动词包括“看、听、闻、摸、尝”等。以“看”为例，既可以说“看来”，如例（31a），也可以说“看去”，如例（31b）。从上下文判断，二者在语义上没有什么差别。“看来”可以加“起”，如例（31d），“看去”可以加“上”，如例（31e），“看起来”与“看来”同义，“看上去”与“看去”同义。这四种表达方式都出现在说者对某事进行主观判断的表述中，从表面上看，它们提供了得出某一观点的证据或手段，即‘这是我看到的，不是问了别人或别人告诉我的’，所以说者后面的观点或结论就出于个人视角，而这四种表达方式成为表达说者主观认识的标记。它们一般位于主语之后，谓语之前，起到状语的作用，有时也可以位于句首，后面用逗号与句子主干部分隔开，如例（31c）。

（31）a. 鸿渐这孩子，自己白白花钱栽培了他，**看来**没有多大出息。（钱锺书《围城》）

b. ……发育不全，**看去**好像八九岁的孩子样……（周立波《暴风骤雨》）

c. **看来**，当初他们选你，是选对了。（土一族《从普通女孩到银行家》）

d. 已经四十来岁了，**看起来**还很年轻，头发还没有多少根白的。（老舍《西望长安》）

e. ……面貌白净，**看上去**也只有三十八九岁的样子。（曹禺《雷雨》）

在其他的感官动词中，“听”几乎可以同“看”一样，可以构成“听来、听去、听起来、听上去”，如例（32a-d），但是“听去”的语例很少且仅出现在个别作家的作品中，“听来”的语例稍多一些，但是最多的还是“听起来”。

（32）a. 我们怎么办呢？**听来**消息极坏！（茅盾《蚀》）

b. 突然，电话铃响了。唧令令那声音**听去**是多么焦急。（茅盾《子夜》）

c. ……6 辆车的车队，**听起来**蛮气派。（卞庆奎《中国北漂艺人生存实录》）

d. 如果你对他有不好的感觉，他**听上去**就很粗鲁。（姚明《我的世界我的梦》）

在 CCL 现代汉语语料库中，[看来/去]、[听来/去]及相关构式的出现频率参见图 7.1。[看来/去]的频率普遍高于[听来/去]，其中“看来”非常突出，比排名第二的“看起来”要高出 3 倍多，比“听来”高出 20 倍多。如果再跟其他三个感官动词的情况进行比较，“看来”的频率要高出它们几十倍。除了“看来”以外，与“起来”搭配的构式出现频率比较高，如“看起来”高于“看上去”和“看去”，“听起来”是“听”四个构式中出现频率最高的，高出“听来”0.5 倍，而“看去”“听去”分别是“看”“听”组构式中出现频率最低的。

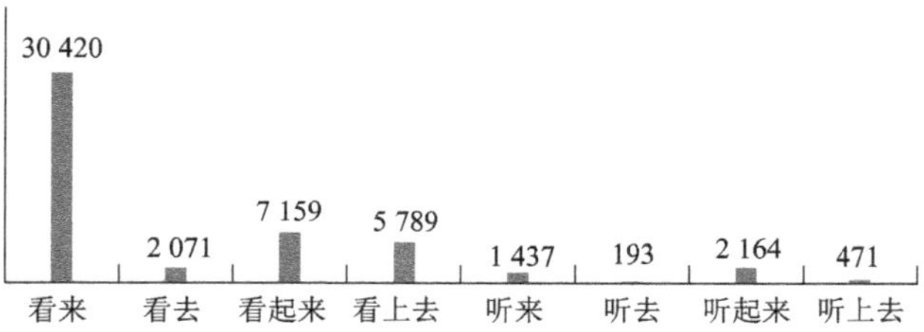

图 7.1　[看来/去]、[听来/去]及相关构式的出现频率

“摸、闻、尝”直接与“来/去”搭配出现的语例很少。“摸来”仅有 5 例，但都不是“摸”作感官动词的用法，如例（33d）的“摸来”指的是‘在不知道路线的情况下或在黑暗中摸索着找到某个地方’。尽管没有“摸去”和符合标准的“摸来”，但是有如例（33a）的“摸起来”、例（33b）的“摸上去”、例（33c）的“摸来摸去”的语例。

（33）a. 皮肤……**摸起来**那个感觉，让人酥到了骨头里。（卞庆奎《中国北漂艺人生存实录》）

b. 花盆**摸上去**很光滑。（土一族《从普通女孩到银行家》）

c. 我的女人，怎么能让他**摸来摸去**！（汪曾祺《陈小手》）

d. 我见他背上的汗浸出衣衫……就说：“你怎么**摸来**的？”（阿城《棋王》）

语料中没有发现“闻来”“闻去”的语例，只有如例（34a）的“闻起来”、例（34b）的“闻上去”、例（34c）的“闻来闻去”的语例。

（34）a. 你……今天**闻起来**怎么变得像是条刚从烂泥里捞出来的狗？（古龙《陆小凤传奇》）

b. 彼得的白衬衫**闻上去**是现烤出来的“贝狗”香味。（严歌苓《寄居者》）

c. 婆婆和玉喜对着宝宝的一坨大便仔细研究，**闻来闻去**，还对太阳瞅。（六六《双面胶》）

[摸来/去]、[闻来/去]及相关构式在CCL现代汉语语料库中的出现频率可参见图7.2。与“起来”搭配的“摸起来”“闻起来”的出现频率最高，其中“闻起来”比同组排名第二的“闻上去”高出5倍多。

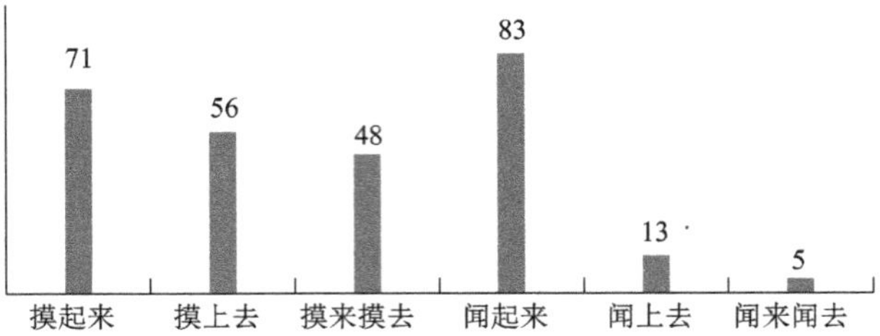

图7.2 [摸来/去]、[闻来/去]及相关构式的出现频率

语料库中“尝来”的语例仅有3例，其中2例出现在翻译作品中；“尝去”仅有1例，即例（35a）；“尝尝去”有3例，如例（35b）；“尝起来”有11例，如例（35c）；没有“尝上去”的语例。

（35）a. 入口那个滋味，没词了，只好请你自己**尝去**！（2000年《人民日报》）

b. 我今天也要送些给我们的姑奶奶**尝尝去**……（鲁迅《社戏》）

c. 好酱油往往有一股浓烈的酱香味，**尝起来**味道鲜美。（新华社2001年新闻报道）

从图7.1、图7.2的两组数据中，笔者发现在[感官类动词+来/去]构式中，“看来”出现的频率极高，语义上发生泛化。例如，在“鸿渐这孩子，自己白白花钱栽培了他，看来没有多大出息”一句中，“没有多大出息”这一结论并不一定是“看”来的，而是“分析推断”出来的，这里的“看来”已经脱离其字面义或词汇本义，发生泛化，适用于更多语境，而且其句法位置更加灵活，既可以出现在主谓之间，也可以出现在句首，还可以后接语气词或用逗号与句子主干部分隔开，成为类似“我看”、I think一类的话语标记。

另外，除了“看来”，在其余[感官类动词+来/去]构式中，[感官类动词+起来]构式的出现频率最高，高过了[感官类动词+来]构式，也高过了[感官类动词+上去]构式，更高过了频率最低的[感官类动词+去]构式。从经济原则的角度看，这一点并不符合语言使用的普遍规律，即短词一般比长词更受欢迎，而这里语言使用者却更多地选择了“听起来、摸起来、闻起来、尝起来”而不是“听来、摸来、闻来、尝来”。这一类构式后面一般都要接结果补语，如“摸起来很光滑”“尝起来味道鲜美”，“很光滑”“味道鲜美”是“摸”“尝”之后得出的结果或结论。然而，“摸”“尝”这样的动作并不是一蹴而就的，一般需要一定时间去体会；而“摸来”“尝来”在结构和韵律上比较紧凑，与“摸”“尝”这样的动作性质和“很光滑”“味道鲜美”这样的结果搭配起来不够协调；而“摸起来”“尝起来”让说者和听者都感受到了一种过程，让结论显得自然而然，更好地满足了交际双方的需求。

表示言说的动词主要是“说”“讲”，其中“说来”经常以“一般说来、大体说来、严格说来、总的说来、如此说来”等形式出现，属于话语标记，引出话语主要内容，省略后句子的命题义不受影响，如例（36a/b）。“说来”还出现在四字构式中，如“说来话长、说来奇怪、说来也怪、说来也巧、说来惭愧、说来可气”等，这些四字构式通常位于句首，引出说话的主要内容，如例（36c）。“说来”也可以独立出现，通常位于句首，如例（36d/e），不属于语句的命题部分，省略后并不影响语句的命题义，表达说者对将要陈述的内容的主观态度，标示以下所述观点属于说者的推断，不一定完全都是事实，所以这里的“说来”与“看来”“想来”类似，主要表示一种情态意义。

（36）a. **一般说来**，小农具量大利微，愿干者不多。（1994 年《人民日报》）
b. 因为**严格说来**，……我觉得很难说谁比谁更高出一大块。（1998 年《人民日报》）
c. **说来话长**，苏州的委屈，2000 多年前已经受了。（余秋雨《白发苏州》）
d. **说来**人家大立也真够惨的了……（陈建功、赵大年《皇城根》）
e. 王短腿这续弦的媳妇儿，**说来**跟你倒还有几分关系。（刘心武《贾元春之死》）

“讲来”的语例没有“说来”多，有些用法与“说来”相同。例如，“讲来”也出现在如例（37a）的“一般讲来”、例（37b）的“简单讲来”以及“大体讲来”等构式中，属于话语标记，引出话语的主要内容，省略后句子的命题义不受影响。尽管“讲来”与“说来”相比意思相同，但“讲来”还不能单独位于句首，更多的语例类似例（37c），出现在介词短语（如“以我这半日的经验”）之后，表示说者分析问题的视角。

（37）a. **一般讲来**，私奔、离婚、家庭纠纷，大家不大注意。（梁实秋《雅舍菁华》）
b. 简单**讲来**，中国的哲学，可说是注重……（林语堂《世相物语》）
c. 苏州的建筑，以我这半日的经验**讲来**，进门的地方，都是……（郁达夫《苏州烟雨记》）

在表示心理活动的动词中，能与“来”搭配的有“想”“算”，如“想来、想起来、算来、算起来”等，而与“去”搭配的只有“想来想去”“算来算去”，没有“想去”“算去”单独出现的语例。例（38a/b）的“想来”位于句首，与句子主干部分隔开，从本义上看，“想来”说明了说者将要陈述内容或观点的来源，这里的“想来”可以用“我想”这样的话语标记来替换，表示说者对所述内容的主观判断或态度；在句法地位上，此处的“想来”相当于插入语，即使省略，后面语句的命题义也不会变，如例（38b）“想来王团长也会同意的”和“王团长也会同意的”命题义相同。然而，例（38c/d）中的“想起来”却还是在表达词汇本义，没有泛化为表示说者主观态度的迹象。

（38）a. **想来**，刘招华不过是……（胡玥、李宪辉《女记者与大毒枭刘招华面对面》）
b. **想来**王团长也会同意的！（陈廷一《宋氏家族全传》）
c. 俺**想起来**了，俺临走时，才发现老哈西的床上……（李文澄《努尔哈赤》）
d. 十多年前那回事，我到今天还没忘，**想起来**心里就不痛快！（老舍《茶馆》）

同样，“算起来”也基本上是表达词汇本义，如例（39a）；“算来”后接数量短语，也是表达‘计算’的词汇本义，如例（39b），但用在别的语境时，其意思与“想来”差不多，而且也位于句首，隐含说者对所述内容的主观肯定程度，如省略如例（39c/d）中的“算来”，不会影响语句的命题义。

（39）a. 其间耳闻目睹的所谓国家大事，**算起来**也很不少。（鲁迅《一件小事》）
b. 老哥哥离开我家，**算来**已经足足十年了。（臧克家《老哥哥》）
c. 只是今天没来由惹梅丽生气，**算来**竟没有一个人应该负这责任。（茅盾《蚀》）
d. 双星……**算来**我们比双星还快活多了。（许地山《海角的孤星》）

综合上述三类构式的语用、语义和句法特点，笔者认为，[位移动词+来/去]构式和[致使位移动词+来/去]构式中的“来”和“去”为趋向动词。[感言想类动词+来/去]构式中的“看来”已经词汇化为表示说者主观认识情态的话语标记，其他的[感官动词+来/去]构式更多的是表达词汇本义；[言说动词+来/去]可以接单字、双音词、四字词等，在语句中可以充当话题标记，其构词组句能力较强；[心理活动动词+来/去]中的“想来”也已经词汇化为表示说者主观认识情态的话语标记，其他的[心理活动动词+来/去]构式还是表达词汇本义。也就是说，“看来”“想来”这样的[V 来]构式一般表示语句的命题义或说者的观点和结论是如何得来的，隐含说者对某一命题、观点的主观判断或肯定程度，尤其与“一定、似乎”等也表示主观判断的状语搭配出现时，这种主观义更加明显。

7.3.2 [V 来/去]的词汇化

现当代汉语中的[V 来]、[V 去]构式从结构上属于动趋式，即“来”和“去”出现在行为动词（及物或不及物）之后，表示人或物发生空间位移趋向。梁银峰

（2008）指出，汉语的动趋式形成于六朝至唐代的中古汉语时期。基于上一节对现当代汉语中[V来]、[V去]构式的归纳和描写，这里分别对三类[V来/去]构式，即[位移动词+来/去]、[致使位移动词+来/去]、[感言想类动词+来/去]的词汇化进行历时描写与分析。

1.[位移动词+来/去]的词汇化

例（40a/b）的"飞""逃"是位移方式动词，"来"表示位移方向，即朝向说者的位移运动。"飞来"一词将'朝着说者方向飞行'这一概念进行编码，表示单纯的位移；"逃来"将'逃离（齐国）朝说者所在地而来'这一概念进行编码。例（40c）的"驰"的本义是'赶着马快跑、驱马进击'，例（40d）的"遁"的本义是'逃'，"驰""遁"都包含位移方式信息，"去"表示位移方向，即背向说者所在地的位移运动，"驰去""遁去"分别将'驱马奔去''逃跑离去'的概念进行编码。除了位移方式动词外，其他趋向动词也可以进入[V来/去]型构式。

（40）a. 言其临至时，辄有双凫从东南**飞来**。（东晋　干宝《搜神记》）
b. 郑詹自齐**逃来**。（《左传·庄公十七年》）
c. 单于遂乘壮骑可数百，直冒汉围西北**驰去**。（西汉　司马迁《史记·卫将军骠骑列传》）
d. 从弟洪以马与太祖，得夜**遁去**。（西晋　陈寿《三国志·魏书·武帝纪》）

例（41a-b）的"出来""起去"分别是趋向动词"出""起"与"来""去"构成的复合趋向构式，表达比较复杂的位移方向信息。"出"表示从某一场所内部向外部移动，"来"指示说者所在地在这一场所外部的某一位置，所以"出来"包含两层位移方向信息：一是从某一场所内部向外部移动；二是朝向该场所外部说者所在位置的移动。在复合趋向动词构式的基础上再添加表示位移方式的动词，如例（41c）的"跑出来"、例（41d）的"飞上去"，不仅包含两层趋向信息，还包含位移方式信息。

（41）a. 汝速**出来**，与汝好鼻。（南朝　求那毗地译《百喻经·为妇贸鼻喻》）
b. 雪峰便**起去**。（宋　释道原《景德传灯录》）
c. 金龙抱着他的收音机，从他的洞房里，跌跌撞撞地**跑出来**。（莫言《生死疲劳》）
d. 从下水道钻进地下室，然后摸上楼梯；乘着风筝**飞上去**。（王小波《青铜时代》）

2.[致使位移动词+来/去]的词汇化

表示'携带、获取、迎送'等意义的行为动词与"来"和"去"搭配出现，表示在实施这些行为动词的基础上伴随人或物的移动，如例（42a）“持”的本义是‘拿着、握住’，也有‘携带’的意思，“来”表示“持”的动作发生的方向，“持来归家”即‘携带着这些沉香木回到家里来’，随着携带动作的完成，长者之子和沉香木都发生了朝向家方向的位移。

（42）a. 昔有长者子，入海取沉木。积有年载，方得一车，**持来**归家，诣市卖之。①（南朝 求那毗地译《百喻经·入海取沉水喻》）

b. 汝止有一手，那得遍笛？我为汝**吹来**。（南朝 刘义庆《幽明录·代郡亭》）

c. 小姐听了“没命”二字：“呀呀呸，休出不吉之言，送你**下去**！”（清末《靖江宝卷》）

d. 我格篮子忒河里去格，哨点帮我捞**上来**！（清末《靖江宝卷》）

类似“持来”的这种用法，可以扩展到其他行为动词上。在例（42b）的“我为汝吹来”中，“吹”除了表示动作之外，还有‘朝向某一方向（吹）’或‘为某人（吹）’的含义，这里的“来”并不表示实际的位移或位移趋向，而是表示以听者的视角来“吹”，对于听者来说，“吹”是朝向他/她本人，突出说者的视角和说/听双方的交互视角，隐含主观义和人际主观义。这一方法也扩展至感官、言说、想猜类动词，这类动词将在下面进行具体分析。同时，这一类动词还可以与复合趋向构式搭配，如例（42c）的“送你下去”、例（42d）的“捞上来”，既编码了行为动作，又比较详细地编码了动作方向。

3. [感言想类动词+来/去]的词汇化

“来”表示位移、趋向的意义淡化，可以在更多语例中体现。例如，例（43a-c）的“看来”确实是表示视觉感官上的“看”，但是“来”并不是表示位移，这里的“看来”相当于现当代汉语中的“看起来”“看上去”，表示通过“看”感知某种景象或场景，后接谓词性宾语或小句；例（43d）的“看来”却跟视觉上的“看”没有关系，而是表示认知上的感知、对事物的认识和判断，也就是说，“看来”的含义从具体的视觉领域扩展至抽象的认知领域；例（43e）的“恁地”（有时也写作“恁的、恁底”）相当于现当代汉语中的“这么、这样、如此”，此句的“看来”表示说者在某种条件（“天包地，其气无不通”）下所做出的主观判断（“浑只是天了”）。

（43）a. 遥夜**看来**疑月照，平明失去被云迷。（唐 方干《东山瀑布》）②

① 此语例的意思是：‘昔日有位长者的儿子到海中打捞沉香木，积累了一年，才得到一车沉香木，他把这些沉香木运回家，到集市上去卖。’

② 例（43a/b/d/e）、例（44a-c）引自李宗江（2008：149-151），例（43c）引自梁银峰（2009：420）。

b. 亦有思归客，**看来**尽白头。（唐 项斯《苍梧云气》）
c. 与摩举扬，背地**看来**，却成返仄。（南唐《祖堂集·长庆和尚》）
d. 而今学者**看来**，须是先晓得这一层，却去理会那上面一层方好。（宋 黎靖德《朱子语类》）
e. 天包地，其气无不通，恁地**看来**，浑只是天了。（宋 黎靖德《朱子语类》）

例（44a）的“看来”出现在主语位置上，其实是承前接“墓志”，所以也是出现在主语和谓语之间，起到状语的作用，表示说者的主观判断。有时“看来”前接第一人称单数代词，如例（44b）的“某看来”，即‘我看来’（“某”为“我”的谦称）；也可以在前面出现介词“据、以、待、在、依、就”等，如例（44c）的“据某看来”。在语用功能和句法结构上，例（44b/c）的“某看来”“据某看来”与例（44a）的“看来”相等，这种用法保留至现当代汉语中，既可以出现在主语与谓语之间，如例（44d），也可以出现在句首，如例（44e）。

（44）a. 李舜举永乐败死，墓志说得不分不明，**看来**是不敢说。（宋 黎靖德《朱子语类》）
b. **某看来**，诗三百篇，其说好底，也要教人“思无邪”。（宋 黎靖德《朱子语类》）
c. 如河豚诗，当时诸公说道恁地好，**据某看来**，只似个上门骂人底诗。（宋 黎靖德《朱子语类》）
d. 你老**看来**是个行家，你给看看。（汪曾祺《八千岁》）
e. **看来**，“在花家舍，蜜蜂都会迷了路”这句话绝非虚语。（格非《江南三部曲》）

在传统语法上，当‘思考’讲的“想”被称作心理活动动词，它的前面也可以出现副词，如例（45a）的“我仔细想来”，也可以充当语句的谓语，如例（45b）的“我老夫想来”。“想来”后面接思考的内容，如例（45a），有时也接思考的结果/结论，如例（45b）。当“想来”出现在句首时，如例（45c-e），其后接说者的某一结论或观点，表示说者对该观点的肯定程度，尤其其后接“必定”等表示主观判断和肯定程度的副词时，如例（45d）的“想来必定标致”，“想来”的这一主观义就会更明显。

（45）a. 我仔细**想来**，他有这等好意，怎生辜负了他？（元 杨景贤《马丹阳度脱刘行首》）
b. 我老夫**想来**，药死丈夫，恶妇人也，常有这事。（元 李行甫《包待制智赚灰阑记》）
c. 你这个月底。能到北京么。……**想来**也可到了。（元《老乞大新释》）

d. 是在行得紧，世间无此妙人。**想来**必定标致，可惜未能勾一见!（明 抱瓮老人《今古奇观》）

e. 在这个时候，提个醒，**想来**不算多余吧？（1998年《人民日报》）

言说类动词的代表为“说”,“说来”的本义相当于现当代汉语中的“说出来”,如例（46a）。当用在例（46b）的语境中时，“如此说来”更像是表示说者根据上文所述情况所做的主观推断，后接“一定是我的徒弟了”使“如此说来”标示主观义的作用更加清楚。“说来”的前面也可以出现介词短语，如例（46c）的“据他邻里说来”，表示介词之后的人物所持的观点。例（46d/e）的“说来”则起到了副词的作用，表示说者的主观态度，可以出现在主语和谓语之间，如例（46d），也可以出现在句首，如例（46e），省略后语句的命题义不变。

（46）a. 有计但知**说来**，一任与娘子鞭耻。（五代《敦煌变文·舜子变》）

b. 老和尚见说，便道：“如此**说来**，一定是我的徒弟了。”（明 冯梦龙《醒世恒言》）

c. 小婿初时，还只道是被人诬陷。**据**他邻里**说来**，却真有这事。（明 冯梦龙《醒世恒言》）

d. 范生道：“此事**说来**尤其叫人为难。”（清 石玉昆《三侠五义》）

e. **说来**似乎令人无法相信，但这是事实……（1995年《作家文摘》）

综上所述，这里分别对[位移动词+来/去]、[致使位移动词+来/去]、[感言想类动词+来/去]这三种构式的词汇化进行了历时描写与分析，笔者发现[位移动词+来/去]、[致使位移动词+来/去]构式，以及部分[感言想类动词+来/去]（如“闻来、摸来、说去”）都以双音词的形式将某一行为进行编码，在这一词汇化的过程中，“来”和“去”的位移义和趋向义逐渐淡化，起到了类词缀的作用，而以“看来、说来、想来”①为代表的[感言想类动词+来/去]构式在词汇化的过程中，不仅“来”和“去”的位移义和趋向义淡化，而且“看来、说来、想来”在主要表达说者的主观判断或对某一观点的肯定程度时，其句法位置更加灵活，可以出现在主谓之间，也可以位于句首，起到状语的作用，省略后句义不变。

7.4 位移构式[来/去 NP]的词汇化

[来/去 NP]构式是由“来/去”和表示处所、时间的名词构成的，“来/去”位于NP前，一般对NP起修饰、限定的作用，有时与NP构成动宾关系。

① 李宗江（2008）对这三个双音词的虚化和主观化做了专文讨论。

7.4.1　[来/去 NP-location]构式

[来/去 NP-location]构式是由“来/去”和表示处所、地点、路线的名词构成的，“来/去”位于NP前，一般对NP起修饰、限定的作用，有时与NP构成动宾关系，如以下示例。

1. [去世]与[来世]

本义为‘离开’的位移动词“去”表示单纯的位移，后接表处所的名词短语作宾语，形成[去 NP-location]构式，如例（47a-c）的“去世”，即‘人死去’的委婉语，古今通用。

（47）a. ……异日在他处闻禅师**去世**，哭之甚哀。（唐 李肇《唐国史补》）
b. 小人到家，老夫人已**去世**了。（明 无名氏《运甓记·剪逆闻丧》）
c. 鲁迅先生的**去世**是十月十九日的黎明……（邹韬奋《伟大的斗士》）

然而，“来世”表示‘后世、后代’，这里的“来”承接名词修饰语，表示‘将要到来的’，如例（48a/b）；有时也表示‘人死后会重新投生’（佛教轮回的说法），所以转生之世也可被称为“来世”，如例（48c）。

（48）a. 化当世，莫若口；传**来世**，莫若书。（唐 韩愈《答张籍书》）
b. 无为末士感，永贻**来世**嘲。（清 黄景仁《城南晚步》）
c. 因为他身世孤苦，为要修福**来世**，他的行为用心，确实……（吴组缃《山洪》）

2. [去处]与[来处]

“去处”表示‘去的地方’，如例（49a/b），有时也表示‘场所、地方’，如例（49c/d）。

（49）a. 愁来无**去处**，只上郡西楼。（唐 岑参《题虢州西楼》）
b. 在痛苦的思索中两个人只是不停地走，没有一定的**去处**。（巴金《死去的太阳》）
c. 师父，此间是什么**去处**？（明 吴承恩《西游记》）
d. ……上海除了高楼大厦之外，还有这么一些**去处**。（周海婴《重回上海忆童年》）

然而，“来处”表示‘所来的地方’，如例（50a/b），有时也表示‘来历、出处’，通常指引文或典故的来源，如例（50c/d）。例（50b）的“你来处来，去处去”，即‘你从来的地方来，去向你去的地方’，这里的“来处”与“去处”对举，意思更明显。

（50）a. 云边野客穷**来处**，石上寒猿见落时。（唐 郑谷《石门山泉》）
b. 你**来处**来，**去处**去，休迷了正道。（元 马致远《任风子》）
c. 老杜作诗，退之作文，无一字无**来处**。（宋 黄庭坚《答洪驹父书》）
d. 今人诗句多用未渠央事，往往不究**来处**。（宋 王楙《野客丛书·未渠央》）

3.［去路］与［来路］

“去路”表示‘前进的道路、去某处的道路’，如例（51a/b），也表示动作‘上路’，如例（51c），或比喻化为‘去的地方、出路’，如例（51d）。

（51）a. 积云开**去路**，曙雪叠前峰。（唐 项斯《汉南遇友人》）
b. 他拦住她的**去路**，要倾诉他的满腹情愫。（俞天白《危栏》）
c. ……教俺们来催发他，一同**去路**。（明 徐渭《雌木兰》）
d. 山中虽好，不是久住之乡，还要替他想个**去路**。（清 李渔《比目鱼·赠行》）

“来路”表示‘向这里来的道路’，如例（52a/b），也表示‘经济、人力等的来源’，如例（52c），或表示‘来历’，如例（52d/e）。

（52）a. 红虾青鲫紫芹脆，归去不辞**来路**长。（唐 许浑《沧浪峡》）
b. 那边，是县里援兵的**来路**，也是容易切断胡子归路的地方。（周立波《暴风骤雨》）
c. 只是绝无**来路**，两口饭食不给，惟恐养他不活……（明 凌濛初《二刻拍案惊奇》）
d. 人见他走得差了，**来路**跷蹊，报于庄上官人们来捉他。（元末明初 施耐庵、罗贯中《水浒传》）
e. 你这驴**来路**不明，我不敢要了！（赵树理《三里湾》）

7.4.2 ［来/去 NP-time］构式

［来/去 NP-time］构式是由“来/去”和时间名词构成的，“来/去”位于时间名词前，对时间名词起修饰、限定的作用。一般情况下，［去 NP-time］表示过去的时间，［来 NP-time］表示将来的时间。

1.［去日］与［来日］

“去日”，即‘已过去的岁月’，如例（53a/b）；“来日”表示‘明日、次日’，如例（53c）。

（53）a. 对酒当歌，人生几何，譬如朝露，**去日**苦多。（东汉 曹操《短歌行》）

b. **去日**已去不可止，来日方来犹可喜。（明 高启《忆昨行寄吴中诸故人》）

c. 商议已妥，只待**来日**动手。（明 冯梦龙《醒世恒言·三孝廉让产立高名》）

然而，“来日”有时也表示‘过去的日子’，如例（54a）的“来日”与“今日”对举，说明“来日”是“今日”之前的日子；从上下文可推知例（54b）的“来日”也指‘过去的日子’。

（54）a. **来日**大难，口燥唇干。今日相乐，皆当喜欢。（北宋 郭茂倩《乐府诗集》）

b. **来日**安榴花尚稀，压墙丹实已垂垂。（北宋末南宋初 陈与义《和王东卿》）

c. **来日**苦短，去日苦长。（晋 陆机《短歌行》）

d. 且喜此关一过，**来日**方长……（冰心《寄小读者》）

这种既可以指将来又可以指过去的用法是“来”的一个特点，也是汉语学习的一个难点，尤其在例（54c）中，“来日苦短，去日苦长”是‘未来的日子非常短暂，过去的日子长且难熬’的意思，而例（53a）的“譬如朝露，去日苦多”表示‘（人生）好比晨露转瞬即逝，逝去的日子实在太多’。同指‘过去的日子’，“来日”和“去日”就产生了语义重合，又因“来日”还有“将来的日子”的意思，所以“来日”和“去日”在语言表达和理解上就会出现混乱。不过，语言使用者在这一方面应该起了重要作用，因为自宋代以后，“来日”表示‘过去的日子’的用法已经非常少见，只留下如例（54d）“来日方长”等表示“将来的日子”的用法。

2. [去年]与[来年]（[去岁]与[来月]）

“去年”指刚过去的一年，如例（55a/b），“来年”指明年，如例（55c/d），二者都可以作时间状语，如例（55a/c），也可以作定语，修饰名词短语，如例（55b/d）。

（55）a. **去年**白帝雪在山，今年白帝雪在地。（唐 杜甫《前苦寒行二首》）

b. **去年**的收成听说很好。（丁玲《奔》）

c. 今瑞雪频降，**来年**必丰。（唐 韩愈《御史台上论天旱人饥状》）

d. 预计**来年**的收成，定比今年更好！（曹靖华《飞花集·风物还是东兰好》）

“去岁”也指去年，如例（56a），“来月”指下月，如例（56b），二者一般只作时间状语。在现当代汉语中，“去岁”“来月”的语例已不多见。

（56）a. **去岁**荆南梅似雪，今年蓟北雪如梅。（唐 张说《幽州新岁作》）

b. 此间学堂俱已开学，但须待**来月**方可上课也。（苏曼殊《与刘三书》）

7.4.3 [来/去]构式

“来”和“去”可并列出现，“来去”“去来”都表示‘来和往’，但二者都有各自特殊的含义。“去”还与其反义词、同义词搭配出现，也构成一种并列结构，如“去留”“去失”。

1. [去来]与[来去]

“去来”“来去”都表示‘来和去、往来、往返’，如例（57a/b），在句中一般作表示位移的主动词。

（57）a. 各令骑将六人**去来**挑战，步兵更进退以相拒击。（北齐 魏收《魏书·礼志四》）

b. 若能映斯照，万象无**来去**。（晋 鸠摩罗什《十喻诗》）

“去来”还表示‘离去而又归来’，如例（58a），有时表示‘离去’，如例（58b），“来”为语气助词。

（58）a. 与王兴居**去来**，亦赦之。（西汉 司马迁《史记·孝文本纪》）

b. **去来**今何道，卑贱生所钟。（南朝宋 鲍照《代陈思王白马篇》）

“去来”也表示‘过去和未来’，如例（59a），常见于佛教典籍中，有时还出现“去来今”，如例（59b），也是佛教用语，指‘过去、未来、现在’。

（59）a. 但有**去来**无现在，无穷生灭看香烟。（清 黄遵宪《己亥杂诗》）

b. 三过门间老病死，一弹指顷**去来今**。（宋 苏轼《过永乐文长老已卒》）

“来去”也有一些独特的用法，如例（60a）的“来去”偏指‘去、回去’，例（60b）的“来去”指‘交往’，例（60c）的“来去”表示‘来龙去脉、来由’，例（60d）的“来去”表示‘左右、上下’（概数）。

（60）a. 苍生望已久，**来去**不应迟。（唐 岑参《送严黄门拜御史大夫再镇蜀川兼觐省》）

b. 自从小年夫妻，都无一个亲戚**来去**。（明 洪楩《清平山堂话本·简帖和尚》）

c. 这小鬼头倒说的有个**来去**。（元 无名氏《度柳翠》）

d. 隔不的丈尺**来去**，孙立却跳将起来，大喝一声。（元末明初 施耐庵、罗贯中《水浒传》）

2. [去失]与[去留]

表示离开的“去”也有‘失去、损失’的意思，如例（61a）的“去失”为同义并列结构，“去”即‘失’；后来还有‘丢失’的意思，如例（61b）。这一双音词没有沿用到现代汉语中。

（61）a. 鸿乃寻访烧者，问所**去失**，悉以豕尝之。（南朝 范晔《后汉书·逸民传·梁鸿》）

b. ……年来不为用心关防，多有**去失**文凭籍历。（《元典章·吏部八·案牍》）

“去留”表示‘离去或留下’，如例（62a/c），也指‘离去者或留下者’，如例（62b）。

（62）a. 今归行在所，王事有**去留**。（唐 杜甫《送韦十六评事充同谷判官》）

b. 春风满路，堤边杨柳，难系**去留**情。（元 刘忠之《太常引送郭复齐词》）

c. 高大成并不关心她们的**去留**。（李英儒《野火春风斗古城》）

“去留”还表示‘取舍’，如例（63a），也引申为‘成败’，如例（63b），或‘生死’，如例（63c）。

（63）a. 考殿最于锱铢，定**去留**于毫芒。（晋 陆机《文赋》）

b. 今吾事之**去留**在张君。（西汉 司马迁《史记·范雎蔡泽列传》）

c. 齐万物兮超自得，委性命兮任**去留**。（三国魏 嵇康《琴赋》）

综合上述[来/去 N]双音词的词汇化过程，共有三种方式：①“来/去”和表示处所的名词短语组合，构成偏正式或动宾式；②“来/去”和表示时间的名词短语组合，构成偏正式；③“来”和“去”（也包括二者的同义词和近义词）直接组合，构成并列式。[来/去 NP]构式的词汇化受语言内部的双音化影响，同时也受来自语言外部的省力原则的驱动。

7.5　小　　结

本章主要考察和描写汉语位移构式演变中的词汇化现象，分析和讨论了[NP来]构式、[VP 来/去]构式、[来/去 NP]构式的词汇化过程。

笔者认为，[自 NP 以来]构式缩略成[N 来]，一是受省力原则的驱动，语言使用者为了交际方便，选择比长词更省时省力的短词；二是受汉语双音化的影响，汉语词汇向双音方向发展，这一点可以从[N 来]出现的时间段得到佐证。[N 来]具有能产性，表示时段或时点的名词都有可能进入这一词汇化模式，在类推的作用下，出现更多的表示时间的[N 来]构式。

随着更多的[NP 来]双音词的出现，“来”的构词能力逐渐增强，这时的“来”虽然仍保留着表示时间行进方向的含义，但在词法功能上更多地起到了补充音节以构词的作用，相当于一个类词缀；“来”适用的语境也有所扩展，除了与时间名词搭配出现外，“来”还出现在表示范围的副词后面，这里的“来”没有实际意义，完全是充当一个构词成分。[X 来]的词汇化受频率效应的影响，先是出现语义上的模糊、泛化，继而功能属性发生变化，由原来的名词短语演变为副词，或是由原来的动词短语演变为表示时间的名词。语义的泛化和句法属性的变化说明[X来]构式已发生词汇化。

[VP 来/去]构式以双音词的形式将某一行为进行编码，在这一词汇化的过程中，“来”和“去”的位移义和趋向义逐渐淡化，起到了类词缀的作用，而以“看来、说来、想来”为代表的[感言想类动词+来/去]构式在词汇化的过程中，不仅“来/去”的位移义和趋向义淡化，而且“看来、说来、想来”在主要表达说者的主观判断或对某一观点的肯定程度时，其句法位置更加灵活，可以出现在主谓之间，也可以位于句首，起到状语的作用，省略后句义不变。

[来/去 NP]构式的词汇化也受省力原则的驱动和汉语双音化的影响，“来/去”与表示时间、处所的名词之间构成偏正或动宾关系。“来”和“去”组合本身可构成一个双音词，在不同的语境中有不同的含义。

第 8 章

位移构式演变过程中的习语化现象

8.1 引　　言

英汉位移构式在演变过程中存在习语化现象。本章将分别对[COME⁺]构式、[GO⁺]构式、[XX 说来]构式、[XX 来说]构式、[说来 XX]构式、[越来越 X]构式、[V 来 V 去]构式的习语化进行考察和分析。

8.2 [COME⁺]构式的习语化

[COME⁺]构式的习语化现象主要涉及[COME NP]构式、[COME ADJ]构式、[COME X COME Y]构式，这里将分别对这三组构式进行描写和探讨。

8.2.1 [COME NP]构式

从句法序列上看，[COME NP]构式中的 come 很像是一个及物动词，后面直接跟名词短语作宾语①，可以直接跟在 come 后面的 NP 仅限于表示位移路线或距离的名词或名词短语，表示单纯的位移。例如，例（1a-d）[COME NP]构式中的 NP 分别为 way、road 这种表示位移路线的名词短语，以及 mile 这种表示位移距离、路程的名词短语。

（1）a. **Come** your waies.（*a*1616 Shakespeare *As You Like It* [1623] i. ii. 197）
b. The road you **came**.（1773 O. Goldsmith *She Stoops to Conquer* i. 13）
c. They are **coming** this way.（1773 O. Goldsmith *She Stoops to Conquer* i. v）
d. We have **come** many miles by train.（1891 *N.E.D.* at *Come, Mod.*）

[COME NP]构式还衍生出其他习语式用法，如 come it，相当于 come out with

① *OED* 将这种宾语称为状语宾格（adverbial accusative），也就是说，这里的 NP 起到状语作用，并以宾格的形式出现（参见 come 词条）。

it，表示‘行使某人职责、扮演某人角色’，这个习语的后面接副词，可以起到修饰限定的作用，如例（2a）的 pretty well、例（2b）的 a little too strong。

（2）a. I can **come** it pretty well …（1839 Dickens *Nicholas Nickleby* xxiii. 219）
b. That is **coming** it a little too strong.（1888 J. McCarthy & R. C. Praed *Ladies' Gallery* I. ii. 48）
c. Don't **come** that dodge over me.（1865 J. Hutton *Bitter Sweets* xxii）
d. Don't **come** tricks here.（1873 *Slang Dict.* [at cited word]）

[COME NP]构式中的 NP 还可以是 dodge、trick、bully 等名词，如例（2c/d）的 come the dodge/trick 在晚期现代英语中也比较常见，表示‘耍花招’，以及例（3a）的 to come the bully over me 表示‘在我面前装恶霸’。NP 还可以出现在其他一些类似习语中，如例（3b），come 在这些习语中有‘装出……的样子’的意思；例（3c）的“come … cropper”表示‘摔跟头、失败’。NP 还可以是表年龄的名词短语，表示‘将满……岁’，如例（3d）。

（3）a. If you try to **come** the bully over me.（1850 *Tait's Edinb. Mag.* Nov. 691/1）
b. … he'd **come** the old green-eyed monster.（1962 C. Watson *Hopjoy Was Here* ix. 96）
c. … enjoy watching them **come** the inevitable cropper.（1951 T. Rattigan *Who Is Sylvia?* i. 230）
d. A young Fellow as I am, just **coming** four and twenty.（1778 *Learning at a Loss* I. 58）

8.2.2 [COME ADJ]构式

在[COME ADJ]构式中，come 表示‘成为、变成（某种状态）’，后接表语，可以出现在表语位置上的有形容词、分词、名词，因为以形容词居多，所以用 ADJ 概括其他词性。例（4a-d）的表语分别为形容词、名词、过去分词、形容词比较级。

（4）a. Tell me how this man **came** dead.（1594 T. Lodge & R. Greene *Looking Glasse* sig. D3）
b. So **came** I a widow.（1600 Shakespeare *Henry IV, Pt. 2* ii. iii. 57）
c. The brown paper parcel had '**come** untied.'（1836 Dickens *Pickwick Papers* xxii. 227）
d. It may **come** easier afterwards.（1889 M. Oliphant *Poor Gentleman* III. iv. 62）

[COME ADJ]构式还产生了一些习语式用法，如例（5a-e），常见的有 come true‘成真’、come hell or high water‘克服万难’、come clean‘坦白’、come undone‘没做成（也指一事无成）’、come unstuck‘没粘住、松开（引申为彻底失败）’。

（5）a. His prophecy had **come** true.（1879 M. J. Guest *Lect. Hist. Eng.* xxi. 206）
b. … **come** hell or high water, they build 'em.（1939 A. Keith *Land Below Wind* i. ii. 26）
c. Spill the beans. **Come** clean on the whole game.（1928 *Daily Express* 10 Oct. 6）
d. … it is said to be 'a good thing **come** undone'.（1922 *N. & Q.* 9 Sept. 207/2）
e. He always managed to **come** unstuck.（1936 *Punch* 14 Oct. 439/2）

以上习语大部分沿用至当代英语，其中[COME ADJ]构式还衍生出 as ADJ as they come 的用法，表示'像已有的类型或样子'或'就像所有的……都应该有的那样'，如例（6a/b），这一成语在当代英语中表示'极、非常'，用来强调程度。

（6）a. If you want a … I expect he's **as good as they come**.（1954 C. P. Snow *New Men* 280）
b. The new … was educated at Oxford and is **as traditional as they come**.

8.2.3 [COME X COME Y]构式

英语中的 come what may, or will（come what might, or would 用于过去时）在法语、意大利语、德语中都有相似的表达方式，意思是'无论发生什么、不管怎样'。这一习语式构式衍生出[COME X COME Y]构式，如例（7a/d）的"come weel/weal, come woe"，即'无论来的是福是祸'；例（7b）Come what come will，即'无论发生什么'；例（7c）"come wind, come weather"，即'无论出现什么困难'。

（7）a. **Come** weel **come** woe, I care na by.（1787 R. Burns *Poems* [new ed.] 324）
b. **Come** what **come** will, You have …（1843 R. Browning *Blot in 'Scutcheon* IV. i. iii. 21）
c. Follow out that scheme, **come** wind, **come** weather.（1881 G. Saintsbury *Dryden* 187）
d. **Come** weal, **come** woe, I shall not trouble you.（1888 C. E. L. Riddell *Nun's Curse* II. v. 100）

8.3 [GO$^+$]构式的习语化

[GO$^+$]构式的习语化现象主要涉及[GO NP]构式、[GO ADJ]构式、[GO to NP-institute]构式、[COME and GO]构式，这里将分别对这四组构式进行描写和探讨。

8.3.1 [GO NP]构式

go 后也可以接表示‘行程长度、行进速度’等的名词短语，形成[GO NP]构式，如例（8a-e）的 NP 分别是 pace、mile 这种表示行进速度和距离的名词短语。

（8）a. A grete pas to the tempyll he **<u>gos</u>**.（*c*1300 *Cursor M.* [Laud] 19076）

b. … **<u>goo</u>** many hundred myles in drede of þeues and enemyes.（*c*1380 Wyclif *Wks.* [1880] 32）

c. … that they might scant **<u>go</u>** any great pace.（1569 R. Grafton *Chron.* II. 250）

d. To **<u>go</u>** three miles in an hour.（1677 G. Miège *New Dict.*）

e. Oh, the nice cakes … I'd **<u>go</u>** miles for one now.（1887 G. R. Sims *Mary Jane's Mem.* 49）

[GO NP]构式中的 NP 也可以是表示位移路线的名词短语，如例（9a-e）的 NP 都是表示‘道路、路线’的 way，这种用法一直延续至今，如 It took us an hour to go three miles 在现当代英语中是常见的表达方式。

（9）a. Þe weie þæt ich am in begunnen to **<u>ganne</u>**.（*a*1225 *St. Marher.* 4）

b. Þei **<u>gon</u>** not þe streiȝt weie.（*c*1380 *Antecrist* in Todd *Three Treat. Wyclif* [1851] 152）

c. Qua has to **<u>ga</u>** any way.（*a*1400 [1325] *Cursor Mundi* [Fairf. 14] l. 14195）

d. He … **<u>ȝode</u>** his way.（*c*1400 *Mandeville's Trav.* [Roxb.] v. 14）

e. Usually those by-paths are most beaten, most travellers **<u>go</u>** those ways.（1688 J. Bunyan *Heavenly Foot-man* [1886] 155）

上述习语也引申为人或物按照某一方式或方向发展，可以在 way 的前面加形容词或代词加以修饰和限定，如例（10a-d），这一用法一直延续至当代英语，如 I never thought it would go the way it went。

（10）a. … should the people of God **<u>go</u>** the right way.（1555 in Strype *Eccl. Mem.* III. App. xliv. 125）

b. Vossius **<u>goes</u>** another way to work.（1662 E. Stillingfleet *Origines Sacræ* i. iii. §10）

c. It is from food '**<u>going</u>** the wrong way'.（1880 M. Mackenzie *Man. Dis. Throat & Nose* I. 386）

d. She will never **<u>go</u>** my way …（1895 'M. Corelli' *Sorrows Satan* xxix. [1897] 353）

[GO NP]还可以接 journey、voyage 等同源宾语，如例（11a-d）中的 NP 分别是 pilgrymage、errand、Journey、cruise，这一习语没有延续至当代英语中，如今要表达同一意思，则需要在这种名词短语之前加介词 on，如 go on a journey。

（11）a. All christians **<u>gooth</u>** this pilgrymage.（1756 W. Bonde *Pylgrimage of Perfection* Pref. sig. Ai）

b. … to runne, **<u>go</u>** errands or the like.（1638 T. Herbert *Some Yeares Trav.* [rev. ed.] 38）

c. … he might be busy, or asleep, or **<u>gone</u>** a Journey.（1727 D. Defoe *Syst. Magick* i. iii. 83）

d. He wants me to **<u>go</u>** a cruise with him.（1883 W. Black *Yolande* III. x. 190）

由上述习语式构式衍生的 go a river/woods/a course of chemistry 等习语，如例（12a-c），没有延续至当代英语，要表达同一意思，现在要加介词 through。与例（12a/b）不同，例（12c）表示一种抽象的位移，go 后的名词短语指代一门学问或一门课程。

（12）a. With … I have **<u>goon</u>** this ryver of …（1483 Caxton tr. J. de Voragine *Golden Legende* 47 b/1）

b. I **<u>went</u>** the wastefull woodes and forest wyde.（1579 Senser *Shepheardes Cal.* Dec. 23）

c. When … scholars **<u>went</u>** a course of chimistrie.（1683 A. Wood *Life* 28 Sept. [1848]）

8.3.2 [GO ADJ]构式

同样，go 后接形容词或过去分词作表语，表示‘某人在某种情况下处于……的状态’，例（13a-e）的表语均为形容词（以及形容词短语）和过去分词。

（13）a. … sell theyr soules and bodyes to **<u>go</u>** gay.（1509 A. Barclay tr. S. Brant *Shyp of Folys* f. xl）

b. She that … Neuer lackt gold, and yet **<u>went</u>** neuer gay.（*a*1616 Shakespeare *Othello* ii. i. 153）

c. Both sexe **<u>goe</u>** naked.（1634 T. Herbert *Relation Trav.* 19）

d. Why, he us'd to **<u>go</u>** very fine, when …（1738 Swift *Compl. Coll. Genteel Conversat.* 146）

e. Some girls miser their clothes, and never **<u>go</u>** decent.（1888 G. MacDonald *Elect Lady* xvi. 144）

这一习语一直沿用至今，如例（14a-d），其他常见的如 go blind、go mad、go bankrupt、go hungry 等。

（14）a. A pin here and a detested male colleague will **<u>go</u>** bald.

b. As soon as A. J. heard who it was, her voice **went** cold.
c. By then I had taken off my shoes and **went** barefoot.
d. Some of … **goes** unseen by the Glasgow public.

8.3.3 ［GO to NP-institute］构式

当 NP 为具有专门职能的机构、单位时，［GO to NP］构式表示‘在这些地方做专门的事情’，如 go to school‘上学’、go to church‘去做礼拜’、go to hospital‘去看病’、go to court‘打官司’、go to grass‘放牧’、go to market‘上市’、go to press‘交付印刷’、go to a ball‘去参加舞会’。这一习语还表示‘开始某种生活方式或从事某一行业’，如 go to college‘上大学’、go to prison‘蹲监狱’、go to sea‘出海（当水手）’、go to the bar‘当律师’。

go 后面有时用介词 on 或 upon，如例（15a）go upon the Highway，即‘拦路抢劫’；例（15b）go upon the stage，即‘当演员’；例（15c）go upon the streets，即‘站街（从事色情交易）’。有时 go 后面省略介词，如例（15d）go places 的原义为‘去不同的地方（旅行）’，后来比喻为‘在某件事情上取得进展或成功’，如例（15e）。

（15）a. To **go upon the Highway**…（1727 A. Boyer *Royal Dict.* ［rev. ed.］［at cited word］）
b. She had **gone upon the stage** to make bread …（1883 D. C. Murray *By Gate of Sea* I. v. 138）
c. Few of the working women proper **go upon the streets**.（1891 *Rev. of Reviews* 15 Sept. 299/1）
d. All Russians love to ‘**go places**’.（1932 *Lit. Digest* 30 Jan. 36/2）
e. They were jealous because … She was **going places**.（1944 L. A. G. Strong *Director* 254）

8.3.4 ［COME and GO］构式

［COME and GO］构式由两个方向相反的位移动词组成，两个位移动词形成对比，原义是指‘来到某地又离开’，有时是一次性的，有时具有重复性。例（16a/c/d/e）的［COME and GO］构式中的施事都是人，只有例（16b）的施事是 Letters‘信件’。

（16）a. There weren manye that **camen, and wenten** aʒen.（1382 *Bible* ［*Wycliffite, E.V.*］Mark vi. 31）

b. Lettres … to **comme and go** to our …（1434 King James I *Let.* in J. Hardyng *Chron.* p. vii）

c. … the Citizens of London should **come and go** toll free.（1569 R. Grafton *Chron.* II. 128）

d. Hee may **come and goe** betweene …（*a*1616 Shakespeare *Merry Wives of Windsor* ii. ii. 121）

e. She **comes and goes** at her will.（1864 Tennyson *Grandmother* xx, in *Enoch Arden* 124）

［COME and GO］构式可以描述时间的到来又过去，如例（17a/b/e）中都是 days 作施动者，例（17c）的施事为 years，例（17d）将夜晚拟人化为 night's shadows。

（17）a. Til vij skores dayes ware **comme and gan**.（*c*1340 *Cursor M.*［Fairf.］1851）

b. vj dayes be **comyn and goon**.（*c*1450［1400］*Sowdon of Babylon*［1881］l. 1631）

c. After many yeares were **com'n and gone**.（1627 M. Drayton *Moone-calfe* 167）

d. Night's shadows **come and go**.（1849 *Tait's Edinb. Mag.* 16 299/1）

e. … who care not how the days **come and go** …（1876 F. K. Robinson *Gloss. Words Whitby*）

［COME and GO］还可以形容人的脸色变化，由脸色的变化反映其内心情绪的波动，如例（18a/b）的施事都为 colour‘颜色、脸色’，例（18c）的施事为 blood‘血’，暗指肤色在红与白之间变化。

（18）a. The colour of … doth **come, and go** Betweene …（*a*1616 Shakespeare *King John* iv. ii. 76）

b. His Colour **came and went**.（1719 D. Defoe *Farther Adventures Robinson Crusoe* 154）

c. My swift blood that **went and came**.（1833 Tennyson *Fatima* iii）

［COME and GO］也比喻‘不知何去何从、不知所措’的状态，例（19a/b）中都有 I don't know whether/if，即‘我不知道（是否）’，其后接 I'm coming or going。由于主句是否定句，所以从句［COME and GO］中的连词 and 要换成 or。

（19）a. … I don't know whether I'm **coming or going**.（1924 R. Crothers *Nice People* ii. i. 122）

b. … I don't know if I'm **coming or going**.（1959 B. Kops *Hamlet of Stepney Green* i. 23）

［COME and GO］还出现在一些谚语中，如例（20a/c）都表示‘易得则易失（来

得容易去得快）'，以及例（20b）表示'得之不义，失之亦耻'。

（20）a. That **lyghtly cum schall lyghtly go**.（c1500 *Debate Carpenter's Tools* 38 456）
b. The old Proverb, ..., **Badly come, badly go**.（1660 *Char. Italy* 13）
c. '**Lightly come, lightly go**,' is his maxim.（1833 *New Monthly Mag.* 38 192）

[COME and GO]构式还衍生出如例（21a）"Come day, goe day"这样的用法，用于描写一类人的生活态度，即满足于现状，任由时光流逝也不付出任何努力，相当于汉语中的"过一天，算一天"；这一构式在例（21b-d）中用作定语，用连字符将这一构式组成一个复合形容词用来修饰后面的名词短语或者直接指代这一种人。

（21）a. **Come day, goe day**, the day is long enough.（1616 T. Draxe *Bibliotheca Scholastica* 97/1）
b. The **come-day, go-day** Englishman.（1903 'A. McNeill' *Egregious Eng.* 174）
c. ... four **come-day-go-days** wants to see you, sir.（1933 J. Masefield *Bird of Dawning* 227）
d. **Come-day-go-day** people who had no solidity ...（1953 H. Spring *Sunset Touch* 12）

8.4 [XX说来]、[XX来说]、[说来XX]的习语化

上一章描写和分析了[V来]构式中的"说来"，这里要着重分析[XX说来]构式，同时将它同与之相近的[XX来说]、[说来XX]构式做比较。

8.4.1 [XX说来]构式

1. [XX说来]的共时考察

在现代汉语中，[XX说来]构式一般分为两大类：一类是充当谓语的[XX说来]构式；另一类是不充当谓语的[XX说来]构式，即非谓词成分[XX说来]构式。充当谓语的[XX说来]构式一般出现在祈使句或陈述句中。例如，例（22a/b）的"快快说来"不是说者要"快快说来"，而是命令、催促对方"快快说来"；例（22c/d）的"如实说来""好好说来"出现在陈述句中，但也不是说者要"如实说来""好好说来"，而是命令听者要"如实说来""好好说来"。在CCL古代汉语语料库中搜索"快快说来""如实说来""好好说来"，出现的语例数量不足20个，大部分

都是说者让听者“XX 说来”，而且大多数语例出现在金庸的作品和古装剧《大宋提刑官》中，从语感上看，这种用法更像是一种古旧文言会话方式，这一点为笔者探索和追溯[XX 说来]的演变提供了启发。例（22e）的“慢慢说来”与其他四例不同，“容我慢慢说来”表达一种‘直接请求’的意思，要“慢慢说来”的施动者是说者而不是听者。

（22）a. 鸠摩智喝道：“你知道什么？**快快说来**！”（金庸《天龙八部》）
b. 有话想说，憋着何苦，**快快说来**听听。（电视剧《大宋提刑官》）
c. 现在我问你的话，你都要**如实说来**。（马识途《夜谭十记》）
d. 你**好好说来**，我可饶你性命。（金庸《天龙八部》）
e. 这个么容我**慢慢说来**。（电视剧《大宋提刑官》）

再看第二类[1]，非谓词成分的[XX 说来]构式一般出现在陈述句和疑问句中，位于小句的句首或主语之后。[XX 说来]构式中的 XX 一般分为四种：①代词短语，如“如此说来”；②时间名词短语，如“目前说来”；③介词短语，如“依我说来”；④表示‘态度、方式、方法’等的修饰词，如“一般说来”，具体语例参见表 8.1[2]。

表 8.1　非谓词成分[XX 说来]构式中 XX 的分类

分类		举例
代词（8）		这样、这么、这么样、这般、那么、那样、如此、如是
时间名词（5）		现在、眼下、目前、今天、当时
介词（21）		在、对、以、就、从、于、由、据、自、照、依、用、按、拿、对于、按照、根据、相比、比起、作为、相对于
其他修饰语（72）	态度（12）	坦率、率直、坦白、实话、老实、实在、公正、平心、持平、严肃、认真、严格
	方式（29）	一般、通常、平均、普遍、广泛、大体、大略、大致、基本上、大抵、特殊、整个、整体、总体、总的、大概、粗粗、粗略、粗疏、简略、简要、概要、简括、笼统、简短、总括、综括、概括、简单
	方法（23）	举例、比较、客观、真正、正式、具体、绝对、相对、分别、依次、个别、部分、单独、孤立、完整、根本、实际上、本质地、表面、专业地、科学地、通俗、归根结底
	其他（8）	确切、确定、明确、正确、仔细、详细、细致、明白

① 这一类是主要研究对象，尤其是下文涉及跟[XX 来说]构式的比较与对比，其实就是非谓词成分类的[XX 说来]构式与[XX 来说]构式的比较与对比。

② 表中语例从 CCL 现代汉语语料库中提取和归类，括号内数字为每一类型的数量。例词基本上都是双音词，也有个别多音节词，如“实际上”“基本上”“科学地”“专业地”等。其他修饰语的分类是基于 XX 的语义，个别语例的分类可能并不十分绝对。另外“总的”还包括“总地”和“总得”。

当XX为代词短语时，[XX说来]构式起到承上启下的衔接作用。例如，例（23a）“这样说来”的“这样”指代的是朋友的观点，用代词“这样”承接上文，“说来”接续下文；例（23b）的“那么”承接上文，“说来”接续下文说者“考虑移民”这件事。

（23）a. **这样说来**，我的运气还是不错的。（车耳《饶舌的法国人》）

b. **那么说来**，我要考虑移民了。（亦舒《异乡人》）

c. 这件事**现在说来**，业已成为过去了。（沈从文《湘西游记》）

d. 这两种可能**对他说来**都不好，但后者尤其可怕。（杨沫《青春之歌》）

XX 为时间名词时，既可以位于句首，也可以位于主谓之间，构式主要是将视角移至时间这一层面，如例（23c）的“现在说来”表示从“现在”这一时间维度上来看。XX为时间名词时，前面可以出现介词，如“在目前说来”“就目前说来”，在这种情况下，介词也可以省略。XX为介词短语时，介词后接人称代词，如例（23d）的“对他说来”，或有关人物、团体的名词，表示以某人的视角来看；介词后也可接其他名词，表示从某一层面、某一维度分析问题，比如后接时间名词的“就目前说来”等。这里的介词可以是单音节词，如“在、对、以、从、就、于”等，也可以是双音词，如“作为、按照、根据、相比、比起”，以及多音节词“相对于”等。

当 XX 为表示说者的态度或分析问题的方式、方法等修饰词时，整个构式的语义重心落在 XX 上，主要表示说者接下来要陈述的观点是以某种方式、方法或以某种态度、原则得出来的。进入此类[XX 说来]构式的词语种类丰富，就目前统计来说有 72 个，占比 68%，其中出现频率超过 50 次的构式分布如下（图 8.1），出现频率最高的为“一般说来”。此外，也有不少出现频率较低的构式，如“归根结底说来”（1 次）、“确切说来”（7 次）。

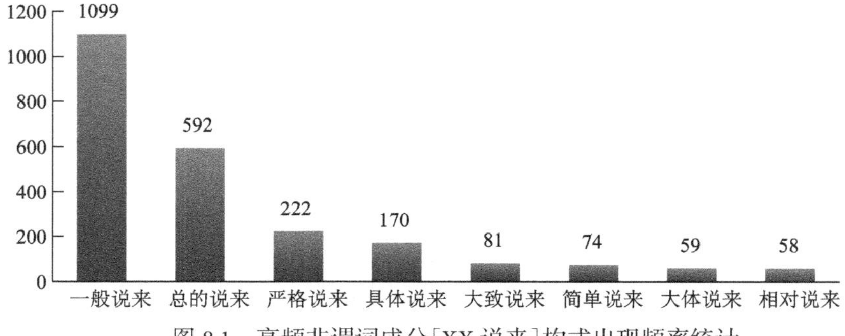

图 8.1 高频非谓词成分[XX 说来]构式出现频率统计

这一类构式基本上都是作状语，一般位于句首、主谓之间、话题与述题之间，分别如例（24a）、例（24b）、例（24c）。

（24）a. **一般说来**，学前儿童很贪玩……（陈鹤琴《儿童心理》）
b. 先说科学精神，**具体说来**就是辨伪求真的精神。（1984 年《读书》）
c. 有关朱湘对文学作用的认识，**简单说来**，他并不反对……（1988 年《读书》）

周娟（2013）指出，[XX 说来]构式[①]是说者话语视角的表现形式，这里的 X 体现了说者的视角，而根据 X，[XX 说来]表示的话语视角主要有：主体视角、客体视角、时间视角、方式视角、复合视角。该文章认为[XX 说来]有助于说者实现语言交流的高信度和高效度，高信度可通过态度视角标记（表示说者坦诚、严肃等态度）来体现；高效度可通过客体、时间、方式视角标记来体现。我们同意这一观点，除上述视角外，由介词短语构成的[XX 说来]还解释了要陈述观点的来源，起到了传信的作用。

2. [XX 说来]的历时考察

我们在 CCL 古代汉语语料库中找到了下面的语例。例（25a）的“但知”相当于“只管”，“有计但知说来”，即‘（说者让听者）有什么计策只管说’，这里的“说来”相当于“说来于我听”，表示词汇本义，“来”为趋向动词。这一用法我们在上一章探讨[V 来]构式时已经分析过，从单纯表示位移的“走来”“跑来”到致使位移的“推来”“搬来”，再延伸至非位移领域的“想来”“看来”“说来”等，“走来”“推来”的“来”具有明显的趋向义，而“说来”“看来”的“来”的趋向义减弱，尤其当二者表示说者对所述观点的主观肯定态度时，“想来”“看来”已经分别词汇化为独立的不可再分的话语标记成分。

（25）a. 有计但知**说来**，一任与娘子鞭耻。（五代《敦煌变文》）
b. 大凡读易到精熟后，**颠倒说来**皆合；不然，则是死说耳。（宋 黎靖德《朱子语类》）
c. 他从上文“……”，便是**如此说来**，与孔子之意不相似。（宋 黎靖德《朱子语类》）

例（25b）的“颠倒说来”也是表示词汇本义，即‘颠倒过来说（的话）’；例（25c）的“如此说来”前是一段引文，即‘像（引文）那样说（的话）’。例（25a）的“说来”用于请求、建议对方做某事，而例（25b/c）的“颠倒说来”“如此说来”是在陈述在某种条件下会出现某种情况。

在元杂剧中，我们发现了例（26a）这样的语例，“从实说来”用于祈使句，命令对方‘要从实说（不要隐瞒或欺骗）’，这里的“来”不是表示位移的方向，而是抽象地表达“说”这个动作是要朝向说者而做，即‘从实说来于我听’，所以

① 该文聚焦的“X 说来”格式是在句中充当状语的“X 说来”。

这个“说来”是要听者“说来”而不是说者自己要“说来”。

（26）a. **从实说来**！若不实说，一剑挥之两段。（元 郑光祖《倩女离魂》）
b. 谁人说道朕有赦出？你可**从实说来**。（明《两晋秘史》）
c. 你怎生与王秀才通奸……你**从实说来**，我不打你。（明 凌濛初《二刻拍案惊奇》）

在明代，“从实说来”继续出现，如例（26b/c）都用于命令句；例（26a/c）的“从实说来”之后都紧接着一句威胁语。除了“从实说来”，明代小说中还出现了其他[XX 说来]构式，如例（27a-c）的“趁早说来”“明白说来”“只管说来”，分别用于建议、宽慰、安抚等语句中，充当句子的谓语。

（27）a. 小娘子**趁早说来**，我们好去抓寻。（明 冯梦龙《喻世明言》）
b. 不拘有什么心事，只管**明白说来**，我就与你做主。（明 凌濛初《二刻拍案惊奇》）
c. 儿，你有说话**只管说来**。（明 凌濛初《二刻拍案惊奇》）

同时也有例（28a-c）的“好好说来”“慢慢说来”“细细说来”等双音叠字的[XX 说来]，用于祈使句或陈述句。这两组[XX 说来]的语例中“说”的施动者都不是说者本人。

（28）a. **好好说来**，我便饶你！（明《两晋秘史》）
b. 你且**慢慢说来**。（明 凌濛初《二刻拍案惊奇》）
c. **细细说来**。可行则行，可止则止。（明 抱瓮老人《今古奇观》）

同一时期也存在这样的语例，如例（29a）的“似此说来”相当于现代汉语的‘照这样说来’，上文中弟子说“不是法身”，滕和尚接着说“似此说来”，这里的“此”指代上文弟子的话，意思是‘像你这样说来’。这里“说来”的施动者开始变得不确定，既可以理解为‘像你这样说来（给我听）’，即“来”表示“说”的动作朝向滕和尚；也可以理解为‘（我）照你这样（往下）说’，即“说”的施动者为滕和尚，继而引出下一句的观点。这种跨界性和模糊性为后来[XX 说来]中“说”的施动者由听者彻底转移至说者提供了条件，如例（29b/c）的“似此说来”和“似这等说来”也具有这些特征。

（29）a. 滕和尚道：“**似此说来**，佛岂无身？”（明 罗懋登《三宝太监西洋记》）
b. 真君道：“**似此说来**，这六年之间多亏你了。”（明 罗懋登《三宝太监西洋记》）
c. 天师心里想道：“**似这等说来**，反为期侮朝廷了。”（明 罗懋登《三宝太监西洋记》）

在上述语例中，“似”也可以省略。例如，在同一语篇中，既有“似这等说来”，也有“这等说来”，如例（30a），还有同义构式“如此说来”，如例（30b/c）。这些由代词构成的[XX 说来]构式起到了承上启下的作用，尤其是在连词的搭配下，更具有语篇衔接的作用，如例（30a）中“这等说来”前的“既是”，相当于“既然（像这么说）”。

（30）a. 长老道：“既是**这等说来**，我们也有些手段么？”（明 罗懋登《三宝太监西洋记》）

b. **如此说来**，天理昭彰，好怕人也！（明 冯梦龙《喻世明言》）

c. **如此说来**，却不是错为国家出了力么？（明 罗懋登《三宝太监西洋记》）

同样起到承上启下衔接作用的还有如例（31a）的“依你说来”、例（31b）的“据你说来”、例（31c）的“照你说来”。“依你说来”最早出现于明代小说中，在明清小说中共有 11 例；“据你说来”最早也出现于明代小说中，在明清至民国小说中共有 51 例；“照你说来”最早出现于清代，在清至民国小说中共有 21 例。然而到了现当代汉语中，上述构式已很少出现，“依你说来”仅有 5 例，除例（31d）外，剩下 3 例出现在金庸武侠小说中，还有 1 例出现在翻译作品中；“据你说来”没有语例；“照你说来”仅有 2 例。

（31）a. **依你说来**，此番必成好事矣！（明 凌濛初《二刻拍案惊奇》）

b. 齐泰，**据你说来**甚是有理。（明《包公案》）

c. **照你说来**，你是一定要我的了？（清 无垢道人《八仙得道》）

d. **依你说来**我们只好这样了？（陈廷一《宋氏家族全传》）

明代小说中也出现了如例（32a/b）的“依我说来”、例（32c）的“据我说来”、例（32d）的“在我说来”、例（32e）的“照我说来”等构式。与之前的[XX 说来]构式相比，这些构式中“说”的施动者由听者彻底转移至说者，同时引出下文（说者的观点），但失去了之前“承上”的作用，如果要“承上”，可以通过如例（32b）的“不过”、例（32c）的“但”等衔接手段，出现的位置除了以往的句首之外，还可以出现在话题与述题之间，如例（32e）。

（32）a. 两家都不要争，**依我说来**，村神莫……（明 罗懋登《三宝太监西洋记》）

b. 不过**依我说来**，天地生情，情为无上圣品……（清 徐哲身《大清三杰》）

c. 但**据我说来**，你老人家真算是有福气。（清 坑余生《续济公传》）

d. **在我说来**，就是唱戏，也没这般改扮得快的呀。（清 徐哲身《大清三杰》）

e. ……**照我说来**，乃是逼出来的，不是自然的。（清 徐哲身《大清三杰》）

到了现代汉语，即便没有“依我、据我、在我、照我”这样显性的标记，[XX 说来]构式的施动者也不言而喻地指向说者或说者所代表的一方。例如，例（33a/b）

“就……说来”的施动者显然是说者，这两句通过“就……说来”限定讨论的视角，引出后面说者的观点。

（33）a. 如**就净土的本义说来**，修行人的心清净了，则……（元音老人《佛法修正心要》）

b. 搞小聪明，**就世法说来**，也非好事。（元音老人《佛法修正心要》）

c. 但是**老实说来**，它们的责任是要编辑部负的。（1998年《读书》二十周年合集）

d. **粗略说来**，这也就是原来“新批评派”的要求。（1998年《读书》二十周年合集）

例（33c/d）的“老实说来”“粗略说来”的施动者也是说者，这两句通过“老实”“粗略”介绍得出下面观点的方式和态度。这样的构式出现的位置比较灵活，既可以位于句首，如例（33a/c/d），也可以位于主谓之间或话题和述题之间，如例（33b），不再充当语句的核心成分，主要起到方式状语的作用，对语义的核心内容加以修饰和限定。

李治平（2014）在分析“说来”语法化的基础上，探讨了“XX说来”的语用功能，并指出在“XX说来”中，“说来”虽然已经语法化为一个话语标记，但其言说意义依然保持。笔者认为，“XX说来”和“说来”各自经历了两种不同的演变路径，后者语法化为表示说者主观肯定程度的话语标记，而前者则经历构式化后成为一个习语，大量的语例进入[XX 说来]构式，成为现代汉语中遣词造句的一种常见方式。如果要给已经习语化的[XX 说来]中的“说来”定性的话，笔者认为它跟原型“从实说来”中的“说来”在句法属性上没有太大差别，发生语用功能演变的是整个[XX说来]构式而不是其某一个组构成分，当然独立的“说来”确实发生了语法化，但与[XX说来]的习语化没有必然的联系。

8.4.2 [XX来说]构式

1. [XX来说]的共时考察

[XX来说]构式在现代汉语中也比较常见，能进入[XX来说]的XX一般有如下几种类型（表8.2[①]）。比较与对比[XX 说来]构式和[XX 来说]构式各类型的语例和数量，笔者发现：①[XX 说来]构式中常见的代词（如“如此”“这么”）没

① 表中语例从CCL现代汉语语料库中提取和归类，括号内数字为每一类型的数量，其他修饰语的分类是基于XX的语义，个别语例的分类可能并不十分绝对。“总的”还包括“总地”“总得”。“打头”在这里是“从头”的意思。表中的下划线词语是也出现在[XX说来]构式中的词语。

有进入[XX 来说]构式[①]；②进入[XX 来说]构式的介词数量是[XX 说来]构式的 2 倍；③表示态度、方式、方法等的修饰语进入[XX 来说]构式的数量不足[XX 说来]构式的一半。

表 8.2　非谓词成分[XX 来说]构式中 XX 的分类

分类	举例
时间名词（6）	当前、现在、长期、当时、暂时、长远
介词短语（45）	对、就、从、以、在、拿、据、用、由、于、比、较、凭、论、让、依（着）、按（着）、照（着）、比较、相比、比起、比之、相较、较之、对于、根据、基于、鉴于、相对、依照、按照、照比、作为、至于、依照、围绕（着）、针对（着）、针对于、比较起、比之于、相比较、相较于、较之于、相对于、相比较于
其他修饰语（23）	态度（3）　严格、实在、极端
	方式（11）　总的、总体、一般、通常、大致、大体、总括、总起、概括、笼统、简单
	方法（7）　举例、展开、放大、具体、比较、单独、平均
	其他（2）　打头、再者

以上各部分的数据对比参见图 8.2。[XX 说来]构式中 XX 表示态度、方式、方法及其他类的修饰语有 72 例，而该类词语在[XX 来说]构式中只有 23 例，而且从表 8.2 中下划线词语数量来看，大多数进入[XX 来说]构式的表示态度、方式、方法等的修饰语都可进入[XX 说来]构式，尤其是在 11 例表示方式的 XX 中，有 10 例都可以进入[XX 说来]构式，而[XX 说来]构式中有 56 例（表示态度、方式、方法等的修饰语）并没有进入[XX 来说]构式。由此看来，[XX 说来]构式更适合表达得出观点的方式、方法以及说者的态度。

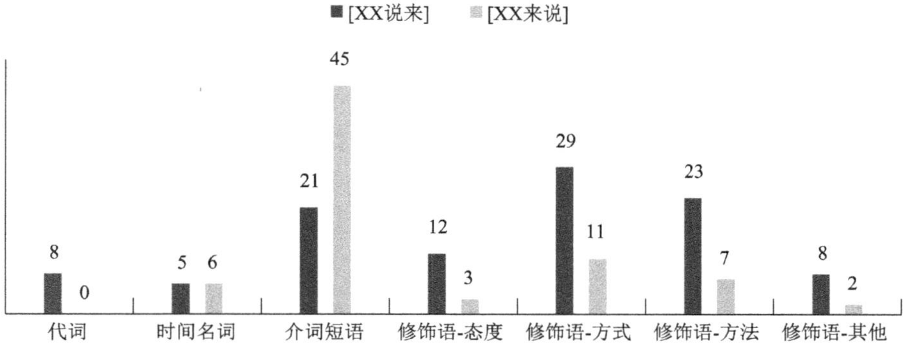

图 8.2　[XX 说来]与[XX 来说]类型数量比较

另外，[XX 来说]构式中 XX 为介词短语的有 45 例，占所有数量的 61%，表

① 只有“这样”进入[XX 来说]构式且只有 2 个语例，总体上来说，XX 为代词的情况几乎可以忽略不计。

示态度、方式、方法及其他的修饰语占 31%，时间名词占 8%。对比[XX 说来]构式，在该构式中 XX 为介词短语的只有 21 例，在这 21 例中有将近一半出现频率低于 5 次的情况，而且从表 8.2 中加下划线的词语的数量来看，凡是与比较相关的“比、较、比较、相较、较之、相比较”等都不能进入[XX 说来]构式。由此看来，[XX 来说]构式更适合引出讨论的对象或焦点。

2. [XX 来说]的历时考察

在第 6 章分析[来 VP]构式时，我们发现古汉语中的[来 VP]构式属于连动式，如例（34a）中的“来享”是指‘前来献贡’，古时指远方的诸侯前来进献贡物；例（34b）中“使陵来说”的“来”位移义弱化，主要表示动作的趋向，这种用法一直延续至今，如“来唱歌”“来串门”等，有时也隐含‘将要’的意思。

（34）a. 是以旃裘之王，胡貉之长，移珍**来享**，抗手称臣。（东汉 班固《汉书·扬雄传》）

b. 单于闻陵与子卿素厚，故使陵**来说**足下，虚心欲相待。（东汉 班固《汉书·李广苏建传》）

我们在《朱子语类》中发现了下面三例[XX 来说]的语例。例（35a）的“只拣告子尽心来说”，即‘只挑《告子》《尽心》两篇来说’，这里的“拣”是‘挑选’的意思，“拣告子尽心”与“来说”属于连动式；例（35b）的“只将仁义礼智来说”，即‘仅就仁义礼智（四方面）来说’，这里的“将”相当于“拿、就、从”，后接“仁义礼智”作宾语，构成介宾短语，这是早期的介词短语式[XX 来说]，整个构式表达构式本义，可以独立成句；例（35c）的“只将他不好处来说”，即‘只拿他不好处来说’。

（35）a. 如孟子，……只**拣告子尽心来说**，只消此两篇，其他五篇都删了。（宋 黎靖德《朱子语类》）

b. 退之说性，只**将仁义礼智来说**，便是识见高处。（宋 黎靖德《朱子语类》）

c. 欧公是见它好处，其中……都略过了，东坡是只**将他不好处来说**。（宋 黎靖德《朱子语类》）

以上三例的[XX 来说]都将宾语置于构式的中心位置，突出讨论的焦点。笔者在明代小说中发现了更多介宾短语进入[XX 来说]构式的语例，如例（36a-d）。[XX 来说]构式在这些语例中都作语句的谓语，介宾短语可以表示说话的方式，如例（36a）的“以巧言”、例（36c）的“将好看的话儿”、例（36d）的“把闲话”；介宾短语也可以表示说话的方法，如例（36b）的“将理”。随着出现频率的增加，这种介宾短语式的[XX 来说]构式逐渐固化为一种可以构词组句的习语。

（36）a. 汝东吴害了朕弟，今日敢**以巧言来说**乎！（元末明初 罗贯中《三国演义》）
b. 公瑾且耐。容某亲见玄德，**将理来说他**。（元末明初 罗贯中《三国演义》）
c. 都**将好看的话儿来说**。（明 抱瓮老人《今古奇观》）
d. ……那妇人也有三杯酒肚，……只管**把闲话来说**。（元末明初 施耐庵、罗贯中《水浒传》）

清代《曾国藩家书》中有与现代汉语中[XX 来说]构式相近的语例，如例（37a-d）。例（37a-c）中[XX 来说]的 XX 为介宾短语，引出谈论的对象或焦点。陈昌来和杨丹毅（2009）探讨了介词框架“对/对于……来说/而言”的形成和语法化，分别从“对、对于、来说、而言”各自的语法化角度来阐释“对/对于……来说/而言”的语法化。首先，我们并不认为“对/对于……来说/而言”这样的[XX 来说]构式发生了语法化，从句法属性和语义功能上来看，它只是从原来的中心语构式演变成具有组词造句的习语。尽管它从原来的谓语演变成状语，但构式本来的词汇义和组合义不变。其次，我们认为从[XX 来说]整个构式的视角来观察它的演变更容易辨别它的变化路径。当然，毋庸置疑的是这个构式的组构成分（如介词）和“来说”语用功能的变化会对[XX 来说]构式后来的传播和普及有所影响。

（37）a. **以门第来说**，我的物望大减，……**以才识来说**，……（清 曾国藩《曾国藩家书》）
b. **对于弟弟来说**为初升的太阳，而**对于我来说**，等于……（清 曾国藩《曾国藩家书》）
c. 而**就处世和谐来说**，那是殊途而同归……（清 曾国藩《曾国藩家书》）
d. **平心静气来说**，他自己所做的诗或文，实在也没有什么超人之处。（清 曾国藩《曾国藩家书》）

例（37d）的“平心静气”属于表示态度、方式、方法的修饰语。我们对现代汉语中[XX 来说]构式中 XX 为表示态度、方式、方法的修饰语的语例进行了分类和统计（表 8.3），发现表示方式的“一般来说”“总的来说”的语用频率最高，其次是表示方法的“举例来说”“具体来说”，以及表示方式的“总体来说”。

表 8.3　态度、方式、方法类[XX 来说]构式 XX 出现频率统计

XX	一般	总的	举例	具体	总体	总起	严格	简单
来说	1801	1121	332	314	301	127	52	49

我们上面统计过，大多数进入[XX 来说]构式的表示态度、方式、方法等的修饰语都可进入[XX 说来]构式，尤其是在表示方式的 11 例 XX 中，有 10 例都

可以进入[XX说来]构式，而[XX说来]构式中有56例没有进入[XX来说]构式。我们将两个构式中共有的表示态度、方式、方法的[XX说来]和[XX来说]的频率进行了比较（表8.4）。

表8.4 态度、方式、方法类[XX说来]构式与[XX来说]构式共有XX出现频率比较

XX	一般	总的	举例	具体	总体	总起	严格	大致	简单	大体
说来	1099	592	4	170	41	0	222	81	74	59
来说	1801	1121	332	314	301	127	52	14	49	13

既能在[XX说来]中出现，也能在[XX来说]中出现的XX共有16例，我们选择了频率比较高的前10例进行对比，发现前6例即“一般、总的、举例、具体、总体、总起”的[XX来说]出现频率高于[XX说来]，而后4例即“严格、大致、简单、大体”的[XX来说]出现频率低于[XX说来]。其中，“一般说来/来说”“总的说来/来说”是两种构式中语用频率最高的，其次是“具体说来/来说”（“具体来说”高于“具体说来”）、“总体说来/来说”（“总体来说”高于“总体说来”）、“严格说来/来说”（“严格说来”高于“严格来说”），其余的“大致说来/来说”“简单说来/来说”“大体说来/来说”之间频率的差距不是特别大[①]。

以上是频率统计的结果，接下来我们再看看“一般说来”“一般来说”在语用功能和语义句法属性方面有何差别。例（38a/b）是随机从《市场报》上选取的两个“一般”语例。例（38a）的“一般说来”表示‘在一般（常规、非异常）情况下（骨刺多发生在颈、腰椎……）’，提示下文有关骨刺的说法是基于常规、大多数的情况，不排除有个别异常情况，但这里要陈述的观点是根据常规情况得来的；例（38b）的“一般来说”表示‘行内通行的、比较常见的做法（先获得国内认证再考虑国外认证）’，提示下面的观点是行内的常规做法，不排除例外，但这里说的是常规情况。从句法结构上看，二者都位于所在小句的句首，用逗号与语句的主干部分分隔开，从而对语句表达的核心意义加以限定和修饰，起到状语的作用。由此看来，无论从语用、语义还是句法上，二者都没有明显的差别，那么，二者可以互换吗？我们把例（38a）的“一般说来”换成“一般来说”，例（38b）的“一般来说”换成“一般说来”，发现无论从语感上还是意义表达上，二者都没有差别。

（38）a. 李大夫告诉我，**一般说来**，骨刺多发生在颈、腰椎……（1994年《市场报》）
b. **一般来说**，一个企业应在先获得国内认证的基础上再考虑国外认证。（1994年《市场报》）

我们又随机测试了另外两组“总的说来”“总的来说”，如例（39a/b），以及

① “举例”和“总起”在[XX说来]中出现频率很低而在[XX来说]中相对较高。

“严格说来”“严格来说”，如例（39c/d），又考虑了选择不同的出处和体裁，结果发现与“一般说来”“一般来说”的关系一样，这两组不仅在语义、句法上没有差别，而且可以互换。

（39）a. **总的说来**，这些方式目前都应继续下去，而不是……（1994 年《人民日报》）

b. 茶叶品种繁多，但**总的来说**也就分为六大类。（闻卓《给老爸老妈的 100 个长寿秘诀》）

c. 所以**严格说来**，这是一次化工工人劳模表彰会。（1994 年《报刊精选》）

d. 高行健那样的小说，**严格来说**，我不欣赏的，原因……（李敖《李敖对话录》）

我们分析，当 XX 为表示态度、方式、方法等的修饰语时，进入[XX 说来]构式的修饰语种类远远多于[XX 来说]，而且进入[XX 来说]构式的修饰语大多数都可以进入[XX 说来]构式，所以表示态度、方式、方法类的[XX 来说]有可能是受到[XX 说来]的影响，在频率效应和类推的作用下，很多进入[XX 说来]构式的修饰语也开始在[XX 来说]构式中出现。

基于以上分析，我们认为：①现代汉语中的[XX 说来]和[XX 来说]已经构式化为两个具有较强构词组句能力的习语，目前每一类型下都有一定数量的词语或短语进入构式，随着语言的使用和语言使用者的创新，更多的表达方式会进入这两类构式；②[XX 说来]和[XX 来说]构式化的路径不同，前者涉及施动者由他人转向说者本人的变化过程，后者涉及连动结构中第一个动词短语演变为介宾短语的过程，该演变旨在引出下文观点的视角或关注的焦点；③就 XX 的语例分布和数量来看，[XX 说来]构式主要介绍分析问题得出结论的方式、方法或分析问题的态度，[XX 来说]构式主要引出讨论的对象、视角或焦点；④表示态度、方式、方法类[XX 来说]构式的出现很有可能是受到[XX 说来]频率和类推的影响。

8.4.3　[说来 XX]构式

除上述[XX 说来]构式外，我们还在语料库中发现了[说来 XX]构式，该构式也分为两大类：第一类是融入谓语部分，如例（40a/b）的“说来真是非常的困难”“说来真令人可悲可笑”分别作谓语，“说来”在这里的用法我们在第 7 章分析过，主要起到状语的作用，省略后语句的命题义不变；第二类是非谓词成分，在句中作状语，如例（40c/d）的“说来好笑”“说来滑稽”位于句首，用逗号与句子的其余部分隔开，逗号之后是完整的一句话，省略“说来好笑”“说来滑稽”，对语句的其他部分没有影响。

（40）a. 人若想占有女性的爱情，**说来真是非常的困难**。（星云大师《释迦牟尼佛传》）

b. 这些愚痴的举动，**说来真令人可悲可笑**。（元音老人《佛法修证心要》）

c. **说来好笑**，调查的唯一凭据是……的匿名信。（1993 年《人民日报》）

d. 然而**说来滑稽**，狗在被人豢养之后，同时也受到人们的鄙视。（1994 年《人民日报》）

可以进入[XX 说来]构式的有双音词（如“好笑、滑稽、新鲜、巧合”），也有四字词（如“难以置信”）以及复杂短语（如“真 XX”），具体语例参见表 8.5。

表 8.5 [说来 XX]构式的分类

XX 类型	语例
双音词	说来好笑、说来滑稽、说来新鲜、说来难信、说来巧合、说来热闹、说来稀奇
四字词	说来难以置信、说来难以相信
复杂短语	说来真 XX、说来实在 XX、说来让人 XX、说来令人 XX、说来叫人 XX、说来难以令人 XX

值得注意的是，复杂短语类[说来 XX]构式在表 8.5 中列有 6 个，实际的语例却远不止这个数而且其语用频率也比较高（图 8.3），这是因为“真 XX”或“实在 XX”中的 XX 既可以是单字、双音词、四字词，也可以是复杂短语。

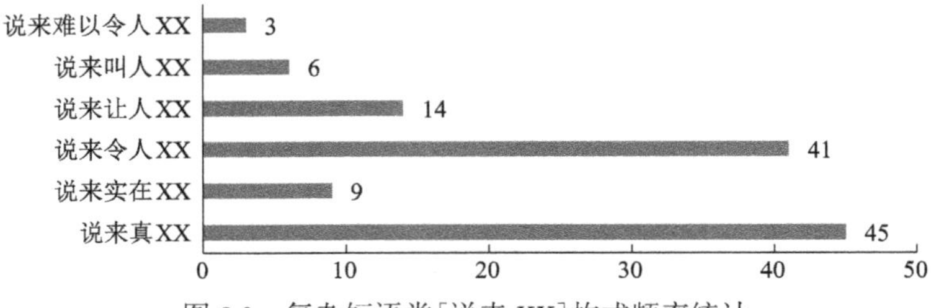

图 8.3 复杂短语类[说来 XX]构式频率统计

我们以“真 XX”为例，在例（41a-e）的“说来真巧、说来真丢脸、说来真够滑稽、说来真叫人佩服、说来真叫人不相信”中，XX 逐渐变得复杂起来。以此类推，这一组里其他的 XX 都可以如此替换和扩展。

（41）a. **说来真巧**，本文正欲收尾时，蒲总打来电话说……（2000 年《人民日报》）

b. **说来真丢脸**，我已经无行到连抱怨汽油贵的人都嫉妒的程度了。（张晓风《我恨我不能如此抱怨》）

c. **说来真够滑稽**，当重庆方面正在大叫大嚷……（1993 年《作家文摘》）

d. **说来真叫人佩服**：我师在钟师长指挥下，屡次受到胡先生称赞。（杜鹏程《保卫延安》）

e. **说来真叫人不相信**，我的老姊丈一到上海就去世了！（茅盾《子夜》）

由于进入[说来 XX]构式中的 XX 结构比较复杂，难以进行有效的归纳和分析，我们再以 XX 的语义进行分类和统计（表 8.6）。其中，出现频率较高的有表示‘滑稽可笑’的，如“说来好笑、说来滑稽、说来可笑”等；有表示‘难以相信’的，如“说来难以置信、说来难信、说来难以令人相信的是、说来难以相信、说来真叫人不相信”等；还有表示‘巧合稀奇’的，如“说来也巧、说来真巧、说来巧合、说来稀奇、说来新鲜”等。

表 8.6 [说来 XX]构式意义类型频率统计

语例	滑稽可笑类	难以相信类	巧合稀奇类
频率	19	18	10

例（42a/b）的“说来好笑”如同一个引子，引出下面所要陈述的观点，它不仅自然地引出了下文，而且给读者留下了悬念，吸引读者阅读下文。

（42）a. 直到很久以后，受到唯物论的启蒙才知道，世上本无鬼，鬼是人造出来的。**说来好笑**，人类忙自己的生计已经疲于奔命，却不仅造出个神来……（1996年《人民日报》）

b. **说来好笑**，过去武侠小说与港台影视对我来说是两大禁区，……谁知了一看便放不下来了……（1994 年《报刊精选》）

例（43a-c）的“说来难以置信、说来稀奇、说来新鲜”也可以引出下文，同时又以“难以置信、稀奇、新鲜”这样的字眼吸引读者的注意。

（43）a. **说来难以置信**，一个近乎搭了末班车的感冒药，却……（王维生、韩文根《“白加黑”从名牌摇篮中走来》）

b. **说来稀奇**，教出“杠上飞人”莫慧兰的刘桂成，居然没有……（杨琳《黄金搭档与体操明星的诞生》）

c. **说来新鲜**，……而后才又发现，他算不得真英雄。（吴晓波《激荡三十年》）

我们在 CCL 古代汉语语料库中找到了类似的语例。例（44a）的上文讲述有位王夫人去世后在阴间做主让她的亲妹妹嫁给自己生前的夫君，紧接着例（44a）继续下文：现在要再讲一个没有结过婚但是有婚约在先而不忘的人的故事，他同样也是完结了自己的姻缘又成全了妹妹，而且这个故事“怪怪奇奇，真真假假，说来好听”，并有诗为证，接下来两句诗文后，开始讲述这个故事。因此，这里的“说来好听”与“怪怪奇奇，真真假假”以及所配诗文一样起到吸引读者或听众兴趣的作用，只不过这里的“说来好听”没有直接出现在下文，而是与其他“引子”独立成句。

（44）a. 小子如今再说一个不曾做亲过的，只为不忘前盟，阴中完了自己姻缘，又替妹子连成婚事，怪怪奇奇，真真假假，**说来好听**。有诗为证……（明 凌濛初《二刻拍案惊奇》）

b. 此等剑侠，世代不乏其人，只是他们韬形敛迹，不肯与世人往来罢了。如今待我来讲一段奇情异节，**说来真个惊天动地的故事**！话说那……（清 唐芸洲《七剑十三侠》）

c. 恰好右边一个小小天井，……总共只有一席之地，下面都是淤泥。**说来好笑**，那呆子照准了这里头，直掼下去，跌一个仰面朝天……（清 唐芸洲《七剑十三侠》）

例（44b）的上文讲述剑客侠士们劫富济贫、锄恶扶良，又有神出鬼没、飞檐走壁的本领，紧接着例（44b）讲道：现在“我”要讲一个关于剑客侠士的故事，这个故事“说来真个惊天动地”，然后下文开始讲述该故事。这两例尽管形式不同，但例（44b）的“说来真个惊天动地的故事”与例（44a）的“说来好听”所起的作用是一样的，都是为了吸引读者或听者的注意力，使其对下文感兴趣。因此，过渡到例（44c）的用法就顺理成章，这里不是故事的开头，但却是故事中下一个情节的开端，所以“说来好笑”既承接上文引出下文，又增强了叙述的趣味性。这种用法一直持续到现代汉语中，通过共时层面的分析，我们知道现代汉语中有更多的XX进入[说来XX]构式，[说来XX]已经构式化为一个发挥语篇衔接、引出下文及吸引注意作用的话语标记。

8.5 [越来越X]、[V来V去]的习语化

8.5.1 [越来越X]构式

据《说文·走部》：“越，度也。”“越”的本义是‘度过’或‘跨过’，如例（45a）的“越河”，即‘渡过河’；例（45b）的“越陌度阡”，“越”与“度”对举，表示同一个意思，即‘跨过（田间小路①）’。例（45a/b）的“越”是单纯的位移动词，语义上既包含位移方式又包含位移路径，句法上其后接地点名词作宾语，不需要

① “阡”本义为‘田间南北向的小路’，而“阡陌”指‘田间纵横交错的小路’，参见《古代汉语词典》（第2版）第1136页，该词典由商务印书馆于2014年出版。

介词引介。

（45）a. 周君不入秦，秦必不敢**越**河而攻南阳。（西汉 刘向《战国策·西周策》）

b. **越**陌度阡，枉用相存。（东汉 曹操《短歌行》）

c. 是大王之威加于天下，而功**越**于汤、武也。（东汉 班固《汉书·枚乘传》）

后来，“越”之后的 NP 不仅可以是地点名词，还可以是指人或指物的名词，同时“越”的含义也由原来的位移义‘度过、跨过’引申为‘超出、胜过’，如例（45c）的“越于汤、武”，即‘超过汤、武’，这样，“越”就有了‘（比较对比之后）超出（其他）’的意思。

龙国富（2013）用“倚变”这一概念解释了“越”从例（46a）至例（46e）的语义演变。例（46a）的“益粗其杖”，即‘使他的杖更粗’，“益”表程度，相当于‘更加’，所以下一句“安之越粗”的“越”，根据上下文推断，则表示程度上更进一步。也就是说，安之一方拿了大杖，谭一方就拿了更粗的大杖（谭则益粗其杖），安之换了比之前更粗的杖（安之越粗），谭也换了比之前更粗的杖（谭亦转粗之）。此句的“益”和“越”都相当于‘更加’[1]，这里的比较与对比之义更明显。例（46b）的“越”前接“归思”，表示在“归思”的情况（条件）下，（结果是）更加感到凄凉。该文章指出，所谓“倚变关系”是指结果会随条件的变化而变化，在[（小句），越……]构式中，前面的小句描述某种条件或情况，后面的“越……”描述结果，即表示在此条件下结果更加如何，这里的“越”表示程度加深。

（46）a. 安之使五伯执大杖引前，谭则益粗其杖。安之**越**粗，谭亦转粗之。（唐 封演《封氏闻见记》）

b. 鹦鹉洲边鹦鹉恨，杜鹃枝上杜鹃啼。归思**越**凄凄。（宋 陈允平《望江南》）

c. 故浙中不如福建，浙西又不如浙东，江东又不如江西。**越**近都处，**越**不好。（宋《朱子语类》）

d. 恰似断魂江上柳，**越**春深**越**瘦。（南宋 王沂孙《谒金门》）

e. 若不依我那药方，他的病是**越来越**重。（清 郭小亭《济公全传》）

在同一时期，“越”也出现于小句中，形成[越……，越……]构式，如例（46c）的“越近都处，越不好”，即‘越离都城近的地方，越不好’，这种倚变关系体现在随着距离都城越近，（结果）就更不好。例（46d）的“越春深越瘦”等同于“（春）越深，（柳）越瘦”，较之例（46c），句法上构式两部分连接更紧密，语义上增添了一种时间上的延续感，也就是说，随着“春深”（由初春走到春末），柳更加“瘦”。这种时间上的延续感对后来[越来越 X]的形成非常重要，因为所有的[越来越 X]构式都隐含‘随着时间的延续，结果变得更加……’的意思，例（46e）便是如此。

---

① 龙国富（2013：27）认为“转”也是副词，表程度；“越”与“益”“转”对举，表示程度加深。

我们认为，龙国富（2013）的倚变关系清楚地解释了“越”从动词向副词的语义演变，只不过在分析[越来越 X]中的“来”时，作者以“来”的代动词用法解释“来”的出现及功能。我们分析，“来”的确有代动词的用法，如例（47a）的“胡来”、例（47b）的“没有一件不来的”，但是“来”所替代的动词大多表示动作或行为，而[越……，越……]构式中前一个“越”后的谓词大多表示一种状态的延续，以“来”的代动词用法解释这里的“来”并不适切，还需要更多的语例来验证这一点。

（47）a. 九百孩儿，休把人厮啅，你甚胡来我怎信？（金 董解元《西厢记诸宫调》）
b. 那一位小姐，……写算操作，没有一件不来的。（晚清 吴趼人《二十年目睹之怪现状》）
c. 近来愁似天来大。（宋 辛弃疾《丑奴儿》）
d. 昏邓邓黑海来深，白茫茫陆地来厚，碧悠悠青天来阔。（元 王实甫《西厢记》）

就现有的历史语料，我们认为[越来越 X]中的“来”更像是构式中的填充成分，起到补充音节的作用，如例（47c）的“天来大”以及例（47d）的“黑海来深”等，这里的“来”更像是补充诗歌、戏曲唱词中的音节，而不是用来比况，如‘（像）天那样大’‘（像）黑海那样深’。因为如果把这两句的“来”去掉，“愁似天大”也就是‘忧愁像天那么大’的意思，而所谓的比况是由“似”带来的，而不是由“来”带来的，如“海阔”即‘像海那样辽阔’，“海”与“阔”之间不需要加“来”标示它们之间是比况的关系，除非是修辞（如诗歌或唱词）的需要。同理，“黑海深”“陆地厚”“青天阔”也不需要用“来”标示比况关系。

8.5.2 [V 来 V 去]构式

[V 来 V 去]构式一般有三种类型：类型 I 的 V 为位移方式动词，“来/去”表示施事位移的方向，如“走来走去、跑来跑去、飞来飞去”等；类型 II 的 V 为致使位移动词，“来/去”表示受事位移的方向，如“搬来搬去、拿来拿去、推来推去”，以及前后两个 V 为同义词的“颠来倒去、推来搡去”等；类型 III 的 V 为非位移动词，“来/去”失去趋向义，如“想来想去、看来看去、查来查去”，以及 V 为双音词的“商量来商量去”等。[V 来 V 去]构式中的 V 基本上是表示可以持续或者反复的动作，整个构式在语义上通常是表示一种动作或行为的反复发生或出现，在句法上一般不带宾语，尽管有些 V 在语义上是及物的，但在[V 来 V 去]构式出现的句法序列中，[V 来 V 去]后面不接宾语。

我们在 CCL 古代汉语语料库中发现，[V 来 V 去]构式比较早地出现在唐代，既有类型 I，如例（48a）的“飞来飞去”、例（48b）的“游来游去”；也有类型 III，如例（48c）的“看来看去”、例（48d）的“赌来赌去”。这些[V 来 V 去]构式都可以作谓语，在主语承前省略的情况下也可以独立成句。

（48）a. 独有南山桂花发，**飞来飞去**袭人裾。（唐 卢照邻《长安古意》）
　　b. 一别一年方见我，**游来游去**不禁君。（唐 罗邺《惜春》）
　　c. 昔日昔时经此地，**看来看去**渐成川。（唐 蔡孚《郊庙歌辞》）
　　d. 新妇报娘子：亦不须**赌来赌去**，今夜定知不免。（唐 张鷟《游仙窟》）

到了宋代，更多的[V 来 V 去]构式出现，类型 II 的 V 有“推、撞、翻”等，类型 III 的 V 有“说、讲、等、弄”等，如例（49a-d）。

（49）a. 须是**推来推去**，要见尽十分，方是格物。（宋 黎靖德《朱子语类》）
　　b. 也有被别人只管说，**说来说去**，无奈何去克己，少间又忘了。（宋 黎靖德《朱子语类》）
　　c. 若是微生高之心，**弄来弄去**，便做得这般可耻事出来。（宋 黎靖德《朱子语类》）
　　d. 今日等不见，明日又等不见，**等来等去**，便却去助长。（宋 黎靖德《朱子语类》）

元代的语例不多，但是到了明清时期，[V 来 V 去]构式大量出现，每一类型的 V 种类更多，尤其是类型 III，似乎所有的动词都可以进入该类型，如例（50a/b）。在句法上，该构式除了可以作谓语和独立成句外，还可以作状语，如例（50c），以及补语，如例（50d）。

（50）a. 翰林终日如痴似狂，拿着一管笔**写来写去**，茶饭懒吃。（明 凌濛初《二刻拍案惊奇》）
　　b. **唱来唱去**，不知数十百遍。（清 坑余生《续济公传》）
　　c. 先在穿衣镜里照了一番，又**踱来踱去**看了两遍。（清 李伯元《文明小史》）
　　d. 钟离权和他姊姊大姑娘却喜欢得**跳来跳去**……（清 无垢道人《八仙得道》）

到了现当代，[V 来 V 去]构式更加普遍，构式中的 V 也开始出现双音词，如例（51a）的“商量来商量去”。类型 I、类型 II 的[V 来 V 去]构式继续作谓词性成分，有时也与其他谓词成分共同作谓语，如例（51b）的“推来推去推到我的头上来”；类型 III 的[V 来 V 去]构式也可以单独作谓语，但更多情况下在句法结构上呈现非自足性，如例（51c-e）的“挑来挑去挑这么个东西”“飞机上的乘客数来数去都多了一个”“说来说去只是这么一句话”后面都接表示结果的成分。

（51）a. 我同李局长和易局长**商量来商量去**，还是觉得应该……（张平《十面埋伏》）

b. 这本是徐义德的事，为啥**推来推去**推到我的头上来呢？（周而复《上海的早晨》）

c. 眼乌珠也不张张大！**挑来挑去**挑这么个东西，他哪点好？（六六《双面胶》）

d. ……飞机上的乘客**数来数去**都多了一个……（李承鹏《寻人启事》）

e. 诸志岱……急于表白，但**说来说去**只是这么一句话：“……”（李山《尘封档案》）

李晋霞（2002）指出，例（52a-c）中的“说来说去”“讲来讲去”语义内容已经虚化，概念功能已经丧失，不再传递新信息，其语法意义表现在它的篇章功能上，起到衔接上下文以及归总的作用。例（52a）“说来说去”中的“说”失去了原有的表示‘说话’的行为义，“说来说去”相当于“说到底、总之”；例（52b）的“讲来讲去”用来揭示事物的根由；例（52c）的出处发表于1934年，作者认为这种特殊的[V来V去]至少在20世纪30年代就已出现。

（52）a. 他对那个比他还小了两岁的年轻导演，说不出理由的耿耿于怀，只要谈论起来，他能挑出一大堆“不是”。水凌儿心里明白，**说来说去**，就因为她在为那个导演做场记，天天朝夕相处。（陆星儿《夏天太冷》）①

b. 太太三十岁大生日，她就送上一只银果盘做寿礼，难怪她回一次老东家，太太让座上茶的，很给面子。**讲来讲去**，还不就是一个“钱”字？（程乃珊《供春变色壶》）

c. **说来说去**，还是那话。你们都别想着咱们是丈夫和媳妇，成不成？（许地山《春桃》）

刘志生（2004）在《朱子语类》中发现了1例这样的语例，即例（53a）；又在明清小说中发现了3例这样的语例，即例（53b-d）。他指出，这里的“说来说去”在句中作插入语，属于语用成分，起到连贯语篇、衔接上下文的作用，这样起到衔接上下文作用的“说来说去”至少在宋代就已出现。

（53）a. 又曰：“下面说天下大本，……**说来说去**，只是这一个道理。”（宋 黎靖德《朱子语类》）②

---

① 例（52a-c）引自李晋霞（2002：64-68），其中例（52c）原本是一大段的人物对话，该句是春桃和李茂对话中春桃说的最后一句话，在问清楚事情的来龙去脉后，春桃说了这句话。

② 例（53a-d）引自刘志生（2004：74-75），其中例（53a）的“又曰”之后是一大段话，为节省篇幅，这里做了省略；例（53c/d）分别出自对话中某一人说的话，篇幅较长，这里也做了省略，省略号之后的语句都是整段话的最后一句。

b. **说来说去**，宾主不相识，便道做得事来，此人如何肯信？（明 凌濛初《二刻拍案惊奇》）

c. ……**说来说去**，总归一个，勿成功！（晚清 张春帆《九尾龟》）

d. ……**说来说去**，倪格碗堂子饭，直头勿要吃哉。（晚清 张春帆《九尾龟》）

曾传禄（2008b）指出，以下例（54a-c）三句中的“说来说去”充当句间插入语，基本不具有概念意义，删去后对命题的真值意义没有影响，它与后续部分形成无条件让步关系，相当于“无论如何、不管怎样、总之”，表示说者的主观看法及对结论的肯定程度，因而属于话语标记。

（54）a. 盘古开天地以来，人类逐水而居；祖祖辈辈代代年年，新丰江养育了河源人，所以这条大河**说来说去**，怎么也是河源的福分。①

b. 因为《残雾》的演出，天真的马宗融兄封我为剧作家了。他一定叫我给回教救国协会写一本宣传剧。我没有那么大的胆子，因为自己知道《残雾》的未遭惨败完全是瞎猫碰着了死耗子。**说来说去**，情不可却，我就拉出宋之的兄来合作。

c. 一些关系人民生活的基本必需品，比如粮食，……政府对这类商品价格平时就要监控，不能完全听任市场价格波动，在必要时要采取紧急措施，避免价格剧烈波动。**说来说去**，在市场经济中没有理由对价格完全撒手不管。

李晋霞（2002）、刘志生（2004）、曾传禄（2008b）都认为“说来说去”发生了语法化。我们也同意这一观点，但是在上述研究对“说来说去”内部成分的分析方面，我们有不同的理解：①“说”的词汇义并未完全消失，仅从上面三组语例可以发现，几乎每个语例都比较长，在“说来说去”出现之前，都有一大段对话和描述，真正做到了“说来说去”，所以这个[V 来 V 去]构式并没有完全丧失它表示“动作行为反复”的本义；②“来”和“去”的确很早就发生了语法化，有作为事态助词的用法，但是如果从“来”和“去”之前的语法化角度来解释“说来说去”中的“来”和“去”，我们认为这二者之间没有必然的关联；③词语中的任一成分都可称作“词内成分”，所以把“说来说去”的“来”和“去”定性为“词内成分”就显得没有必要。

综上所述，我们认为[V 来 V 去]构式从类型 I 到类型 II 的发展不需要复杂的认知机制来推导，位移方式动词和致使位移方式动词后面接表示位移方向的“来”和“去”属于单纯的位移表达方式。类型 III 中的非位移动词出现在[V 来 V 去]构式中，这是形式类推的作用，受频率效应的影响，更多的非位移动词进入[V 来

① 例（54a-c）引自曾传禄（2008b：23-27）。

V 去]构式，表示某种动作或行为的反复，这是从单纯的位移向比较抽象的概念投射，就句法结构来看，这种语义投射不涉及语法化。然而，类型 III 中比较特殊的“说来说去”随着其出现频率的增加，逐渐衍生出衔接上下文、表达说者主观肯定态度的用法，句法上一般出现在句首或主谓之间，我们认为是整个构式发生了语法化，而这个语法化程度并不深，“说来说去”的构式本义并未完全消失，只是在语用过程中产生了新的语篇（衔接）功能，它不像“看来”，因为“看来”省略后，语句各方面都不受影响，但是把上述语例中的“说来说去”省略后，语句的信息流就会变得不流畅。

8.6 小结

本章考察和分析了英语[COME^{+}]构式、[GO^{+}]构式的习语化现象。[COME^{+}]构式的习语化现象主要涉及[COME NP]构式、[COME ADJ]构式、[COME X COME Y]构式；[GO^{+}]构式的习语化现象主要涉及[GO NP]构式、[GO ADJ]构式、[GO to NP-institute]构式、[COME and GO]构式。汉语的[XX 说来]构式、[XX 来说]构式、[说来 XX]构式、[越来越 X]构式、[V 来 V 去]构式也发生了习语化。在对上述构式的习语化过程进行描写和归纳的基础上，本章也分析和探讨了每一类构式习语化的动因和机制。

基于英汉位移构式演变中的习语化现象，我们认为高频出现的位移构式很容易出现习语化现象，而且习语化后的构式在组词造句方面的能力非常强，语用功能呈多样性，在引出话题、表现主观性、衔接语篇、吸引听/读者等方面发挥了重要作用。在分析此类构式的演变时，不应采取微观、逐字的方式，而应将这一构式作为一个整体去考察和描写，而构式化正好可以为这类语言现象提供有针对性的描写和解释框架。

第9章

位移构式的演变规律与个体差异

9.1 引　　言

从共时、历时层面考察英汉位移构式之后，本章将分析英汉两种语言在位移构式演化过程中显现的共性和个体差异，并采用比较与对比的方法，不仅包括跨语言的比较与对比，也包括构式之间、概念范畴之间的比较与对比。除了英汉两种语言外，我们也参考国内外学界对世界范围内其他语言相关现象的考察和研究成果。我们将从语义演变和功能演变两大部分进行论述，每一部分都包括演变过程中呈现的跨语言共性和个体差异。

9.2 位移构式语义演变的跨语言共性

英汉位移构式的语义演变有四个共同点：①位移构式由原来表示空间位移演变为表示时间变化；②位移构式由原来表示空间位移演变为表示状态变化；③位移构式由原来表示空间顺序演变为表示概念顺序；④位移构式由原来表示空间距离演变为表示心理距离。下面我们将从这四方面进行逐一论述。

9.2.1 从空间位移到时间变化

位移构式原本是用来表示空间位置的移动或变化，但是我们发现英汉语的位移构式都可以表示时间的“位移”，而且根据历史语料，表示时间变化的用法出现的时间并不比表示空间位移的用法晚很多。我们先以英语中的 come 和 go 为例，考察直指位移动词在表示时间变化上的特点。

基于历史语料，come 表示‘到达某一过程中的某一个时间点’，如例（1a）表示‘从他出生开始一直到他下葬’，这里的 come at his burial 表示‘到了去世的这个时间’；例（1b）come to the reign of Queen Mary 表示‘现在到了玛丽女王当政的时间’；例（1c）come to ages in which we have clearer data 表示‘直到有了更清晰数据的年代’。从例（1a-c）可见，come 可以与介词 to、at 搭配出现，形成[COME to/at NP-time]构式，表示‘到达某一时间点或时间段’。

（1）a. Begin at his birth, and go forth until ye **come** at his burial.（1544 H. Latimer *Wks*. II. 438）

b. We now **come** to the reign of Queen Mary.（1783 *Ann. Reg. 1781* Acct. of Bks. 200/2）

c. Until we **come** to ages in which we have clearer data.（1874 W. Stubbs *Constit. Hist*. I. iv. 68）

同时，come 也表示‘时间自然而然地到了某一时刻’，如例（2a）的 þe tyme come，即‘（某一）时刻到了’；例（2b）的 bed tyme came 即‘睡觉时间到了’；例（2c）的 the Day came for my Departure，即‘我应该离开的日子到了’；例（2d）“The time must come, and will come quickly”表示‘那一刻一定会到来，而且会很快到来’。从例（2a-d）可以看出，时间名词作主语，后接 come 作谓语，形成[NP-time COME]构式，表示‘某一时刻到了’。

（2）a. He knew þe tyme **come** þat he wolde haue bapteme nome.（*a*1400 *Cursor Mundi* l. 12830）

b. When bed tyme **came**, the king went to his bed.（1569 R. Grafton *Chron*. II. 218）

c. When … the Day **came** for my Departure, I took leave …（1726 Swift *Gulliver* II. iv. x. 161）

d. The time must **come**, and will **come** quickly.（1833 *New Monthly Mag*. 38 390）

表示空间位移的 go 也可以表示时间概念，如例（3a）“Ten dais … was gan”，即‘……十天过去了’；例（3b）One week and half of another is already gone，即‘一周半的时间已经过去了’；例（3c）The afternoon went pleasantly enough，即‘下午过得比较愉快’。例（3a-c）表明施事主语为时间名词短语，可以形成[NP-time GO]构式，表示时间的行进。

（3）a. Ten dais on þe monet was **gan**.（*a*1400 [1325] *Cursor Mundi* [Vesp.] l. 11281）

b. One week and half of another is already **gone**.（1835 J. W. Carlyle *Lett*. I. 20）

c. The afternoon **went** pleasantly enough.（1889 N. H. Kennard *Landing Prize* I. viii. 147）

另外，come 本身可以指代‘将来、未来’，如例（4a）的“Past, and to Come”，即‘过去和未来’；例（4b）的 the To come，即‘未来’。come 也出现在名词短语后作定语，表示‘将来的’，如例（4c）“In þis tyme, and in tyme to come”，即‘当前和即将到来的时代’。

（4）a. Past, and to **Come**, seemes best; things …（*a*1616 Shakespeare *Henry IV, Pt. 2* i. iii. 108）

b. Scorning the Past, and damning the To **come**.（1844 E. B. Browning *Poems* I. 77）

c. In þis tyme, and in tyme to **come**…（*c*1475［1400］*Apol. Lollard Doctr.*［1842］5）

再来看汉语中的“来”“去”是如何表示时间的变化的。“来”本身也可以直接指代‘将来、未来’，如例（5a）的“不闵来”，即‘不担忧未来’。“来”也可以出现在时间名词前作定语，如例（5b）的“来年”，即‘明年’；例（5c）的“来日”，即‘未来的日子、将来’。

（5）a. 不慕往，不闵**来**。（《荀子·解蔽》）

b. 如知其非义，斯速已矣，何待**来年**。（《孟子·滕文公下》）

c. 可惜驻足时间太短，……只好有待**来日**了。（1994年《人民日报》）

“来”还可以与时间名词构成表示时间的双音词，如例（6a）的“古来”、例（6b）的“后来”、例（6c）的“将来”，以及“近来、未来”等。

（6）a. 醉卧沙场君莫笑，**古来**征战几人回？（唐 王翰《凉州词》）

b. **后来**再没人见过沈先生，听说那天天刚亮，他就坐着轿子走了。（余华《活着》）

c. 这些小崽子，**将来**你们都有这天的。（周立波《暴风骤雨》）

“来”也可以出现在［（自）XP（以）来］构式中，这里的XP可以是表示动作、事件、时间的动词短语或名词短语，如例（7a-d）。

（7）a. 自获麟以**来**四百有余岁。（西汉 司马迁《史记·太史公自序》）

b. 我得仙**来**，已三万岁。（宋 李昉等《太平广记》）

c. 夫齐鲁之间于文学，**自古以来**，其天性也。（西汉 司马迁《史记·儒林列传》）

d. 此外，今年年初**以来**国内经济继续保持增长势头。（新华社2001年新闻报道）

表示空间位移的“去”也可以出现在时间名词前作定语，如例（8a）的“去日”、例（8b）的“去年”、例（8c）的“去岁”，以及“去月”等。

（8）a. 譬如朝露，**去**日苦多。（东汉 曹操《短歌行》）

b. **去年**白帝雪在山，今年白帝雪在地。（唐 杜甫《前苦寒行二首》）

c. **去**岁君为蓟门客，燕山雪暗秦云白。（明 徐祯卿《寄华玉》）

“去”还可以出现在时间名词之后，前面接介词，形成［自/从+NP-time+去］构式，表示‘从某个时间点以后’，这里的“去”引申为‘后、以后’，如例（9a）

的“自今已去”、例（9b）的“从今去”、（例 9c）的“从今日去”都表示‘从今以后’。

（9）a. 自今已**去**，国家永无南顾之虞。（西晋 陈寿《三国志·吴书·吕蒙传》）
b. 未未知从今**去**，当复如此不？（东晋 陶潜《游斜川》）
c. 愿从今日**去**，身长健。（宋 张元干《感皇恩》）

通过上述的历时考察，我们分析，由于位置的移动伴随着时间的消耗，所以当位移完成时，自然就到了某一时间点或过程中的某一阶段，这是空间位移与时间位移两个概念之间可以比拟的认知基础。随着“移动”从空间域向时间域的投射，原来表空间位移的构式就可以隐喻化地表示时间的“位移”，只不过这一隐喻已为语言使用者所熟识，并已固化在语言编码过程中而不觉得是隐喻了。

9.2.2 从空间位移到状态变化

表示空间位移的 come 还可以引申为‘自然而然达到某一阶段’，如例（10a/b）表示‘到了成长中的某一阶段’；come 也可以表示‘事态发展到某一程度’，如例（10c）表示‘二人（关系恶化）开始大骂起来’，例（10d）表示‘双方会（矛盾激化）大打出手’。

（10）a. She bore him several children, but one Daughter only **came** to Age.（1687 G. Burnet *Contin. Refl. Mr. Varillas's Hist. Heresies* 143）
b. He **comes** to his full Growth in a Year.（1758 R. Binnell *Descr. Thames* 254）
c. These two haughty barons **came** to high and abusive words.（1827 Scott *Tales of Grandfather* 1st Ser. viii）
d. To fear that the two parties would **come** to blows.（1849 T. B. Macaulay *Hist. Eng.* I. 556）

位移构式表示状态的变化，隐喻机制在起作用，如 go 表示一种离开说者的位移，聚焦位移的最初阶段。同样，隐喻化的 go 也表示事件从一种常态向一种意料之外的非常态甚至令人不悦的状态“位移”，如例（11a/b）的 went dead、gone unreasonably mad 分别表示‘突然死’‘突然疯’。

（11）a. He **went** dead about three months ago.（1803 S. Pegge *Anecd. Eng. Lang.* 243）
b. A poet **gone** unreasonably mad.（1845 T. Hood *Love* iii）
c. His prophecy had **come** true.（1879 M. J. Guest *Lect. Hist. Eng.* xxi. 206）
d. All would **come** right between her and her old friends.（1889 C. E. L. Riddell *Princess Sunshine* I. iv. 71）

直指位移动词 come 表示朝向说者的位移，聚焦位移的最终阶段。同样，隐喻化的 come 往往表示事件自然而然、意料之中、令人愉悦的发展结果，如例（11c/d）的 come true、come right 分别表示‘（预言）成真’‘（一切）正常’。除了直指位移动词外，其他位移动词也可以隐喻化地表示状态的变化，如 fall ill 中的 fall 表示‘一种突然且无法控制的变化’。

汉语的“来”“去”也可以表示状态或事态的变化，如例（12a）中的“来”表示疾病的情势或严重程度发生变化；例（12b）中的“来”表示价格涨势发生变化；例（12c）中的“去”表示斗争发展的趋势发生变化。

（12）a. 旺古病得不轻，且**病势来得凶猛**。（1994 年《作家文摘》）

b. 市场担心股市最近的**涨势来得过快、过早**。（新华社 2003 年新闻报道）

c. 我奶奶知道这场斗争**大势已去**，跺了跺脚……（六六《王贵与安娜》）

当然，无论是 come、go，还是“来”“去”，表示状态变化向好时，不一定只有 come 或“来”，而表示状态变化向坏时，也不一定只有 go 和“去”。例如，英语中也有 come dead 这样的表达方式，因此，向好还是向坏只是一个大致的趋势，并不绝对。

9.2.3　从空间顺序到概念顺序

位移是从一地移至另一地的位置变化，这一概念可以由位移方式、位移原因（致使位移发生）、自带方向的位移动词编码，如例（13a）的 roll、例（13b）的“滚”都表示位移方式，即位移方式动词；而例（13c）的 push、例（13d）的“推”都表示位移发生的原因，即致使位移动词。

（13）a. The ball **rolled down** the slope.

b. 球**滚下**了斜坡。

c. They **pushed** him **into** the car.

d. 他们把他**推进**了车里。

英汉共有的位移编码模式之一为[方式/致使动词+路径]构式，以例（13a-d）为例，方式/致使动词分别由 roll、“滚”、push、“推”编码，英语的位移路径由介词 down、into 编码，汉语的位移路径由趋向补语“下”“进”编码。

英汉共有的位移编码模式之二为[自带方向位移动词+（路径）]构式，以例（14a-d）为例，例（14b）的 came 单独出现，例（14c）的“上”也不需要加路径信息，例（14a）went 后由介词引出位移终点，例（14d）的“进”后接趋向补语“去”。

（14）a. We **went to** Rome last summer.

b. They **came** soon after the accident.

c. 他们迅速**上**了车。

d. 老师催他们快**进去**。

英汉共有的位移编码模式之三为[位移动词+（and/to）+其他动词]构式，如例（15a-c）的 come speake with you、came to visit me、Come and see us，位移动词 come 后分别接 VP、带 to 的 VP、连词 and+VP。

（15）a. I haue sent to bid Cassio **come** speake with you.（*a*1616 Shakespeare *Othello* iii. iv. 50）

b. Those who **came** to visit me.（1726 Swift *Gulliver* II. iii. ix. 121）

c. **Come** and see us in our new home. He **came** and bought one.（1891 *N.E.D.* at *Come, Mod.*）

位移动词 go 接续第二个动作的用法与 come 类似，如例（16a-c）的 go & beg my food、went to seek him、go take Care of，位移动词 go 后分别接连词 and（&）+VP、带 to 的 VP、VP。

（16）a. Would'st thou haue me **go** & beg my food.（*a*1616 Shakespeare *As You Like It* [1623] ii. iii. 32）

b. Our dinner done, and he not comming thither I **went** to seek him.（*a*1616 Shakespeare *Comedy of Errors* [1623] v. i. 226）

c. I bid him **go** take Care of his … Things.（1720 D. Defoe *Mem. Cavalier* 75）

在接续其他动词方面，“来”“去”组成的构式更加简洁，如例（17a-c）的“来乞食”“来帮我”“来帮忙”，位移动词“来”后直接跟 VP，有时还可以形成[VP_1来 VP_2]构式，如例（17c）的“请大家来帮忙”。

（17）a. 妹，我非鬼，我是沙门，今**来**乞食。（东晋 瞿昙僧伽提婆译《大正藏·中阿含经》）

b. 不是这个干娘，邻舍家谁肯**来**帮我？（元末明初 施耐庵、罗贯中《水浒传》）

c. 自己改不了就请大家**来**帮忙。（巴金《探索集》）

“去”接续其他动词的用法与“来”类似，如例（18a-d）的“去坠落”“去想办法解决”“去解决”“去找他”，位移动词“去”后直接跟 VP，有时还可以形成[VP_1来 VP_2]构式，如例（18c/d）的“需要……去解决”“打着雨伞去找他”。

（18）a. 尔是道门仙子骨，休**去**坠落陷人坑。（清 魏文中《绣云阁》）

b. 这种事情你应该自己**去**想办法解决。（李开复《世界因你不同》）

c. 正因为有困难和问题，才需要我们领导干部去解决。(1994年《报刊精选》)

d. 我经常骑着自行车，打着雨伞去找他。(1994年《报刊精选》)

这种[位移动词+（and/to）+其他动词]的构式，有学者称之为连动式，也有学者称之为双动式。高增霞（2005）探讨了连动结构的隐喻层面，指出连动式是以时序原则为结构原则、以顺序意义为语法意义的一种结构形式。该文章指出，尽管连动式是对照概念领域中的时间先后顺序而形成的结构形式，但是人们不仅仅用它来表达客观世界中时间上先后发生的几个动作行为，还用来表达更为抽象的先后语义关系，如逻辑的先后顺序、认知方式上的先后顺序，从而形成了不同的隐喻层面，换句话说，连动结构是对概念、逻辑、认知方式等先后顺序的临摹。

Hopper（2008）考察了非洲西部语言和汉语中的TAKE连动式①，他指出连动化是指第一动词对语篇其他部分的投射并将它们控制在自己的辖域内，所以语法不能脱离语篇而要在语篇中逐渐显现出来。

Yates（2014）指出，拉丁语、梵语、希腊语、亚美尼亚语（Armenian）、赫梯语（Hittite）等古印欧语言中也存在连动式。连动式具有独特的句法语义属性，如单小句（monoclausality），也具有语法标记（人称、数、时态等）相同、主语或宾语共享、语义上呈现单事件性（semantic single-eventhood）等特征。这种连动式中的某个动词一定是位移动词，这一点与英语准连动构式类似，如[GO GET]构式（Pullum 1990），当然，这种连动结构与连动类型语言的连动式并不完全相同。

Zwicky（2003，2012）认为，英语准连动构式表现出的特殊句法限制和共时分布特征归因于其初始的祈使结构，这种无形连接的祈使序列构式（asyndetic② sequential imperatives）被说者重新分析为一个独立的语言单位，具有句法、语义、韵律方面的整体特征，之后又扩展至非祈使构式。

我们认为，无论是[方式/致使动词+路径]构式、[自带方向位移动词+（路径）]构式，还是[位移动词+（and/to）+其他动词]构式，这三种英汉位移编码共有的模式都无一例外地反映了人类认识客观事物的普遍规律。在[方式/致使动词+路径]构式、[自带方向位移动词+（路径）]构式中，从位移动作的起始→路线→终点，这是一个完整的位移过程应有的构件和流程，反映了人类认识位移概念的共同特点。同样，在[位移动词+（and/to）+其他动词]构式中，VP_1和VP_2按照动作

① 如汉语的"我拿刀切肉"，英语中虽没有*take knife cut meat这样的用法，但有take this design for the house and enlarge the bedrooms这样的[Take NP and VP]构式。

② "有形连接"（syndeton）或"有形连接的"（syndetic）在现代语法中指的是用连词将一个句法构式中的几个部分联系起来，如在They spoke rapidly and quietly中，and连接两个副词rapidly和quietly；"无形连接的"（asyndetic）就是指省略连词，主要是为了使表达形式更为经济或引人注目，如"They spoke rapidly, quietly"。

发生的先后顺序依次线性排列。这些共有的构式类型好像是临摹了概念生成上的先后关系，如实反映了客观世界中时间轴上按顺序发生的几个动作、事件。

9.2.4 从空间距离到心理距离

空间位移动词 go 和“去”都有‘离开（当前位置）’的意思，如例（19a）的 let you go，即‘让你离开’；例（19b）的“去故乡”，即‘离开故乡’。

（19）a. I couldn't let you **<u>go</u>** without saying how … I am.（1897 F. Marryat *Blood of Vampire* xii）

b. **<u>去</u>**故乡而就远兮，遵江夏以流亡。（先秦 屈原《九章·哀郢》）

从这个表示产生空间距离的基本义，二者都引申出其他相关的含义和用法。例如，go 可以引申为‘（意识已经离开）昏迷、失去知觉’，如例（20a）的 she's going，后半句的 give her air 说明这里 going 的意思是‘昏过去、失去知觉’；go 还引申为‘离世、去世’，如例（20b）We're here to-day and gone to-morrow，这里的 gone 指代‘死’；例（20c）的“Your brother's gone — died half-an-hour ago”中 gone 也指代‘死’，这一意思可以从后半句得到证实。

（20）a. Help, she's **<u>going</u>**, give her air.（1768 O. Goldsmith *Good Natur'd Man* v. 65）

b. We're here to-day and **<u>gone</u>** to-morrow.（*a*1721 M. Prior *Turtle & Sparrow* [1723] 375）

c. Your brother's **<u>gone</u>** — died half-an-hour ago.（1850 *Tait's Edinb. Mag.* Dec. 722/2）

同样，“去”也经历了这一概念引申和语义扩展的过程。“去”可以引申为‘失去、损失’，如例（21a）的“去慈亲”，即‘失去了慈亲’，这里的“去”与后面并列句中的“丧”在语义上呼应；“去”还可以直接指代‘死、去世’，如例（21b/c）。

（21）a. 孤儿**<u>去</u>**慈亲，远客丧主人。（唐 孟云卿《悲哉行》）

b. 小姐**<u>去</u>**三年，待与招魂上九天。（明 汤显祖《牡丹亭·魂游》）

c. 父亲**<u>去</u>**了，把这一房的责任放在他的肩上。（巴金《家》）

表示空间离开的 go 和“去”都可以有这样的概念引申，而 come 和“来”却没有。笔者认为，尽管直指位移动词引导的构式演变路径呈多样性，但它们的基本义并没有完全消失，在一些隐喻化的概念投射中，基本义或是原义起到了引导和限制的作用。表示空间离开的 go 和“去”的本义就是‘离开（所在地）’，隐喻化地转指‘离开（人世）’，从具体的空间域投射到抽象的概念域，基本义起了主导作用，同时也限制了其他同类动词进行类似的语义扩展。

9.3 位移构式语义演变的个体差异

英汉位移构式在语义演变方面既有共同点也有差异，下面将从位移构式编码模式的多样性、复合路径中的直指中心、位移方式充当附目三方面进行分析和论述。

9.3.1 位移构式编码模式的多样性

英汉位移构式共有的三种编码模式也并不是在所有语言中都常见。例如，Choi 和 Bowerman（1991）指出韩语位移编码有这样两种情况：致使位移的及物小句中，路径与主体/背景成分本身含有位移动作信息；在自发位移的不及物小句中，直指位移动词本身含有位移动作信息，路径和方式独立于直指位移动词。

英汉位移编码模式也存在不同之处，比较显著的差异之一在于直指位移动词。英语的直指位移动词 come 和 go 在句中一般作为主动词出现，而汉语的直指位移动词“来”“去”既可以作为主动词出现，如“去北京”“来中国”；也可以作为趋向补语，在主动词后出现，起到助词的作用，如“走来”“跑去”；还可以与大部分趋向动词搭配出现，如“进来、出去、走上来、跑下去”，这些语用功能是 come 和 go 所不具备的。

几乎每种语言都有方式动词和路径动词，但数量各不相同。方式动词数量多，这种语言使用方式动词编码的频率就有可能更高。大多数语言都有像英语中的 come、go 那样的位移动词，但是表示更详细的位移方向的路径动词（如 approach、enter）的数量因语言而异。方式动词的跨语言差别更加明显，大多数语言都有描写最基本的位移方式的动词如 walk、run、fly、swim，但少数语言会有表示更详细的位移方式的动词，如 amble‘漫步’、jog‘健身跑’、waltz‘像跳华尔兹那样地走’。因此，语言在位移编码的偏好上呈现出哪种动词数量多，哪种动词编码频率就高的特点，这就使得语言具有各自的类型学特征。

基于对英汉位移构式的分析与梳理，笔者认为，不同语言在位移编码模式上呈现的共性反映了人类对位移的认识和概念化具有共同之处，体现了动作、概念化、编码在时序上的一致性。不同语言在位移编码模式上呈现的差异是该语言的句法结构系统和具体语言使用之间相互作用、相互适应的结果。无论是共性还是差异，实际上反映的都是不同语言的使用者在表达位移时所呈现的一种语用倾向，而不是绝对意义上的某种语言只有某种类型而不存在其他。从历时角度来看，一种语言的位移编码模式很有可能发生变化,一方面来自语言内部句法体系的演变,另一方面则有可能来自语言接触所带来的语言外部影响,因此,位移编码模式存在动态性和多样性。

9.3.2 复合路径中的直指中心

汉语存在复合路径位移构式,如"V 进来""V 出去""V 进 NP 来""V 出 NP 去"等,这类构式是由位移方式、趋向动词、处所名词三个要素构成的,看起来很普通,其特别之处在于这里的趋向动词不止一个,而且三要素的排列顺序不止一种。现代汉语中常见的单个趋向动词有"来、去、进、出、上、下、回、过、起、开"(陆俭明 2002),这 10 个趋向动词还可以两两搭配出现,构成复合趋向构式。

然而,这里的两两搭配出现却并不是随机的,其中有 8 个趋向动词几乎都可以与另外两个趋向动词搭配出现,这两个趋向动词就是"来""去"。把后 8 个趋向动词与"来""去"搭配,会出现"进来、进去、出来、出去、上来、上去、下来、下去、回来、回去、过来、过去、起来、开来"等复合趋向构式,只有"起""开"在现代汉语中很少与"去"搭配。

这 14 个双音词既可以独立作谓语,也可以与位移方式动词、致使位移动词搭配,构成复杂[VP 来/去]构式。也就是说,几乎所有的复合路径编码中都会有"来"或"去",那么这里的"来"或"去"发挥什么样的语用功能呢?例(22a)的"跑进来",如果删除"来",这句话听起来就很别扭,"跑进"不能独立出现,要么"跑进来/去",要么"跑进院子、跑进屋子";例(22b)的"跑进弄堂来",没有"来"也可以;例(22c)"跑出去"的"去"不能省;例(22d)"跑出房间去"的"去"可以省。那么,有了"来"和"去",句子有何不同呢?

(22)a. 新子**跑进来**,说村长叫水山有事。(冯德英《迎春花》)

b. 落纱工董素娟飞也似的**跑进**弄堂**来**……(周而复《上海的早晨》)

c. 汤阿英不等余静的同意,转身就**跑出去**了。(周而复《上海的早晨》)

d. 夏雪什么也不听,**跑出**房间**去**。(电视剧《家有儿女》)

这一点在英语中是没有的。英语的直指位移动词 come 和 go 在复合路径构式中一般以 come up to、go down to 这种类型出现,come 和 go 本身一般不参与除充当主动词以外的路径表达,如例(23a-d)中的 come 和 go 作为主动词出现,路径信息由介词、副词编码。

(23)a. The water **came up to** my chest.

b. I wore a large shirt of Jamie's which **came down over** my hips.

c. In the evening she **went down to** the shop for bread.

d. I have no doubt people will **go along to** the airport.

如果想表达“她跑出房间去”，英语也许这样说：“She ran out of the room.” 概念框架中有一个人从房间里跑出房间外，out of the room 表示位移方向，但是‘去’的含义没有体现出来，“去”是针对说者的视角或者说者看问题的视角，也就是直指中心来说的，“她跑出房间去”，除了房间是参照物，从房间里出来，还有一个直指中心（说者）的参照点，相对于说者做由近及远的位移。英语要充分表达这个意思，勉强可以说“She went out of the room, running”，但不可以说“*She ran out of the room, going”，这是英汉语位移构式编码上的一个显著的不同。

陈忠（2007）聚焦复合趋向补语中“来/去”的句法分布顺序及其理据，指出位移动作有两种参照模式：“来/去”以观察者为参照，是位移路径图式外在的构成要素，与处所之间的语义距离较远；其他趋向动词以处所为参照，而处所是路径图式内在的构成要素，与处所之间的语义距离较近。这种语义距离上的差别制约着各自与处所成分组合的句法分布顺序，这种解释比较清楚地说明了例（22a）为何是“跑进来”而不是“*跑来进”。

笔者认为，“来”和“去”的出现为位移编码增添了说者的视角，“跑进弄堂来”的“进”提供了句子主语与“弄堂”这个处所的方位参照关系，即从弄堂外进到弄堂里面；而“来”提供了与说者所在位置的视角参照关系，即说者在弄堂里或者在描述位移事件时说者把自己置身于弄堂里，所以凡是从外面进入弄堂里，在说者的视角看来都是“来”，这样就清楚地描写了位移动作的方向和空间参照关系。英语的直指位移动词 come 和 go 不可能出现在“*She ran out of the room, going.”这样的句子中，也就是说，如果像汉语“跑进来、跑进弄堂来、跑出去、跑出房间去”那样增加说者视角的话，come 和 go 只能在主动词位置上出现，位移方式只能充当附目。下面将考察英汉语位移构式中附目编码的异同。

9.3.3　位移方式充当附目

当英语直指位移动词 come 和 go 作主动词时，位移方式是通过[COME/GO VP-ing]构式进行编码的。从 Talmy 的位移事件编码类型二分法来看，这是典型的位移方式充当附目的编码方式。[COME VP-ing]构式本义是表示在由彼至此的位移运动过程中发生 VP 这样的动作，如例（24a）He sawe rychard come rydyng vpon an hors，即‘He saw Richard come riding upon a horse’。句中复合宾语的核心动词为 come，riding upon a horse 是位移方式。例（24b）The Scottes came fleyng ouer the dales，即‘The Scots came flying over the dales’，句中主动词为 came，flying 为位移方式。这两个语例都出现在中古英语晚期，说明英语中位移方式充当附目的用法历史还比较悠久。

（24）a. He sawe rychard **come** rydyng vpon an hors.（1485 Caxton tr. *Charles the Grete*［1881］163）

b. The Scottes **came** fleyng ouer the dales.（1523 Ld. Berners tr. J. Froissart *Cronycles* I. lxxvi. 97）

c. There **came** two Men running against him amain.（1678 J. Bunyan *Pilgrim's Progress* 44）

这一构式在早期现代英语中继续出现，如例（24c）There came two Men running 为倒装句，主动词为 came，running 为位移方式。这种位移编码模式在晚期现代英语和当代英语中也很常见，如例（25a-c）的 came galloping、come riding、came pouring 分别出自 17—18 世纪爱尔兰作家乔纳森·斯威夫特（Jonathan Swift）、19 世纪英国作家阿尔弗雷德·丁尼生（Alfred Tennyson）、查尔斯·狄更斯（Charles Dickens）的作品，可见这一构式在文学作品中具有比较强的表现力。在这些语例中，come 为主动词，表示位移方式的 gallop、ride、pour 以-ing 形式出现，值得注意的是例（25c）The fog came pouring in at every chink and keyhole 中拟人化的景物描写，came 为主动词，pouring‘倾泻’既可以理解为大雾“来”的方式、状态，也可以理解为大雾“来”的结果。

（25）a. The Nag **came** galloping towards me.（1726 Swift *Gulliver* II. iv. viii. 122）

b. The knights **come** riding, two and two.（1832 Tennyson *Lady of Shalott* ii, in *Poems* 12）

c. The fog **came** pouring in at every chink and keyhole.（1843 Dickens *Christmas Carol* i. 5）

[GO VP-ing]构式也有类似的用法，如例（26a）的 went flying，即‘（冰桶脱手）飞了出去’，went 为主动词，flying 为脱手出去的方式或状态，这种用法的出现频率没有[COME VP-ing]构式出现的频率高。一些[GO VP-ing]构式已经派生出其他用法，如用于否定句，如例（26b）don't go deleting and formatting everything in sight 表示‘对某种行为不赞成、不允许某人有某种行为’，即‘尤其不要看到什么都要删除或格式化’。

（26）a. The ice bucket holding a bottle of wine **went** flying as did the bedside lamp.

b. Particularly don't **go** deleting and formatting everything in sight.

然而，汉语在表达例（24a）He sawe rychard come rydyng vpon an hors，即‘He saw Richard come riding upon a horse’这样的意思时，比较自然的说法是“他看见理查德骑着马走过来”，而“他看见理查德过来，骑着马”就不太符合汉语的习惯。

由此可见，位移方式作附目是英语特有的，这也是英汉位移构式编码的另一个不同之处。

9.4　位移构式功能演变的跨语言共性

位移构式在演变过程中，除了语义上的演变，还有语用、句法功能上的演变。英汉位移构式在语用和句法功能上的演变有三个共同点：①位移构式由表示空间位移的句法核心成分演变为标记时体的辅助成分；②位移构式中的位移动词演变为可以指代其他具体动作动词的代动词；③位移构式中的位移动词演变为表示时间或方位的时空介词。这里将从这三方面入手逐一分析和探讨。

9.4.1　从空间位移到标记时体

直指位移动词用来标记时体，在很多语言中都很常见。根据 Bybee 等（1994）、Heine 和 Kuteva（2002），世界上有 24 种语言用 COME 表示将来时，有 28 种语言用 GO 表示将来时①。英语中有两种常见的手段表示将来时：一是由表意图的动词（如 will、shall）虚化而来的；二是由 be going to 演化而来的。汉语表示将来时，常见的是由表意图的动词（如“要”“欲”）虚化而来的，也有用“来”和“去”表示将要做某事。

[BE GOING TO VP]构式表示‘将要发生某事、准备要做某事’，如例（27a）的 was goyng to be broughte into helle，即‘将要被带入地狱’；例（27b）的 are going to bee married，即‘准备要结婚’；例（27c）As I was going to say，即‘正如我将要说的’。

（27）a. Thys onhappy sowle … was **goyng** to be broughte into helle for the synne and onleful lustys of her body.（1482 *Monk of Evesham* 43）

b. I believe next news I heare will be that you are **going** to bee married.（1672 Lady M. Bertie in *12th Rep. Royal Comm. Hist. MSS* [1890] App. v. 26）

c. As I was **going** to say…（1703 J. Locke *Let.* 23 July [On Dr. Pococke]）

[来 VP]构式、[去 VP]构式也可以表示‘将要做某事、准备做某事’，如例（28a-d）。

---

① 这里的 COME 和 GO 表示英语中的 come 和 go 在其他语言中的对应词，由于不能找到一个统一的符号指代所有语言中表示这一类意义的词语，权且用大写的 COME 和 GO 来替代。

（28）a. 李太太，我来替你打。（曹禺《日出》）
b. 我才说过，如果……今天就讨饭行乞了！谁来可怜我？（王火《战争和人》）
c. 我和谁去说？对总统去说？人家管咱们拉洋车的臭事吗！（老舍《老张的哲学》）
d. 你去会白小姐，顺便带着找帽子，再好不过了。（张恨水《金粉世家》）

由此可见，英汉直指位移构式都可以标记将来，表示将要发生某事或准备要做某事。既然位移动词可以标记将来，那么是不是所有的位移动词都可以标记时态？如果不是，那么为什么只有 go、come、“来”、“去”可以标记时态？Bybee 等（1994）认为语义宽泛（lexical generality）是语言成分发生语法化的条件之一。所谓语义宽泛，就是指构式或词语的意义不那么具体，意思宽泛使得构式或词语适用于更多的语境。直指位移动词“来”和“去”远比位移方式动词（如 walk、ride、“跑”、“飞”）能适应更多的语境，语义越泛化，越容易发生语法化。

石毓智和白解红（2008）探讨将来时的概念结构以揭示不同语言和同一语言在不同历史时期中由普通词汇向将来时语法化的规律。该文章指出，人们只有通过运动变化才能感知时间的发展，将来时指示离说话时刻具有一定时间距离的未发生事件，主要表达人们对未来事件发生的企图或预测，所以将来时标记的词汇来源都是动词。该文章总结了普通词汇向将来时标记发展的规律：①该类词汇必须是具有空间距离变化的行为动词；②词汇所指必须有自然的起始点和终结点；③词汇必须有明确的目的性；④将来时标记有向认识情态发展的倾向。

除了标记将来时，“来”和“去”还可以标记事态或动态，如例（29a/b）“教来”“秤来”中的“来”都表示动作完成，侧重表达动作的结果，后接结果补语，用法和语义相当于结构助词“得”。这种用法一直延续至今，如例（29c）“醒来”中的“来”也表示动作完成，侧重表达一种状态。

（29）a. 教来鹦鹉语初成，久闭金笼惯认名。（唐 王涯《宫词三十首》）
b. 纤纤玉指，秤来不上半斤。（清 李渔《奈何天·隐妬》）
c. 一天夜里，胡拉麻姑一觉醒来。（李文澄《努尔哈赤》）
d. 绿房千子熟，紫穗百花开。莫言行万里，曾经相识来。（南北朝 庾信《忽见槟榔诗》）
e. 拾得玉钗镌敕字，当时恩泽赐谁来。（唐 罗邺《吴王古宫井二首》）

［VP 来］构式与时间副词“曾、曾经、当时”搭配出现，使“来”表示过去的含义更加明显，相当于语助词“过”，表示动作、状态的完成或实现，给所述事件增加一种完结的意思，如例（29d/e）的“曾经相识来”“当时恩泽赐谁来”都表示一种曾然态。这里的“来”相当于语助词，还不是完成体标记，与典型的完成体标记在语义和功能上不完全相同。

[VP 去]构式也可以表示事态已出现某种变化或将要出现某种变化，“去”常位于句末，主要有以下三种用法：①表示将要，例（30a）中的“去”用于未然语境，肯定事态将要出现某种变化，句中常伴随表示未来的词语，如“后人”；②表示假设，例（30b）中的“去”表示有某种前提推测事态将要出现变化，与“则”连用，相当于‘既然这样，那就……了’；③表示完成，例（30c）中的“去”用于已然语境，表示确定事态已出现变化。

（30）a. 师曰：“不可教后人断绝<u>去</u>也。”（南唐《祖堂集》）
b. 进曰：“与摩则不欺于学人<u>去</u>也。”（南唐《祖堂集》）
c. 庆放身作倒势，师云：“这个师僧患疯<u>去</u>也。”（南唐《祖堂集》）
d. 如今地界了后，更胜如旧日<u>去</u>也。（宋 沈括《乙卯入国奏请》）
e. 似这般的，若不严切整治呵，惯了<u>去</u>也。（《元典章》）

这种用法一直持续到宋代，主要见于禅宗语录，如例（30d）。到了元代，这种用法开始少见，主要出现在一些翻译体文献中，如例（30e）中的“去”表示将要或在某种条件下将会出现什么情况或变化，这种用法中的“去”与其他事态助词或语气助词连用。以上用法到了明代就基本消失了。

综上所述，英汉直指位移动词构式都发生了从表示位移到标记时体的功能演变。分析演变的动因和机制，笔者认为，直指位移动词本身具有其他位移动词不具备的三种语义属性：①位移义本身自带方向；②直指中心反映说者视角，即具有主观性；③语义泛化从而适用于更多语境。位移义本身自带方向，使得直指位移动词构式相对来说比较简短，受经济原则支配，这种构式的语用频率比其他类似的构式要高。

其他含路径的位移动词本身也具有方向性，如“上/下”、enter/exit 等，但它们不能直接反映说者视角，即主观性没有直指位移动词强，主观性是语言演变的一个重要参数。语义指代对象宽泛使得直指位移动词构式出现的语境远远多于其他位移动词，其融入性和兼容性更强，语用频率更高。

除了上述语义属性外，直指位移动词构式的线性排列顺序和句法环境也为其虚化创造了条件，如[BE GOING TO VP]、[来/去 VP]、[VP 来/去]构式中直指位移动词的句法位置为其进一步演化为时体标记提供了句法环境。

9.4.2 从位移动词到代动词

位移动词“来”和 go 都存在代替其他具体动作动词的用法。例如，例（31a/b）中的“来”并不表示由远及近的位移，而是用“来”代替某个或某些具体的动作，出于修辞或语境的需要，说者选择意义比较宽泛的“来”；例（31a）的“胡来”

是‘不按规则或常理办事、胡作非为’的意思，与例（31b）的“乱来”同义，二者均不带受事宾语。

（31）a. 九百孩儿，休把人厮啅，你甚胡**来**我怎信？（金 董解元《西厢记诸宫调》）

b. 表面上虽然也跟大家说说笑笑，实际上却不跟人乱**来**。（赵树理《小二黑结婚》）

“来”这种替代意义更具体的动词，相当于现代汉语的“搞、干、做”等动词，“来”也有接宾语的用法，如例（32a）的“来”相当于“做”，概括前面的“写算操作”；例（32b）的“来”指代“用镬头刨土（以打通坑道）”；例（32c）的“来”指代“挑水、砍柴、泼菜等一切家务活动”。“来”可以指代多种动作行为，“弄”“搞”也可以替代其他动词，常被称作轻动词，表达模糊的致使义，能够使名词或形容词获得支配论元的能力（朱行帆 2005）。

（32）a. 那一位小姐，……写算操作，没有一件不**来**的。（晚清 吴趼人《二十年目睹之怪现状》）

b. 郭祥喜滋滋地，立刻把袖子一捋，说：“我也**来**几下子！”（魏巍《东方》）

c. 一下了课，回到家里，挑水、砍柴、泼菜，什么都**来**。（周立波《山乡巨变》）

张伯江（2014）从修辞角度分析汉语代动词“来”的句法和语义，提出代动词“来”有语义倾向：一是涉及某种技能；二是说者对所述行为进行命名。戏曲、曲艺行业中的代动词“来”表示‘扮演（某个角色）、胜任（某一任务）’。该文章指出“来”从舞台上的扮演义延展到语法上的充任义，这一变化说明修辞不是独立于句法、语义之外的语言应用问题，修辞在汉语中是内化于句法、语义的形成过程中的。

英语中的 go 也有代替其他动词的用法，根据上下文，例（33a）的 go 替代的是 say‘说’；例（33b）的 go 代替了 do/deal with，还隐含‘继续’的意思；例（33c）的 go for it 用于鼓励某人‘放手一搏、努力争取’；例（33d）的 go all out 表示‘用最大的努力、全力以赴去做某事’，这两例相当于 try one's best‘尽最大努力’。

（33）a. They say ‘Tom, shut up’ and I **go** ‘No, you shut up’.

b. I still had another five operations to **go**.

c. Let's **go** for it!

d. They will **go** all out to get exactly what they want.

有时 go 还可用作名词，如例（34a）的 have a go at football，即‘试试踢足球’；例（34b）的 on her first go，即‘她第一次做/尝试（某事）’；例（34c）的 make a go of it，即‘做成这件事’，go 相当于 success；例（34d）的 had a go at us，即‘攻

击/非难我们’，go 相当于 criticizing。

（34）a. I always wanted to have a **go** at football …

b. She won on her first **go**.

c. I knew we could make a **go** of it and be happy.

d. Some people had a **go** at us for it, which made us more angry.

由此看来，go 和“来”都可以替代其他具体动词，这种替代功能源自二者语义的宽泛、形式的简洁、高频的语用。值得注意的是，go 和“来”的位移义并不对等，二者表示方向相反的位移动作，为什么不是 go 和“去”或者 come 和“来”呢？笔者分析，英语选择 go 是因为 go 本身有表示由近及远的位移方向引申出表示目的和将要做某事的用法，而例（33a-d）的代动词用法都是突出下一步要做某事或者根据先后顺序后面发生的动作；汉语选择“来”，如“我来几下子”，除了表示马上要做某事，还隐含说者的主观视角，拉近说/听双方的距离。

9.4.3　从位移动词到时空介词

英汉位移动词都有虚化为介词的现象，如汉语中的“往、至、到”等。这里以英语的 come 和汉语的“去”为例，比较二者由表示位移动词演变为表示时空概念的介词的过程。在 come 的历时语料中，笔者发现不及物 come 后面可以接表示‘（将要到来的）节日、日期’等的名词短语，这一现象比较特殊，因为 come 后接名词短语的情况非常少见。

例（35a）的 Twenty yere come Estren 即‘Twenty years come Easter’‘到了复活节，就有 20 年了’；例（35b）的 Come Lammas Eue at night shall she be fourteene 即‘Come Lammas Eve at night shall she be fourteen’‘到秋收节[①]前夜，她就 14 岁了’；例（35c）的 Come Candlemas，即‘到圣烛节’；例（35d）的 come Michaelmas，即‘到米迦勒节’。由例（35a-d）可以看出，这里的 come 表示‘到（某一时间点）’，类似于汉语引介动作或时间归结点的介词“到”。*OED* 指出，这种用法可能是受法语的影响，如法语中这样表述：dix-huit ans vienne la Saint-Martin，直译成英语是 eighteen years old come Martinmas‘到圣马丁节，就 18 岁了’。再比如，come Easter 相当于 when Easter shall come，即‘到了复活节’。

（35）a. Twenty yere **come** Estren.（*a*1420 T. Hoccleve *De Reg. Princ.* [Roxb.] 29）

---

① 秋收节（Lammas Day，又称 Loaf Mass Day），在每年的 8 月 1 日，位于北半球的一些英语国家为庆祝秋收而设立的节日，又译作收获节。名称中的 loaf 指的是 loaf of bread‘面包（条）’，即收获麦子磨成面粉后做成的长条面包。

b. **<u>Come</u>** Lammas Eue at night shall she be fourteene.（1597 Shakespeare *Romeo & Juliet* i. iii. 19）

c. **<u>Come</u>** Candlemas, and I have been their servant For five-and-forty years.（1799 R. Southey *Eng. Eclogues* vii）

d. For twenty years **<u>come</u>** Michaelmas.（1883 'G. Lloyd' *Ebb & Flow* II. xxi. 21）

有时 come 跟在一个指定日期之后，再接一段时间（如星期、月、年等），如例（36a）的 Thursday come fortnight，即'两周后的周四'，这一用法一直保留在英语的某些方言中，现代英语文学作品中一般将之写作 on Thursday fortnight；例（36b）的 come next May，即'到了明年的五月'。

（36）a. Ordered, That the business … be put off till Thursday **<u>come</u>** fortnight.（1640 *House of Commons Order* in J. Rushworth *Hist. Coll.: 3rd Pt.* [1692] I. 141）

b. You'll grant me a seven years' lease **<u>come</u>** next May twelve-month.（1888 C. E. L. Riddell *Nun's Curse* II. vii. 135）

在第 5 章对"去"的历时描写过程中，笔者发现"去"也有介词的用法。例如，[去 NP-location NP-direction]构式是在[去 NP-location]的基础上，增加了方位名词，如"里、边、下、上"形成的，该构式表示具体的方位处所，相当于介词"在"，如例（37a）的"去面前石上磨"，表示处所的"石上"是"磨"这一动作发生的地点，而不是表示施事者位移的终点；再如例（37b）的"去那左廊下"，即'在那左廊下'；例（37c）的"去里面"，即'在里面'；同理，例（37d）"去骷髅眼里"的"去"相当于介词"从"，即'从骷髅眼里'。

（37）a. 马和尚在一处坐，让和尚将砖**<u>去</u>**面前石上磨。（南唐《祖堂集·怀让和尚》）

b. **<u>去</u>**那左廊下，一个妇女，摇摇摆摆，从府堂里出来。（明 冯梦龙《警世通言·崔待诏生死冤家》）

c. **<u>去</u>**里面一字儿摆着三只大酒缸，半截埋在地里，缸里面各有大半缸酒。（元末明初 施耐庵、罗贯中《水浒传》）

d. 脸子是一个骷髅，**<u>去</u>**骷髅眼里生出两只手来。（明 冯梦龙《警世通言·皂角林大王假形》）

"去"的介词用法到当代汉语就已经消失了，come 表时间的介词用法虽还留存至今但其出现频率低。笔者认为，二者能够衍生出介词的用法，与它们的原义有很大的关系。come 与 go 相比，除了位移方向不同外，还有一个不同之处就是 come 隐含'到达'的意思，如 she came to school 和 she went to school，前者的 come 隐含'到达'的意思，而后者则没有。Nakazawa（2009）从共时层面考察了英语、日语、韩语等语言中的直指位移动词，发现英、日、韩三种语言中的 come 类动词和 go 类动词在表示位移路径上有这样的区别：come 类动词表示移动到说者或听者所在地的某一点，即具有终点性；go 类动词表示朝向某一点（不在说者或听者所在地）移动，即只具有方向性而没有终点性。简单地说，这二者之间的不同在于一个是‘移到’，一个是‘朝向’。

这样看来，come 后接表示节日的名词短语，很容易产生‘当这个节日到来时’的含义。另外，来自语言接触中法语的影响也不容易忽视。“去”除了表示‘去往’外，还表示‘距离’，尤其从说者的视角来看，例（37a-d）中所表示的方位都与说者有一定的距离，因此，come 引介时间的用法、“去”引介方位的用法都与它们的本义相关。

综合上述对英汉位移动词功能演变的比较和梳理，笔者分析，由于“来”、“去”、come、go 所在构式的演变路径不同，其语义属性和句法结构也不尽相同，但其表位移的本义不同程度地留存在构式中，这就是语言演变过程中的语义存续（persistence）现象（Hopper & Traugott 2003）。以语法化为例，语言成分发生语法化之后，它原本的词汇义并不会消失得不留痕迹，而是或多或少地留存下来，这种语义存续状态很有可能会影响该成分的整个演变过程。因此，笔者认为，英汉位移构式演变过程中呈现的共性，部分是由于构式本义具有共性且这些基本义在演变过程中继续留存。

9.5　位移构式功能演变的个体差异

英汉位移构式功能演变既有共同之处，也有个体差异。这里将从空间位移构式的功能扩展、直指位移动词的带宾情况、习语的构词组句能力这三方面分别论述。

9.5.1　空间位移构式的功能扩展

位移动词“来”和“去”都有标记事态、动态的功能，从历时角度考察复合路径构式，发现复合路径构式也有标记体貌的作用。下面将以[X 起来]构式为例，探讨“起来”在语用、句法功能上的扩展。

以往学界对[X 起来]的研究有吴洁敏（1984）、房玉清（1992）、贺阳（2004）、唐正大（2005）、张谊生（2006）、齐沪扬和曾传禄（2009）等。总结前人的研究成果可得，“X 起来”的“起来”在语义上发生了由表位移到表结果再到表体貌的演变过程，在句法上由趋向动词演变为动态助词，在语用上衍生出话题标记的功能。那么“起来”是如何从原本的表位移衍生出表结果的语用功能呢？又是如何具有表体貌的功能呢？首先，我们对“起来”做历时考察。

根据《汉语大字典》，“起”的字形经历了如下变化（图 9.1）[①]。

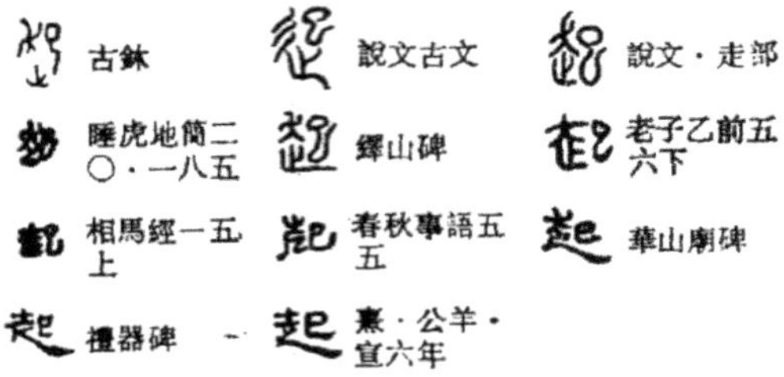

图 9.1 “起”的字形演变

“起”的本义是‘由躺而坐、由坐而立’，如例（38a）的“袂”即‘袖子’，“投袂”即‘一挥袖子’，“投袂而起”即‘一挥袖子站了起来’；例（38b）的“起”表示‘（物体）竖立、耸立’，“禾则尽起”，即‘禾苗都竖了起来’[②]；例（38c）的“起”即‘飞起、飞翔’；例（38d）的“起”即‘升起、浮起’。例（38a-d）的“起”都是动词，在句中作谓语。

（38）a. 楚子闻之，投袂而**起**。（《左传·宣公十四年》）

b. 王出郊，天乃雨，反风，禾则尽**起**。（《尚书·周书·金縢》）

c. 鸟**起**者，伏也。（春秋 孙武《孙子兵法·行军》）

d. 田家已耕作，井屋**起**晨烟。（唐 韦应物《园林晏起，寄昭应韩明府、卢主簿》）

五代前后，“起”开始与“下、来、去”搭配出现，构成连动式。例（39a-c）的“起来”既可以解读为连动式，也可以解读为“来”作“起”的趋向补语，这里的“起来”都表示身体进行自下而上的移动，体现的是词汇的本义。

（39）a. 云庆闻语，举身自扑，七孔之中，皆流鲜血，良久乃苏，从地**起来**……（五代《敦煌变文》）

b. 丑女忽见大圣世尊，躬身阶前，魂搥自扑，**起来**礼拜，哽咽悲涕。（五代《敦煌变文》）

c. 其时善庆亦其堂内**起来**，高声便唤，止住经题。（五代《敦煌变文》）

笔者在五代及以后的文献中也发现了这样的语例，如例（40a-d）。在例（40a）“夹起来”中，显然“起来”是作为“夹”的趋向补语，随着“夹”这个动作的实

① 参见《汉语大字典》（第二版）第五卷第 3476 页，该字典由四川辞书出版社和崇文书局于 2010 年出版。

② 例（38b）的前一句有“禾尽偃”，即‘禾苗呈倒伏状’，后来“王出郊”，风转向，禾苗竖起。因此，“禾则尽起”用来比喻顺应天心，得到天助。

施，受事“起来”，所以对于受事来说，这是一个致使位移动作。但是例（40b）的“起来”却与位移没有太大关系，这里的“起来”表示‘动作的开始’，例（40c/d）的“起来”也表示一种起始义。

（40）a. 见一星火，夹**起来**云：这个不是火是什摩？（南唐《祖堂集》）
b. 若贪嗔**起来**，切须防御。（宋 释道原《景德传灯录》）
c. 他那奏**起来**，五音依旧皆在。（宋 黎靖德《朱子语类》）
d. 如思量作文，思量了，又写未得，遂只管辗转思量**起来**。（宋 黎靖德《朱子语类》）

现代汉语中的“起来”可以继续作趋向补语，如例（41a）的“捆起来”。其施事范围也扩大了，如例（41b）的“把车发动起来”，其施事不再仅限于人或其他有生命力的事物。同时，“起来”前不再仅限于行为动词，也可以是状态动词或形容词，如例（41c/d）的“热闹起来”“开朗起来”。

（41）a. 快把他捆**起来**！（李文澄《努尔哈赤》）
b. 那边，唐龙已经把车发动**起来**了。（柳建伟《突出重围》）
c. 不知谁嚷了一下子，教室里立刻热闹**起来**。（1994 年《人民日报》）
d. 哥哥觉着母亲说得有理，心情逐渐开朗**起来**。（1995 年《人民日报》）

“起来”与言说类动词搭配出现，还起到引出话题的作用，如例（42a）的“说起来”属于典型的话题标记。有时“说起”和“来”之间还可插入 NP，如例（42b）的“说起这个来”，也可以引出话题。“起来”与感官类动词“看”搭配出现，还起到副词的作用。例如，例（42c）的“看起来”并不是真的用眼睛看，只是表示说者的主观判断，尤其与“可能”共现时，更突出了说者的肯定程度，相当于插入语，省略“看起来”对语句的命题义完全没有影响。

（42）a. 不过，**说起来**胡适对宋子文亦确实早有不满。（陈廷一《宋氏家族全传》）
b. **说起**这个**来**，你知道高铁杆儿的特务队上，有个独眼龙吧？（刘流《烈火金刚》）
c. 固定投资与国内生产总值的比率**看起来**可能会稳定在 30%左右或略高些。（1995 年《人民日报》）

基于以上对[X 起来]构式的历时考察，笔者分析，从表示‘由躺而坐、由坐而立’到泛指任何事物的‘竖立、飞起、升起’，这些用法围绕“起”的本义‘立’，一直到连动式“起来”和动趋式“起来”的出现，再到动结式“夹起来”“捆起来”以及与形容词搭配如“热闹起来”的出现，这些用法也都未脱离“起来”的本义。“起来”适用的语境越来越广泛，语义逐渐泛化，可以表示动作的结果，也可以强调动作的持续或终结。

这些语用功能上的变化，从认知视角来看，是隐喻化起到了重要作用。例如，在古汉语时期的“投袂而起”中，“起”隐含一种瞬间、动作即刻开始的意思，这为它后来衍生出起始义（如“奏起来”）创造了条件。从表示‘瞬间立起’到表示‘其他动作的立刻开始’，“起来”的语义演变实际上是它表示单纯位移的意象图式投射到表示其他复杂动作启动的概念化图式上的过程。“起来”从表示‘站起、立起’到出现在“热闹起来”这样的搭配中，它从单纯的空间域投射到复杂的认知域，由原来安静的状态转变为热闹的状态，其实也是由原来静止的“躺、坐”转变为“立”的一种认知投射。

贺阳（2004）认为“V 起来”的语义类型决定于 V 的语义特征，根据这些特征可以把动词分为若干次类，利用这些次类可以使之分化，并指出“V 起来”中的“起来”有三种不同的意义：①表示由下而上的位置移动，即位移义；②表示动作达到一定的目的，取得一定的结果，即结果义；③表示动作开始进行并继续下去，即体貌义。

笔者同意贺阳（2004）的分类和归纳，其实还可以补充另外两个功能，即话题标记和主观肯定程度标记。隐喻化和认知投射使“起来”的语义演变成为可能，而“说起来”“说起 X 来”“看起来”的语用和句法功能的演变却与“说”“看”的基本语义特征息息相关。“说”本来就是一个言说动词，具备充当话题标记的语义条件；“看”是感官动词，多种语言中的视觉动词都可以用来指代思考，例如，I see 既可以指用眼睛看，也可以指思维上的‘我明白’，这为“看起来”向标记主观肯定态度的功能奠定了语义基础。

9.5.2 直指位移动词的带宾情况

英汉直指位移动词都有带宾的用法，但是宾语的性质却并不一样。英语的 come 和 go 在接续位移终点、路线等名词短语时，需要借助介词，能够直接带宾的情况有限，其宾语类型单一。可以直接跟在 come 后面的 NP 仅限于表示位移路线或距离的名词或名词短语，该构式都表示单纯的位移，如例（43a）Come your waies 即‘Come your ways’；例（43b）的 The road you came、例（43c）的 coming this way 都表示沿着某个路线从另一个地方来到说者所在地；例（43d）的 come many miles 则表示位移的距离。

（43）a. **<u>Come</u>** your waies.（*a*1616 Shakespeare *As You Like It*［1623］i. ii. 197）

b. The road you **<u>came</u>**…（1773 O. Goldsmith *She Stoops to Conquer* i. 13）

c. They are **<u>coming</u>** this way.（1773 O. Goldsmith *She Stoops to Conquer* i. v）

d. We have **<u>come</u>** many miles by train.（1891 *N.E.D.* at *Come, Mod.*）

[COME NP]构式还出现在一些俚语中，如例（44a）I can come it pretty well，即‘我能干得非常好’；to come the dodge/trick 表示‘耍花招’，如例（44b）Don't come that dodge over me，即‘别跟我耍花招’。come 有时还表示‘装出……的样子、假装’，如例（44c）的 come the parson over him，即‘对他装出牧师的样子’。[COME NP]构式中的 NP 还可以是表年龄的名词短语，表示‘将满……岁’，如例（44d）的 coming nineteen，即‘马上要 19 岁’。

（44）a. I can **come** it pretty well — nobody better perhaps in my own line.（1839 Dickens *Nicholas Nickleby* xxiii. 219）

b. Don't **come** that dodge over me.（1865 J. Hutton *Bitter Sweets* xxii）

c. The British working man resents any attempt to **come** the parson over him.（1930 R. Macaulay *Staying with Relations* xx. 292）

d. Wilhelmina, now a slim maiden **coming** nineteen.（1858 T. Carlyle *Hist. Friedrich II of Prussia* II. vi. iii. 38）

go 后也可以接表示行程长度、行进速度等的名词短语，如例（45a）的 go any great pace，即‘大步急速地走’；例（45b）的 go three miles in an hour，即‘一小时要走三英里’。go 还可以接表示位移路线的名词短语，如例（45c）的 go those ways，即‘（通常那些小路走得最多，大多数游客都）走那些路’，这种用法延续至今，如 go that way please，即‘请走那条路’。go the way 也引申为‘人或物按照某一方式或方向发展’，如例（45d）go my way，即‘按我的方式’。

（45）a. … that they might scant **go** any great pace.（1569 R. Grafton *Chron.* II. 250）

b. To **go** three miles in an hour.（1677 G. Miège *New Dict.*)

c. Usually those by-paths are most beaten, most travellers **go** those ways.（1688 J. Bunyan *Heavenly Foot-man* [1886] 155)

d. She will never **go** my way …（1895 'M. Corelli' *Sorrows Satan* xxix. [1897] 353)

go 还可以接同源宾语，如 circuit、cruise、errand、journey、pilgrimage、progress、voyage 等表示‘游走、旅行’的名词短语，如例（46a/b）的 gone a Journey、go a cruise，如今在这种名词短语之前一般要加介词 on；go 也可以接 a tract of country、a river、woods 之类的表示‘走过之处’的名词短语，如例（46c）I went the wastefull woodes and forest wyde，即‘我穿过了那片荒芜的林地’，在现当代英语中 go 后一般要加介词 through。

（46）a. … he might be busy, or asleep, or **gone** a Journey.（1727 D. Defoe *Syst. Magick* i. iii. 83)

b. He wants me to **go** a cruise with him.（1883 W. Black *Yolande* III. x. 190）

c. I **went** the wastefull woodes and forest wyde.（1579 Senser *Shepheardes Cal.* Dec. 23）

综上所述，现当代英语中 come 和 go 最常见的带宾类型还是表示位移路线或距离的名词短语。现在考察现当代汉语中“来”和“去”的带宾情况。左双菊（2007）指出，“来”的带宾能力比“去”强，表现在其带宾频率高、宾语成分多样、语义类型复杂等方面，而“去”的宾语只限于表处所的体词，是带宾能力弱的及物动词。该文章以现代小说为语料，对“来”和“去”的带宾情况做了统计，总结出了“来”的带宾优先序列：

处所宾语 > 施事宾语 > 受事宾语 > 结果宾语、方式宾语、目的宾语

以及“去”的带宾优先序列：

处所宾语 > 施事宾语 > 致使宾语

所谓处所宾语，指的是“来北京”“去上海”这种“来/去”后的处所名词短语。CCL 现代汉语语料库中存在这样的语例：例（47a-c）中的“远处”“这时候”“家里”分别是表示地点和时间的状语，而“一队小学生”“几个人”“客人”实际上是“来”的施事，但在线性序列上占据的是宾语的位置。

（47）a. 远处**来**了一队小学生。（老舍《四世同堂》）

b. 这时候又**来**了几个人，差不多围成个半圆的圈子。（叶圣陶《城中·晨》）

c. 家里**来**了客人，我教她招待招待，你看她……（老舍《方珍珠》）

从表层结构看，处所宾语类似于英语的倒装句，如例（48a/b），但是汉语的这种构式并不总是这么简单。

（48）a. Here **comes** the Judge.

b. Now **comes** White Cooper.

例（49a-d）中的带宾情况比较复杂，例（49a）的“甲班”“乙班”出现在主语位置上，但不是“来”的施事，受事位置上的“五个人”“四个人”才是“来”的施事。从语义关系上看，“甲班”“乙班”与“五个人”“四个人”存在一种领属关系。例（49b）的“一来客”，没有主语，只有一个施事，出现在宾语的位置上，这种“一 XP”结构在汉语中倒也常见，如“一下雨，腿就疼”“一上课，就睡觉”等，那么“来客”又该做何解释？

（49）a. ……等了很久，甲班只**来**了五个人，乙班只**来**了四个人。（赵树理《三里湾》）

b. 一**来**客，他总是派人到便宜坊去叫挂炉烧鸭。（老舍《四世同堂》）

c. 夜里**来**了一群果狸，吃了满地粘乎的甜枣都醉了。（严歌苓《第九个寡妇》）

d. 事故现场已经**来**了一辆警车。（新华社 2003 年新闻报道）

例（49c）的施事是动物，有施事能力，例（49d）的施事是物品，没有施事能力，但也可以出现在“来”后的位置上。类似的语例还很多，如例（50a-c）中“来”的施事为可传递的事物“来电话”“来信”，或是自然现象“来了一阵风”。

（50）a. 刚才三先生又**来电话**，问起那扣减工钱的布告有没有贴出去呢！（茅盾《子夜》）

b. 去年父亲**来信**，问起阿九，那时阿九还在白马湖呢。（朱自清《儿女》）

c. 这时，沟口外又**来了一阵风**，从沟底下穿过去。（张贤亮《肖尔布拉克》）

汉语中不及物动词的带宾情况常见的有两种：一种为“死/来”类，如“七岁上，王冕死了父亲”“家里来了几个客人”；另一种为“病/笑”类，如“一家四口病了仨”“还未开口，观众席就笑倒一片”。刘探宙（2009）发现了更多不及物动词带宾语的例子，如例（51a-d），并指出这些语例的共同点是 NP 前有数量短语。回头再看例（47a/b）、例 49（a/c/d）、例（50c），这 6 个语例中 NP 前也都有数量短语，如果把这些数量短语删除，句子就有些别扭，如“*小李也病了妹妹”。

（51）a. 在场的人**哭**了一大片。①

b. 我大学同学已经**离婚**了好几个了。

c. 这次流感小班的孩子**咳嗽**了五六个。

d. 非典时小李也**病**了一个妹妹。

沈家煊（2009）把“王冕死了父亲”这类句子理解为说话人认为事情有关得失并“计较”这种得失，说话人越是计较事情的得失，就越倾向于采用这种句式。沈家煊（2015）指出，动词内部“死/来”类和“病/笑”类的区分，在汉语里实质是说话人对“死/来”类事情和“病/笑”类事情更容易计较得失的区分，也就是主观性强弱的区分，而不是句法范畴的区分。

再回头看上面四组汉语的例句，首先对句首的语言成分进行分析。陈平（1994）为了表现汉语句子中主题②、主语、宾语与各种语义成分的配位原则，提出了两条语义角色优先序列：一是充任主语和宾语的语义角色优先序列（充任主语，序列左边的语义角色优先于右边的角色；充任宾语则正好相反）。

施事 > 感事 > 工具 > 系事 > 地点 > 对象 > 受事

二是充任主题的语义角色优先序列（位于序列左边的成分优先于右边的成分）。

① 例 51（a-d）均取自刘探宙（2009：111）。

② 这里的“主题”就是我们现在常说的“话题”。

系事 > 地点 > 工具 > 对象 > 感事 > 受事 > 施事

从这两条语义角色优先序列可以看出，按照主语句的配位原则，受事最不能作主语，而按照主题（话题）句的配位原则，施事最不能作主题。这样看来，“远处来了一队小学生”“这时候又来了几个人”等类似结构属于典型的话题句。

Thompson 和 Hopper（2001）指出，具有低度及物性的非动作动词或形容词经常出现在描述事态的会话中，当说者表达主观态度或评价时，低度及物性的表达方式出现频率比较高。胡骏飞和陶红印（2017）对动词“弄”构成的结构进行了定量和定性分析，发现低度及物结构多于高度及物结构，指出“弄”的基本语义特征为其在话语中的低度及物性伴生现象提供了必要的基础。该文章以动词论元的参与者数量为指标判定小句的及物性程度（参与者越多，及物性越高；反之则越低），发现在会话中，低度及物结构与高度主观性有较强的对应关系，高度及物结构与低度主观性有明显的关联。

笔者分析，“家里来了几个客人”“江苏京剧院只去了三位教师”这样的语句是在描述一件事情或一种事态，“来”和“去”这种低度及物性动词比较适合说者表达主观态度，因而比较常见。沈家煊（2009，2015）解答了 NP 前出现数量短语的原因，即动词内部“死/来”类和“病/笑”类的区分实际上是说话人对这两类事情更容易计较得失的区分，也是主观性强弱的区分。下面来看看“家里来了客人”和“一来客”这种情况，从 CCL 现代汉语语料库中搜索“来了客人”，共有 106 条语例，再搜索“家里来了客人”，有 30 条语例，可见这种用法比较常见。CCL 古代汉语语料库中还存在这样的语例：

（52）a. 村家何所有？茶果迎**来客**。（唐 白居易《麹生访宿》）

b. 柏是南山柏，将来作门额；门额长时在，女是暂**来客**。（五代《敦煌变文》）

c. 彦庄客申屠生者，善鉴人，自云八十已上，颇箕踞傲物，**来客**虽知名之士，未尝与之揖让。（宋 李昉等《太平广记》）

d. 既出，问耿曰：“**来客**为谁？”耿曰：“此江陵张太史也。”（明 沈德符《万历野获编》）

例（52a-d）的“来客”说明“来”与“客”搭配出现并不是现代汉语才有的现象，有了这样的语例，再看例（53a-c）中的“来了客”“来了客人”就很自然。

（53）a. 众人刚坐下，就见由外面来了一个人说：“二大老爷，你这有什么菜？庄主爷那**来了客**了，厨房菜不齐，跟你要两只小鸡，一只鸭子，该给多钱？”（清 贪梦道人《彭公案》）

b. 二姨太去了好一会，回房说道：“下女说熊先生说家里**来了客**，等客去了就过来。”（不肖生《留东外史续集》）

c. 旁边一位用手指着身边这位说道："这位姓郭，就是店里掌柜的，外号叫倒霉郭。"郭掌柜道："**来了客人**啦，别取笑。"（常杰淼《雍正剑侠图》）

王灿龙（2017）考察"N 来了"与"来 N 了"句式，发现不是所有的 N 在"N 来了"中都表有定而在"来 N 了"中都表不定，这受制于 N 自身的语义特征等因素。该文章指出，二者既可以表示单纯的位移，也可以表示抽象的位移，而且对 N 的选择存在对称与否的问题，这是由句式结构和"来"的论元特征决定的。例如，"来人、来函、来电"中的"来"和 N 的语义紧密度高，整个语句是以环境论元为出发点，用"来 N"描写某种状态或表达某种愿望。

笔者推测，"一来客"的"来客"源自唐诗中已出现的"来客"，而"来了客（人）"的出现有两种可能性：一是如例（52b）中"女是暂来客"的"来"的用法扩展，"暂"修饰"来"，这里的"来"是动词；二是对例（52a/c/d）中"来客"的重新分析，"来客"由原来的偏正关系（"来的客人"，"来"修饰"客人"）重新分析为施动关系（"来"是动词，"客"是施事）。由于双音词"来客"已有一定的语用频率，线性序列已固化，所以只能是"来了客（人）"而不能是"客来"。

综合以上论述，这里已将四组汉语语例所代表的几种带宾情况做了描写和解释。比较英汉位移动词的带宾情况，笔者发现了汉语带宾情况的复杂性和特殊性，这部分原因是我们观察问题的视角，当以一个主语型语言或者对及物和不及物动词有着严格区分的语言作为参照来考察汉语现象时，就会觉得汉语有特殊性；然而，如果反过来，就会觉得英语有特殊性。沈家煊（2018）指出，说汉语也有"主谓结构"，这是一种比附的说法，因为汉语并没有界定主谓结构的形式标准，所说的"主谓结构"其实是指逻辑上的命题。该文章指出，比附主谓结构并用它来套汉语现象，结果会引起很多问题，特别表现在近年来学界讨论的一些热点问题上，主要有施格型、中动式、事件结构、关系从句、话题凸显等。因此，两种语言的比较，说其中一种语言具有特殊性，主要取决于研究者的视角和参照物。

9.5.3　习语的构词组句能力

在分析英汉位移构式习语化的过程中，笔者发现英语位移构式所形成的习语一般都作句子的谓语，如例（54a-d）的 comes and goes、come tricks、come easier、"Come weal，come woe"都是句子的谓语，唯一的变化是有时这些习语会词汇化为复合词作定语，如例（54e）的 Come-day-go-day people。

（54）a. She **comes and goes** at her will.（1864 Tennyson *Grandmother* xx, in *Enoch Arden* 124）

b. Don't **come** tricks here.（1873 *Slang Dict.* [at cited word]）

c. It may **come** easier afterwards.（1889 M. Oliphant *Poor Gentleman* III. iv. 62）

d. **Come** weal, **come** woe, I shall not trouble you.（1888 C. E. L. Riddell *Nun's Curse* II. v. 100）

e. **Come-day-go-day** people who had no solidity or substance.（1953 H. Spring *Sunset Touch* 12）

汉语的位移构式习语也充当谓语，如例（55a-d）中的“越来越多”“越来越加重”“飞来飞去”“翻来覆去”都是句子的谓语。

（55）a. 这时候，卖呆的人**越来越多**了，黑鸦鸦地满屋子的人。（周立波《暴风骤雨》）

b. 不到半拉月，老郭头的病**越来越加重**。（周立波《暴风骤雨》）

c. 也不知从哪里飞来一个蚊子，在他眼前**飞来飞去**，打着转。（古龙《小李飞刀》）

d. 为这个，她**翻来覆去**急得一夜没睡好。（杨沫《青春之歌》）

这些习语也可以修饰名词或动词，如例（56a）的“越来越多”修饰名词“人”，作定语；例（56b）的“越来越”修饰“显示”，作状语；例（56c）的“跳来跳去”作“喜欢”的补语；例（56d）的“踱来踱去”修饰“看”，作状语。

（56）a. **越来越多**的人为这个群体所吸引。（新华社 2003 年新闻报道）

b. 科学技术**越来越**显示出第一生产力的巨大作用。（新华社 2001 年新闻报道）

c. 老俊和仙姑都万分心折感谢，钟离权和他姊姊大姑娘却喜欢得**跳来跳去**……（清 无垢道人《八仙得道》）

d. 先是自己瞧着很有点不好意思，又恐怕惹人家笑话，先在穿衣镜里照了一番，又**踱来踱去**看了两遍，自己觉得甚是俏俐。（晚清 李伯元《文明小史》）

除此之外，“V来V去”式习语还可以起到衔接语篇和归总的作用，如例（57a-c）“说来说去”作为句间插入语，表示说者的主观看法及对结论的肯定程度，相当于话语标记。

（57）a. 现在，他可是老了，所遇到的事是他一辈子没有处理过的，所以他没了一定的主意。**说来说去**呢，他还是不肯轻易答应离婚，因为那样一来，他的四世同堂的柱子就拆去一大根。（老舍《四世同堂》）

b. 王大妈，丁四嫂，**说来说去**都是我不好！（老舍《龙须沟》）

c. **说来说去**，仿佛还是毛毛虫不对，可是细一给他想，他也是乐不抵苦哇。（老舍《毛毛虫》）

上述的[越来越 X]和[X 来 X 去]习语化构式具有很强的构词组句的能力，正如第 5 章所述，在 CCL 现代汉语语料库中输入“越来越”，检索到的语例超过 45 000 条，而且 X 的位置可以是单字、双音词、三字词、四字词以及小句，可以称得上是当代汉语构词组句能力很强的习语式构式。“越来越……”有一种韵律性和节奏性，说出来朗朗上口。“X 来 X 去”的语例也很多，X 的位置可以是单字、双音词、三字词、四字词，可见[X 来 X 去]构式的构词组句能力也很强。“X 来 X 去”也具有韵律性和节奏性，说出了“X 来”，下文一定会有“X 去”，而如果只说了“X 来”，没了下文，这对于汉语母语者来说，语感上不能接受。

沈家煊（2020）指出，汉语一切类型的结构都有韵律或节奏因素，音节对称是汉语自身的一种语法形态，双音化和四音化是对言化，对言化是汉语的一种重要语法化现象。该文章指出，典型的例子是并列四字格“男欢女爱”“天长地久”等，四字格是缩放型，它本身是二字式的放大。例如，“你来我往”是“来往”的放大版，“来往”“你来我往”是对言明义，“来往”的意义不等于简单的“来+往”，“你来我往”的意义也不是“你来+我往”，中国传统称作“互文”或“互文见义”。

笔者认为，这种对言形式和互文手段在汉语中很普遍，除了上述双音化、四音化的习语式构式外，其他构式也或多或少地受此影响，如例（58a-c）的“XX 说来/来说”式习语，“XX 说来/来说”“说来 XX”的 XX 可以是双音词、四音词以及小句。

（58）a. 先说科学精神，**具体说来**就是辨伪求真的精神。（1984 年《读书》）

b. **平心静气来说**，他自己所做的诗或文，实在也没有什么超人之处，不仅没有超过别人的地方，而且还有见不得人的地方。（清 曾国藩《曾国藩家书》）

c. **说来好笑**，调查的唯一凭据是上级教委转来的一封贴了 4 分钱邮票的匿名信。（1993 年《人民日报》）

由于结构紧凑，又具有韵律性，因此这种构式不仅语用频率高，而且很容易出现功能扩展的现象；不仅可以充当语句的谓语、定语、状语、补语，还可以充当话语标记，起到衔接语篇、引出下文等组篇布局的作用。沈家煊（2020）考察英汉两种语言在思维模式上的差异，指出英语语法以主谓结构为主，汉语语法以对言格式为主，这分别体现了演绎、类比两种互补的思维方式，对言格式源自对话，象征对话双方的情绪共鸣，而对话就是一种活动，是一个不断更新的过程，具有合作性和互动性。正因为这种合作性和互动性，[说来 XX]等构式的语用范围既可以从语篇折射至小句，也可以从小句折射至语篇。

9.6 小 结

本章比较和分析了英汉位移构式演变过程中呈现的语义属性和句法功能方面的特点,总结和归纳了两种语言在语义演变和功能演变方面的共同点和个体差异。

英汉位移构式的语义演变有四个共同点:①位移构式由原来表示空间位移演变为表示时间变化;②位移构式由原来表示空间位移演变为表示状态变化;③位移构式由原来表示空间顺序演变为表示概念顺序;④位移构式由原来表示空间距离演变为表示心理距离。二者的差异体现在位移构式编码模式的多样性、复合路径中的直指中心、位移方式充当附目三方面。

英汉位移构式的功能演变有三个共同点:①位移构式由表示空间位移的句法核心成分演变为标记时体的辅助成分;②位移构式中的位移动词演变为可以指代其他具体动作动词的代动词;③位移构式中的位移动词演变为表示时间或方位的时空介词。二者的差异体现在空间位移构式的功能扩展、直指位移动词的带宾情况、习语的构词组句能力三方面。

针对英汉位移构式在语义演变和功能演变方面的共同点和个体差异,本章尝试从认知投射、隐喻化、构式演变的动因和机制、英汉语言体系自身特点等角度分析和探讨了共性和差异产生的原因和影响。同时,本章参考国内外学界对世界范围内其他语言相关现象的考察和研究成果,比较了英汉语言与其他语言在位移构式演变方面的共性和差异,尝试总结出跨语言的历时演变规律。

第 10 章

结 束 语

从历时角度比较和分析英汉位移构式的演变过程，主要是为了描写和解释英汉位移编码模式和英汉位移表达成分的语用功能、语义属性、句法结构在共时层面显现出的共性和差异，在参考其他语言位移编码研究的基础上，总结和归纳跨语言的规律，同时展现语言的个体差异和理据。本章将归纳和总结本书的主要内容并指出本研究的不足，同时阐释跨语言的普遍规律（typological generalization）与语言普适属性（universals）这两个概念的不同。

本书基于英汉历史语料，以构式化、语法化、词汇化、习语化为理论框架，通过对英汉位移构式历时演变过程的描写和分析，考察和比较英汉位移构式的演化路径和演变机制，在分析和探讨现当代英汉位移表达成分构式化的基础上，为其语义、语用、句法、形态、语音层面呈现的特点提供解释。

以往认知语言学的位移事件研究建立了位移编码分析模型，明确了位移要素和编码模式，重视由介词、小品词、趋向补语、方位词、词缀编码的附目研究。位移事件类型学的二分法和三分法都是以主谓结构语言为研究对象而建立起来的，其分类依据和分类标准符合主谓结构语言的句法特点，成功地解释了罗曼语言、日耳曼语言在位移编码模式上呈现出的共性和特点。然而，汉语不是以主谓结构为主的语言，谓语不分首领和从属关系，所以用位移事件类型学的二分法和三分法分析汉语的相关现象就会出现分歧。

共时层面的词汇化研究不能做到追本溯源，有关位移表达方式的进一步研究可以从历时、构式语法、构式化等视角多层面、多角度地进行，也可以考虑对两种或两种以上语言的位移表达做深入的历时比较与对比，挖掘深层次的共性与差异。目前已有的历时研究大多是个案研究，聚焦一个位移动词、介词或一个双音词、四字词进行历时追溯，这样做的好处是细致入微，不足之处是缺乏研究的整体性，因此可以考虑选择一个视角，由点到线、由线到面地考察和总结位移表达演变的规律和共性。

共时层面的语言面貌取决于语言的固有属性和语言演变的普遍规律，共时层面的语言现象往往可以从语言的历时演变中找到根源和理据。语法化、词汇化、习语化与构式性演化、构式化一脉相承。构式化涵盖语法化、词汇化、习语化，为考察语言演变提供了一个整体性的视角，构式化输出词汇性构式、语法性构式、习语性构式，为清楚详细地描写和归纳语言演变的三种主要类型（语法化、词汇化、习语化）提供了可行性。

语言是社会行为，语言不能独立于使用者而存在。语言使用者在不同语境和言语群体中的语言使用是语言发生变化的主要推动力，个体语言变化的积累往往导致语言的历时演变。语言演变的动因和机制，无论是交际需求与经济原则，还是重新分析与类推、隐喻与转喻、频率与显现、创新与传播，语义演变的引发性推理、语用化、语义化、多义现象这些语言演变规律均适用于语法化、词汇化、习语化和构式化。这种由面到点，再由点到面的研究框架为跨类别、跨范畴、跨语言考察语言演变规律提供了可能性。

基于英汉直指位移构式的共时、历时考察，笔者发现英汉直指位移动词构式化的过程伴随着语法化、词汇化、习语化现象的出现。在语法化方面，[COME VP]和[GO VP]构式中的 come 和 go 语法化为准助动词，[VP 来]和[VP 去]构式中的"来""去"虚化为体貌助词，[GO to VP]构式中的 be going to 以及[来 VP]和[去 VP]构式中的"来""去"的语用功能扩展至标记将来。在词汇化方面，英语位移动词与介词、副词、小品词组合，发生词汇化，汉语的[NP 来]构式、[VP 来/去]构式、[来/去 NP]构式也发生了词汇化。在习语化方面，英语的[COME NP]构式、[COME ADJ]构式、[COME X COME Y]构式、[GO NP]构式、[GO ADJ]构式、[GO to NP-institute]构式、[COME and GO]构式发生了习语化，汉语的[XX 说来]构式、[XX 来说]构式、[说来 XX]构式、[越来越 X]构式、[X 来 X 去]构式也发生了习语化。

通过比较和分析英汉位移构式演变过程中呈现的语义属性和句法功能方面的特点，笔者发现了两种语言在语义演变和功能演变方面的共同点和个体差异。英汉位移构式的语义演变有四个共同点：①位移构式由原来表示空间位移演变为表示时间变化；②位移构式由原来表示空间位移演变为表示状态变化；③位移构式由原来表示空间顺序演变为表示概念顺序；④位移构式由原来表示空间距离演变为表示心理距离。二者的差异体现在位移构式编码模式的多样性、复合路径中的直指中心、位移方式充当附目三方面。

英汉位移构式的功能演变有三个共同点：①位移构式由表示空间位移的句法核心成分演变为标记时体的辅助成分；②位移构式中的位移动词演变为可以指代其他具体动作动词的代动词；③位移构式中的位移动词演变为表示时间或方位的时空介词。二者的差异体现在空间位移构式的功能扩展、直指位移动词的带宾情况、习语的构词组句能力三方面。英汉位移构式在语义演变、功能演变方面的共同点和个体差异，可以从认知投射、隐喻化、构式演变的动因和机制、语法体系的整体特点等角度分析和探讨得出；同时，可以参考国内外对其他语言相关问题的研究成果，比较和总结跨语言的演变规律。

值得注意的是，这种跨语言的普遍规律与生成语法学派提出的语言普适属性不同。Kiparsky（2008）为语言普适属性设立了五条标准：①普适属性无一例外；②普适属性独立于过程；③普适属性在非标记的显现过程中体现；④普适属性形成类推的各种变化路径；⑤普适属性作为制约嵌入语法中并与其他语法制约相互作用。也就是说，功能学派在语言演变路径中挖掘跨语言的普遍规律，生成学派从语言结构特征角度分析语言演变，跨语言的普遍规律是各种语言在演变中呈现的历史趋同性。

本书的局限和不足之处主要集中在历史语料的可选性与可比性上，尤其是古英语、古汉语部分，语料数量少，保存下来的历史语篇非常有限，可比性差，无法兼顾体裁、年龄、性别等应尽可能一致的原则。英汉历史语料中都存在从其他语言翻译过来的语篇，这些语篇由于不同程度地受到源语的影响，研究者对其形态句法方面的判断就会出现失误的情况。这些困难在短时间内没办法克服，问题的解决一方面有赖于历史语料库的进一步建设，另一方面需要研究者投入更多的时间和精力逐一排查每一条不确定的语料，这样才能使研究结论更加令人信服。

位移编码是一个非常有趣的研究课题，笔者在调查语感的时候，经常会咨询母语者对某一语言表达的个人理解和观点，从而收获了很多独到的见解和由衷的快乐。有一些问题至今还没有找到合理的解释，例如：“……来说”与“……说来”有何语用差异？什么时候用“严格来说”，以及什么时候用“严格说来”？路上熟人见面的招呼语“去哪里”“去哪儿啊”“上哪儿去”“上哪儿”，后三种在北方话中很常见，但为何是“上哪儿”而不是“下哪儿”“进哪儿”“出哪儿”？这些有意思的语言现象有待将来感兴趣的研究者进一步地考察和探究。

参 考 文 献

曹广顺. 1995. 近代汉语助词. 北京: 语文出版社.

陈昌来. 2013. "近来"类双音时间词演化的系统性及其相关问题. 上海师范大学学报(哲学社会科学版), (5): 99-110.

陈昌来, 杨丹毅. 2009. 介词框架"对/对于……来说/而言"的形成和语法化机制. 华东师范大学学报, (1): 83-89.

陈昌来, 张长永. 2009. "后来"的词汇化历程及相关问题. 汉语学习, (4): 3-8.

陈昌来, 张长永. 2010. "由来"的词汇化历程及其相关问题. 世界汉语教学, (2): 212-222.

陈昌来, 张长永. 2011. "从来"的词汇化历程及其指称化机制. 上海师范大学学报, (3): 117-128.

陈平. 1994. 试论汉语中三种句子成分与语义成分的配位原则. 中国语文, (3): 161-168.

陈前瑞. 2005. "来着"的发展与主观化. 中国语文, (4): 308-319.

陈前瑞. 2006. "来着"补论. 汉语学习, (1): 22-27.

陈前瑞, 王继红. 2009. 句尾"来"体貌用法的演变. 语言教学与研究, (4): 26-33.

陈文芳, 邓宇, 李福印. 2015. 汉语隐喻运动事件的词汇化类型探究. 外语与外语教学, (5): 73-78.

陈忠. 2006. "起来"的句法变换条件及其理据. 山东社会科学, (2): 136-141.

陈忠. 2007. 复合趋向补语中"来/去"的句法分布顺序及其理据. 当代语言学, (1): 39-43.

程丽霞. 2016. 汉语保证类构式的演化: 从以言行事到认识情态. 外语学刊, (1): 70-75.

储泽祥, 曹跃香. 2005. 固化的"用来"及其相关句法格式. 世界汉语教学, (2): 22-30.

戴浩一. 2002. 概念结构与非自主性语法: 汉语语法概念系统初探. 当代语言学, (1): 1-12.

邓巧玲, 李福印. 2016. 中国学生汉语运动事件的言语表征发展研究. 西安外国语大学学报, (2): 27-33.

邓宇, 李福印. 2015. 现代汉语运动事件切分的语义类型实证研究. 现代外语, (2): 194-205.

邓宇, 李福印. 2017. 现代汉语是均等构架语言吗?——从 Leonard Talmy 与 Dan Slobin 的运动事件类型学之争谈起. 语言学研究, (2): 113-123.

董秀芳. 2002. 词汇化: 汉语双音词的衍生和发展. 成都: 四川民族出版社.

董秀芳. 2009. 汉语的句法演变与词汇化. 中国语文, (5): 399-409.

董秀芳. 2010. 来源于完整小句的话语标记"我告诉你". 语言科学, (3): 279-286.

方迪. 2018. 现代汉语动趋式的显赫性及扩张效应. 世界汉语教学, (2): 229-240.

房玉清. 1992. "起来"的分布和语义特征. 世界汉语教学, (1): 23-28.

范娜. 2014. 英语虚拟位移中的概念整合和转喻. 解放军外国语学院学报, (6): 99-106.

冯春田, 梁苑, 杨淑敏. 1995. 王力语言学词典. 济南: 山东教育出版社.

傅爱兰. 1998. 普米语动词的语法范畴. 北京: 中国文史出版社.

傅舒雅, 钟书能. 2016. 英汉虚拟位移主体认知对比研究. 外语学刊, (2): 32-36.

龚千炎. 1995. 汉语的时相、时制、时态. 北京: 商务印书馆.
高增霞. 2005. 连动结构的隐喻层面. 世界汉语教学, (1): 22-31.
贺阳. 2004. 动趋式“V 起来”的语义分化及其句法表现. 语言研究, (3): 23-31.
黄锦章. 2008. 移动动词与上古汉语的类型学特征. 华东师范大学学报, (1): 103-108.
黄瑞芳, 钟书能. 2015. 虚拟位移语言现象研究: 回顾与展望. 解放军外国语学院学报, (3): 31-39.
胡骏飞, 陶红印. 2017. 基于语料库的“弄”字句及物性研究. 外语教学与研究, (1): 64-72.
胡平. 2020. 词汇演变创新、传播的动因和机制. 古汉语研究, (2): 86-93.
江蓝生. 2002. 吴语助词“来”“得来”溯源. 著名中年语言学家自选集・江蓝生卷. 合肥: 安徽教育出版社: 23-44.
姜望琪. 2005. Zipf 与省力原则. 同济大学学报, (1): 87-95.
蒋冀骋, 吴福祥. 1997. 近代汉语纲要. 长沙: 湖南教育出版社.
阚哲华. 2010. 汉语位移事件词汇化的语言类型探究. 当代语言学, (2): 126-135.
李福印. 2015. 静态事件的词汇化模式. 外语学刊, (1): 38-43.
李福印. 2017. 典型位移运动事件表征中的路径要素. 外语教学, (4): 1-6.
任龙波, 李福印. 2018. 汉语框架卫星语素探析. 外语教学, (4): 41-45.
俞琳, 李福印. 2018. 殊途同归: 再论 Leonard Talmy 的语言哲学思想. 语言学研究, (2): 57-70.
李赋宁. 1991. 英语史. 北京: 商务印书馆.
李金满, 王同顺. 2008. 词汇化和语法化的接口: “X 们儿”的演变. 当代语言学, (1): 52-61.
李晋霞. 2002. “V 来 V 去”格式及其语法化. 语言研究, (2002): 63-69.
李秋杨. 2014. 延伸型虚拟位移表达的类型学研究. 现代外语, (6): 753-762.
李治平. 2014. “说来”和“来说”以及“X 说来/来说”功能差异溯源. 汉语学习, (6): 36-44.
李宗江. 2008. 说“想来”“看来”“说来”的虚化和主观化. 汉语史学报, (7): 146-155.
梁银峰. 2004a. 时间方位词“来”对事态助词“来”形成的影响及相关问题. 语言研究, (2): 54-59.
梁银峰. 2004b. 汉语事态助词“来”的产生时代及其来源. 中国语文, (4): 333-342.
梁银峰. 2005. 汉语动相补语“来”“去”的形成过程. 语言科学, (6): 27-35.
梁银峰. 2007. 汉语事态助词“去”的形成过程. 语言研究集刊, (4): 259-267.
梁银峰. 2008. 近代汉语介词“去”的产生和消亡. 语言研究集刊, (4): 156-162.
梁银峰. 2009. 现代汉语“X 来”式合成词溯源. 语言科学, (4): 412-421.
刘丹青. 2002. 汉语中的框架介词. 当代语言学, (4): 241-253.
刘丹青. 2011. 语言库藏类型学构想. 当代语言学, (4): 289-303.
刘丹青. 2012. 汉语的若干显赫范畴: 语言库藏类型学视角. 世界汉语教学, (3): 291-305.
刘丹青. 2013. 显赫范畴的典型范例: 普米语的趋向范畴. 民族语文, (3): 5-17.
刘丹青. 2014. 论语言库藏的物尽其用原则. 中国语文, (5): 387-401.
刘丹青. 2017. 汉语动补式与连动式的库藏裂变. 语言教学与研究, (2): 1-16.
刘红妮. 2010. 词汇化与语法化. 当代语言学, (1): 53-61.
刘华文, 李海清. 2009. 汉英翻译中运动事件的再词汇化过程. 外语教学与研究, (5): 379-385.
刘礼进. 2014. 汉语怎样编码位移的路径信息: 现代汉语位移事件的类型学考察. 世界汉语教学, (3): 322-332.
刘探宙. 2009. 一元非作格动词带宾语现象. 中国语文, (2): 110-119.

刘志生. 2004. 近代汉语中的“V 来 V 去”格式考察. 古汉语研究, (4): 74-78.
龙国富. 2005. 从中古佛经看事态助词“来”及其语法化. 语言科学, (1): 54-61.
龙国富. 2013. “越来越……”构式的语法化: 从语法化的视角看语法结构的显现. 中国语文, (1): 25-34.
陆俭明. 2002. 动词后趋向补语和宾语的位置问题. 世界汉语教学, (1): 5-17.
陆俭明, 吴海波. 2018. 构式语法理论研究中需要澄清的一些问题. 外语研究, (2): 1-5.
吕叔湘. 1985. 近代汉语指示代词. 上海: 学林出版社.
吕叔湘. 1999. 现代汉语八百词(增订本). 北京: 商务印书馆.
罗杏焕. 2008. 英汉运动事件词汇化模式的类型学研究. 外语教学, (3): 29-33.
罗耀华. 2015. 介词并入与“V+到”类结构的词汇化研究. 语言研究, (2): 22-27.
罗耀华, 姚文彪. 2017. “V+至”结构的词汇化及相关问题研究. 语文研究, (1): 32-38.
马学良. 2003. 汉藏语概论. 北京: 民族出版社.
马应聪. 2013. 空间位移动词的整合词汇化模型研究. 山东外语教学, (3): 29-34.
马应聪, 张克定. 2013. 空间位移动词的整合概念框架研究: 以enter类动词为例. 外文研究, (2): 9-14.
孟琮等. 1999. 汉语动词用法词典. 北京: 商务印书馆.
彭睿. 2016. 语法化·历时构式语法·构式化: 历时形态句法理论方法的演进. 语言教学与研究, (2): 14-29.
秦秀白. 1983. 英语简史. 长沙: 湖南教育出版社.
齐沪扬, 曾传禄. 2009. “V 起来”的语义分化及相关问题. 汉语学习, (2): 3-11.
沈家煊. 2000. 现代语言学词典. 克里斯特尔编. 沈家煊译. 北京: 商务印书馆.
沈家煊. 2003. 现代汉语“动补结构”的类型学考察. 世界汉语教学, (3): 17-23.
沈家煊. 2009. “计量得失”与“计较得失”: 再论“王冕死了父亲”的句式意义和生成方式. 语言教学与研究, (5): 15-22.
沈家煊. 2015. 汉语词类的主观性. 外语教学与研究, (5): 643-658.
沈家煊. 2018. 比附“主谓结构”引起的问题. 外国语, (6): 2-15.
沈家煊. 2020. 有关思维模式的英汉差异. 现代外语, (1): 1-17.
石毓智, 白解红. 2008. 将来时的概念结构及其词汇来源. 外语教学与研究, (1): 33-42.
史文磊. 2011. 汉语运动事件词化类型的历时转移. 中国语文, (6): 483-498.
史文磊. 2012. 汉语运动事件词汇化类型研究综观. 当代语言学, (1): 49-65.
史文磊. 2014. 语言库藏显赫性之历时扩张及其效应: 动趋式在汉语史上的发展. *International Journal of Chinese Linguistics*. (2): 293-324.
史文磊. 2019. 汉法运动事件词化类型演变比较研究: 基于古今对译语料语用倾向的调查. 古汉语研究, (1): 111-124.
史文磊. 2020. 运动事件词化类型演变的语体差异: 兼论语体与语言面貌及演变方向的关联性诸问题. 古汉语研究, (1): 41-55.
唐正大. 2005. 从独立动词到话题标记: “起来”语法化模式的理据性//沈家煊、吴福祥、马贝加主编. 语法化与语法研究(二). 北京: 商务印书馆: 252-266.
文旭. 2007. 运动动词“来/去”的语用意义及其指示条件. 外语教学与研究, (2): 91-96.
王灿龙. 2004. “起去”的语法化未完成及其认知动因. 世界汉语教学, (3): 23-37.

王灿龙. 2005. 词汇化二例：兼谈词汇化与语法化的关系. 当代语言学, (3): 225-236.
王灿龙. 2017. 试说“N 来了”与“来 N 了”句式. 汉语学习, (2): 3-14.
王力. 1985. 中国现代语法(新版). 北京：商务印书馆.
王力. 2004. 汉语史稿(新版). 北京：中华书局.
吴福祥. 2013. 关于语法演变的机制. 古汉语研究, (3): 59-71.
吴洁敏. 1984. 谈谈非谓语动词“起来”. 语言教学与研究, (2): 27-38.
邢向东. 2011. 陕北神木话的话题标记“来”和“去”及其由来. 中国语文, (6): 519-526.
熊仲儒. 2009. 再论“来着”. 汉语学习, (3): 12-16.
严辰松. 1998. 运动事件的词汇化模式：英汉比较研究. 解放军外语学院学报, (6): 8-12.
严辰松. 2008. 伦纳德 · 泰尔米的宏事件研究及其启示. 外语教学, (5): 9-12.
曾传禄. 2008a. 介词“往”的功能及相关问题. 语言科学, (6): 647-658.
曾传禄. 2008b. 也谈“V 来 V 去”格式及其语法化. 语言教学与研究, (6): 22-29.
詹卫东，郭锐，常宝宝，等. 2019. 北京大学 CCL 语料库的研制. 语料库语言学, (1): 71-86.
张伯江. 2014. 从“来”的代动词用法谈汉语句法语义的修辞属性. 当代修辞学, (4): 1-7.
张克定. 2018. 英语非现实空间位移关系构式的认知机制与限制条件. 现代外语, (5): 596-607.
张克定. 2019. 非现实位移事件的编码与突显. 外国语文, (1): 1-7.
张克定. 2020. 抽象位移事件的体认性和语言编码. 语言科学, (1): 33-39.
张谊生. 2006. “看起来”与“看上去”：兼论动趋式短语词汇化的机制与动因. 世界汉语教学, (3): 5-16.
中国社会科学院语言研究所词典编辑室. 2012. 现代汉语词典(第 6 版). 北京：商务印书馆.
钟书能，赵佳慧. 2017. 真实位移与虚拟位移建构机制的认知对比研究. 中国外语, (1): 36-42.
周娟. 2013. 论话语视角标记“X 说来”. 世界汉语教学, (4): 512-522.
朱德熙. 1982. 语法讲义. 北京：商务印书馆.
朱行帆. 2005. 轻动词和汉语低及物动词带宾语现象. 现代外语, (3): 221-231.
左双菊. 2007. “来/去”带宾能力的优先序列考察. 汉语学报, (4): 71-78.
左双菊. 2011. “来/去”语义泛化的过程及诱因. 汉语学习, (3): 59-64.
左双菊. 2014. 位移动词“来”“去”换用现象考察. 语文研究, (1): 34-38.
Aijmer, K. 1996. *I think*: An English modal particle. In T. Swan & O. J. Westvik (Eds.), *Modality in Germanic Languages: Historical & Comparative Perspectives*. Berlin & New York: Mouton de Gruyter: 1-47.
Aitchison, J. 2003. Psycholinguistic perspectives on language change. In B. D. Joseph & R. D. Janda (Eds.), *The Handbook of Historical Linguistics*. Oxford: Blackwell: 736-743.
Albright, A. 2008. Explaining universal tendencies and language particulars in analogical change. In J. Good (Ed.), *Linguistic Universals & Language Change*. Oxford: Oxford University Press: 144-181.
Ameka, F. & Essegbey, J. 2001. Serialising languages: Verb-framed, satellite-framed or neither? In L. Hyman & I. Maddieson (Eds.), *Proceedings of the 32nd Annual Conference on African Linguistics*. Lawrenceville, NJ: Africa World Press: 35-52.
Aske, J. 1989. Path predicates in English and Spanish: A closer look. In K. Hall, et al. (Eds.), *Proceedings of the Fifteenth Annual Meeting of the Berkeley Linguistic Society*. Berkeley, CA:

Berkeley Linguistics Society: 1-14.
Barlow, M. & Kemmer, S. 2000. *Usage-based Models of Language*. Stanford: CSLI.
Baugh, A. & Cable, T. 2002. *A History of the English Language* (5th edn.). London: Routledge.
Beavers, J., Levin, B. & Tham, S. 2010. The typology of motion expressions revisited. *Journal of Linguistics*, 46 (2): 331-377.
Blank, A. 2001. Pathways of lexicalization. In M. Haspelmath, et al. (Eds.), *Language Typology & Language Universals* (Vol.2). Berlin and New York: Walter de Gruyter: 1596-1608.
Bohnemeyer, J., Enfield, N., Essegbey, J., et al. 2007. Principles of event segmentation in language: The case of motion events. *Language*, 83 (3): 495-532.
Bréal, M. 1964. *Semantics: Studies in the Science of Meaning*. Trans. by H. Cust. New York: Dover.
Brinton, L. 1996. *Pragmatic Markers in English: Grammaticalization & Discourse Functions*. Berlin & New York: Mouton de Gruyter.
Brinton, L. & Traugott, E. 2005. *Lexicalization & Language Change*. Cambridge: Cambridge University Press.
Bybee, J. 2001. Frequency effects on French liaison. In J. Bybee & P. Hopper (Eds.), *Frequency & the Emergence of Linguistic Structure*. Amsterdam & Philadelphia: John Benjamins: 337-359.
Bybee, J. 2003. Mechanisms of change in grammaticalization: The role of frequency. In B. Joseph & R. Janda (Eds.), *The Handbook of Historical Linguistics*. Oxford: Blackwell: 602-623.
Bybee, J. 2008. Formal universals as emergent phenomena: The origins of structure preservation. In J. Good (Ed.), *Linguistic Universals & Language Change*. Oxford: Oxford University Press. 108-121.
Bybee, J. 2009. Grammaticalization: Implications for a theory of language. In J. Guo, et al. (Eds.), *Crosslinguistic Approaches to the Psychology of Language*. New York & London: Psychology Press: 345-355.
Bybee, J. & Beckner, C. 2014. Language use, cognitive processes and linguistic change. In C. Bowern & B. Evans (Eds.), *The Routledge Handbook of Historical Linguistics*. London & New York: Routledge: 503-518.
Bybee, J. & Hopper, P. 2001. *Frequency and the Emergence of Linguistic Structure*. Amsterdam & Philadelphia: John Benjamins.
Bybee, J., Perkins, R. & Pagliuca, W. 1994. *The Evolution of Grammar*. Chicago & London: The University of Chicago Press.
Campbell, L. 2001. What is wrong with grammaticalization? *Language Sciences*, 23 (2-3): 113-161.
Carden, G. & Pesetsky, D. 1977. Double-verb constructions, markedness, and a fake co-ordination. In *Papers from the Thirteenth Regional Meeting of the Chicago Linguistic Society*. Chicago: Chicago Linguistic Society: 82-92.
Chen, L. & Guo, J. 2009. Motion events in Chinese novels: Evidence for an equipollently-framed language. *Journal of Pragmatics*, 41 (9): 1749-1766.
Choi, S. & Bowerman, M. 1991. Learning to express motion events in English and Korean: The influence of language-specific lexicalization patterns. *Cognition*, 41 (1-3): 83-121.
Croft, W. 1990. *Typology & Universals*. Cambridge: Cambridge University Press.

Croft, W. 2000. *Explaining Language Change: An Evolutionary Approach*. Harlow, Essex: Pearson Education.

Croft, W. 2001. *Radical Construction Grammar: Syntactic Theory in Typological Perspective*. Oxford: Oxford University Press.

Croft, W., Barddal, J., Hollman, W., et al. 2010. Revising Talmy's typological classification of complex event constructions. In H. C. Boas (Ed.), *Contrastive Studies in Construction Grammar*. Amsterdam & Philadelphia: John Benjamins: 201-236.

Crystal, D. 2008. *A Dictionary of Linguistics & Phonetics* (6th edn.). Oxford: Blackwell.

Downing, A. & Locke, P. 2006. *English Grammar: A University Course*. London: Routledge.

Filipović, L. 2007a. *Talking about Motion: A Crosslinguistic Investigation of Lexicalization Patterns*. Amsterdam & Philadelphia: John Benjamins.

Filipović, L. 2007b. On the nature of lexicalization patterns: A crosslinguistic inquiry. In N. Delbecque & B. Cornillie (Eds.), *On Interpreting Construction Schemas: From Action & Motion to Transitivity & Causality*. Berlin & New York: Mouton de Gruyter: 307-330.

Fischer, O. 2007. *Morphosyntactic Change: Functional & Formal Perspectives*. Oxford: Oxford University Press.

Fischer, O. 2010. On Problem areas in grammaticalization: Lehmann's parameters and the issue of scope. In A. van Linden, J. Verstraete & K. Davidse (Eds.), *Formal Evidence in Grammaticalization Research*. Amsterdam & Philadelphia: John Benjamins: 17-42.

Fischer, O., Rosenbach, A. & Stein, D. 2000. *Pathways of Change: Grammaticalization in English*. Amsterdam & Philadelphia: John Benjamins.

Freeborn, D. 2006. *From Old English to Standard English: A Course Book in Language Variations across Time* (3rd edn.). London: Palgrave Macmillan.

Fried, M. 2010. Grammaticalization and lexicalization effects in participial morphology: A construction grammar approach to language change. In A. van Linden, J. Verstraete & K. Davidse (Eds.), *Formal Evidence in Grammaticalization Research*. Amsterdam & Philadelphia: John Benjamins: 191-223.

Gaby, A. & Sweester, E. 2017. Space-time mappings beyond language. In B. Dancygier (Ed.), *The Cambridge Handbook of Cognitive Linguistics*. Cambridge: Cambridge University Press: 635-650.

Garrett, A. 2008. Paradigmatic uniformity and markedness. In J. Good (Ed.), *Linguistic Universals & Language Change*. Oxford: Oxford University Press: 125-143.

Geis, M. & Zwicky, A. 1971. On invited inferences. *Linguistic Inquiry*, 2(4): 561-566.

Goldberg, A. 1995. *Constructions: A Construction Grammar Approach to Argument Structure*. Chicago: University of Chicago Press.

Goldberg, A. 2006. *Constructions at Work: The Nature of Generalization in Language*. Oxford: Oxford University Press.

Greenberg, J., Ferguson, C. & Moravcsik, E. (Eds.), 1978. *Universals of Human Language* (4 vols.). Stanford: Stanford University Press.

Harris, A. & Campbell, L. 1995. *Historical Syntax in Cross-Linguistic Perspective*. Cambridge: Cambridge University Press.

Haspelmath, M. 1998. Does grammaticalization need reanalysis? *Studies in Language*, 22 (2): 315-351.

Haspelmath, M. 2008. Creating economical morphosyntactic patterns in language change. In J. Good (Ed.), *Linguistic Universals & Language Change*. Oxford: Oxford University Press: 185-214.

Heine, B., Claudi, U. & Hunnemeyer, F. 1991. *Grammaticalization: A Conceptual Framework*. Chicago: The University of Chicago Press.

Heine, B. & Kuteva, T. 2002. *World Lexicon of Grammaticalization*. Cambridge: Cambridge University Press.

Hopper, P. 1987. Emergent grammar. In L. Michaelis, et al. (Eds.), *Proceedings of the Thirteenth Annual Meeting of the Berkeley Linguistics Society*. Berkeley, CA: Berkeley Linguistics Society: 139-157.

Hopper, P. 1991. On some principles of grammaticalization. In E. Traugott & B. Heine (Eds.), *Approaches to Grammaticalization* (Vol.1). Amsterdam & Philadelphia: John Benjiamins: 17-35.

Hopper, P. 1998. Emergent grammar. In M. Tomasello (Ed.), *The New Psychology of Language: Cognitive and functional approaches to language structure*. Mahwah, NJ & London: Lawrence Erlbaum Associates: 155-175.

Hopper, P. 2008. Emergent serialization in English: Pragmatics and typology. In J. Good (Ed.), *Linguistic Universals & Language Change*. Oxford: Oxford University Press: 253-284.

Hopper, P. & Traugott, E. 1993. *Grammaticalization*. Cambridge: Cambridge University Press.

Hopper, P. & Traugott, E. 2003. *Grammaticalization* (2nd edn.). Cambridge: Cambridge University Press.

Itkonen, E. 2005. *Analogy as Structure & Process*. Amsterdam & Philadelphia: John Benjamins.

Jaeggli, O. & Hyams, N. 1993. On the independence and interdependence of syntactic and morphological properties: English aspectual *come* and *go*. *Natural Language & Linguistic Theory*, 11 (2): 313-346.

Kay, P. & Fillmore, C. 1999. Grammatical constructions and linguistic generalizations: The *What's X doing Y* construction. *Language*, 75 (1): 1-33.

Kiparsky, P. 2008. Universals constrain change; change results in typological generalizations. In J, Good (Ed.), *Linguistic Universals & Language Change*. Oxford: Oxford University Press: 23-53.

Kopecka, A. 2006. The semantic structure of motion verbs in French: Typological perspective. In M. Hickmann & S. Roberrt (Eds.), *Space in Languages: Linguistic Systems & Cognitive Categories*. Amsterdam & Philadelphia: John Benjamins: 84-101.

Kopecka, A. 2009. Continuity and change in the representation of motion events in French. In J. Guo, et al. (Eds.), *Crosslinguistic Approaches to the Psychology of Language*. New York & London: Psychology Press: 415-426.

Korzen, I. 2016. Endocentric and exocentric verb typology: Talmy revisited-on good grounds. *Language and Cognition*, 8 (2): 206-236.

Krug, M. 2001. Frequency, iconicity, categorization: Evidence from emerging modals. In J. Bybee & P. Hopper (Eds.), *Frequency & the Emergence of Linguistic Structure*. Amsterdam & Philadelphia: John Benjamins: 309-335.

Kuteva, T. & Heine, B. 2008. On the explanatory value of grammaticalization. In J. Good (Ed.), *Linguistic Universals & Language Change*. Oxford: Oxford University Press: 215-230.

Lamarre, C. 2008. The linguistic categorization of deictic direction in Chinese: With reference to Japanese. In D. Xu (Ed.), *Space in Languages of China: Cross-linguistic, Synchronic and Diachronic Perspectives*. Berlin, Heidelberg & New York: Springer: 69-97.

Langacker, R. 1977. Syntactic reanalysis. In C. N. Li (Ed.), *Mechanisms of Syntactic Change*. Austin: University of Texas Press: 57-139.

Langacker, R. 1988. A usage-based model. In B. Kudzka-Ostyn (Ed.), *Topics in Cognitive Linguistics*. Amsterdam & Philadelphia: John Benjamins: 127-161.

Levin, B. 1993. *English Verb Classes & Alternations: A Preliminary Investigation*. Chicago: The University of Chicago Press.

Levinson, S. 1983. *Pragmatics*. Cambridge: Cambridge University Press.

Levinson, S. 2000. *Presumptive Meanings: The Theory of Generalized Conversational Implicature*. Cambridge, MA: MIT press.

Li, F. 1993. *A Diachronic Study of V-V Compound in Chinese* (unpublished doctoral dissertation). The State University of New York at Buffalo, New York.

Lipka, L. 1990. *An Outline of English Lexicology: Lexical Structure, Word Semantics, and Word-formation*. Tübingen: Niemeyer.

Martinet, A. 1962. *A Functional View of Language*. Oxford: Oxford University Press.

Mufwene, S. 2008. *Language Evolution: Contact, competition and change*. London & New York: Continuum International Publishing Group.

Nakazawa, T. 2009. A typology of the path of deictic motion verbs as path-conflating verbs: The entailment of arrival and the deictic center. *Poznań Studies in Contemporary Linguistics*, 45 (3): 385-403.

Narrog, H. & Heine, B. 2011. *The Oxford Handbook of Grammaticalization*. Oxford: Oxford University Press.

Nicolle, S. 2007. The grammaticalization of tense markers: A pragmatic reanalysis. In L. de Saussure, J. Moeschler & G. Puskas (Eds.), *Tense, Mood & Aspect: Theoretical & Descriptive Issues*. Amsterdam & New York: Rodopi: 47-65.

Nicolle, S. 2009. Go-and-V, come-and-V, go-V and come-V: A corpus-based account of deictic movement verb constructions. *English Text Construction*, 2 (2): 185-208.

Papafragou, A., Massey, C. & Gleitman, L. 2006. When English proposes what Greek presupposes: The cross-linguistic encoding of motion. *Cognition*, 98 (3): B75-B87.

Peyraube, A. 2006. Motion events in Chinese: A diachronic study of directional complements. In M. Hickmann & S. Roberts (Eds.), *Space in Languages: Linguistic Systems & Cognitive Categories*. Amsterdam & Philadelphia: John Benjamins: 121-135.

Poplack, S. 2001. Variability, frequency, and productivity in the irrealis domain of French. In J. Bybee & P. Hopper (Eds.), *Frequency & the Emergence of Linguistic Structure*. Amsterdam & Philadelphia: John Benjamins: 405-428.

Pullum, G. 1990. Constraints on intransitive quasi-serial verb constructions in modern colloquial

English. In B. Joseph & A. Zwicky (Eds.), *When Verbs Collide: Papers from the Ohio State Mini-Conference on Serial Verbs* (*Working Papers in Linguistics* 39). Ohio State University, Department of Linguistics: 218-239.

Quirk, R., Greenbaum, S., Leech, G. & Svartvik, J. 1985. *A Comprehensive Grammar of the English Language*. London: Longman.

Radden, G. & Dirven, R. 2007. *Cognitive English Grammar.* Amsterdam & Philadelphia: John Benjamins.

Rubba, J. 1994. Grammaticization as semantic change: a case study of preposition development. In W. Pagliuca (Ed.), *Perspectives on Grammaticalization*. Amsterdam & Philadelphia: John Benjamins: 81-101.

Shi, W. & Wu, Y. 2014. Which way to move: The evolution of motion expressions in Chinese. *Linguistics*, 52 (5): 1237-1292.

Shopen, T. 1971. Caught in the act: An intermediate stage in a would-be historical process providing syntactic evidence for the psychological reality of paradigms. In *Papers from the Seventh Regional Meeting of the Chicago Linguistic Society*. Chicago: Chicago Linguistic Society: 254-263.

Slobin, D. 1996. Two ways to travel: verbs of motion in English and Spanish. In M. Shibatani & S. Thompson (Eds.), *Grammatical Constructions: Their form and meaning*. Oxford: Oxford University Press: 195-219.

Slobin, D. 2004. The many ways to search for a frog: linguistic typology and the expression of motion events. In S. Strömqvist & L. Verhoeven (Eds.), *Relating Events in Narrative: Typological & Contextual Perspectives* (Vol.2). Mahwah, NJ: Lawrence Erlbaum Associates: 219-257.

Slobin, D. 2006. What makes manner of motion salient? Exploration in linguistic typology, discourse, and cognition. In M. Hickmann & S. Roberrt (Eds.), *Space in Languages: Linguistic Systems & Cognitive Categories*. Amsterdam & Philadelphia: John Benjamins: 59-81.

Stern, G. 1968. *Meaning & Change of Meaning*. Bloomington: Indiana University Press.

Tai, J. 2003. Cognitive relativism: Resultative construction in Chinese. *Language and Linguistics*, 4 (2): 301-316.

Talmy, L. 1985. Lexicalization patterns: semantic structure in lexical forms. In T. Shopen (Ed.), *Language Typology & Syntactic Description: Grammatical Categories & the Lexicon* (Vol.3). Cambridge: Cambridge University Press: 57-149.

Talmy, L. 1991. Path to realization: A typology of event conflation. In *Proceedings of the Seventeenth Annual Meeting of the Berkeley Linguistic Society*. Berkeley, CA: Berkeley Linguistics Society: 480-519.

Talmy, L. 2000a. *Towards A Cognitive Semantics Vol.1: Concept structuring system*. Cambridge, MA & London: MIT Press.

Talmy, L. 2000b. *Towards A Cognitive Semantics Vol.2: Typology and process in concept structuring.* Cambridge, MA & London: MIT Press.

Talmy, L. 2009. Main verb properties and equipollent framing. In J. Guo (Eds.), *Cross-linguistic Approaches to the Psychology of Language: Research in the Tradition of Dan Isaac Slobin*. Mahwah, NJ: Lawrence Erlbaum Associates: 389-402.

Talmy, L. 2012. Main verb property. *International Journal of Cognitive Linguistics*, 3 (1): 1-23.

Thompson, S. & Hopper, P. 2001. Transitivity, clause structure, and argument structure: Evidence from conversation. In J. Bybee & P. Hopper (Eds.), *Frequency & the Emergence of the Linguistic Structure*. Amsterdam & Philadelphia: John Benjamins: 27-60.

Tottie, G. 1991. Lexical diffusion in syntactic change: Frequency as a determinant of linguistic conservation in the development of negation in English. In D. Kastovsky (Ed.), *Historical English Syntax*. Berlin & New York: Mouton de Gruyter: 439-467.

Traugott, E. 1989. On the rise of epistemic meanings in English: An example of subjectification in semantic change. *Language*, 65 (1): 31-55.

Traugott, E. 2008a. "*All that he endeavoured to prove was*...": On the emergence of grammatical constructions in dialogic contexts. In R. Cooper & R. Kempson (Eds.), *Language in Flux: Dialogue Coordination, Language Variation, Change & Evolution*. London: Kings College Publications: 143-177.

Traugott, E. 2008b. Grammaticalization, constructions and the incremental development of language: Suggestions from the development of degree modifiers in English. In E. Regine, G. Jäger & T. Veenstra (Eds.), *Variation, Selection, Development: Probing the Evolutionary Model of Language Change*. Berlin & New York: Mouton de Gruyter: 219-250.

Traugott, E. & Dasher, R. 2002. *Regularity in Semantic Change*. Cambridge: Cambridge University Press.

Traugott, E. & Heine, B. 1991. *Approaches to Grammaticalization* (Vol.1&2). Amsterdam & Philadelphia: John Benjiamins.

Traugott, E. & Trousdale, G. 2010. *Gradience, Gradualness, and Grammaticalization*. Amsterdam & Philadelphia: John Benjamins.

Traugott, E. & Trousdale, G. 2011. Toward a coherent account of grammatical construction. In *Presentation at Societas Linguistica Europea* (SLE) 44, Spain. http://www.stanford.edu/~ traugott/styled/index.html [2020-07-20].

Traugott, E. & Trousdale, G. 2013. *Constructionalization and Constructional Changes*. Oxford: Oxford University Press.

Trousdale, G. 2008. Constructions in grammaticalization and lexicalization: Evidence from the history of a composite predicate construction in English. In G. Trousdale & N. Gisborne (Eds.), *Constructional Approaches to English Grammar*. Berlin & New York: Mouton de Gruyter: 34-64.

Trudgill, P. 1988. Norwich revisited: Recent linguistic changes in an English urban dialect. *English World-Wide*, 9 (1): 33-49.

van Linden, A., Verstraete, J. & Davidse, K. 2010. *Formal Evidence in Grammaticalization Research*. Amsterdam & Philadelphia: John Benjamins.

Vulchanova, M. & van der Zee, E. 2013. *Motion Encoding in Language and Space*. Oxford: Oxford University Press.

Wälchli, B. 2006. Lexicalization patterns in motion events revisited. http://ling.unikonstanz.de/pages/home/a20_11/waelchli/waelchli-lexpatt.pdf [2020-04-20].

Wulff, S. 2006. *Go*-V vs. *Go-and*-V in English: A case of constructional synonymy? In S. T. Gries & A.

Stefanowitsch (Eds.), *Corpora in Cognitive Linguistics: Corpus-based approaches to syntax and lexis*. Berlin & New York: Mouton de Gruyter: 101-126.

Yates, A. 2014. On the PIE 'quasi-serial verb'construction: Origin and development. In S. Jamison, H. Melchert & B. Vined (Eds.), *Proceedings of the Twenty-Fifth Annual UCLA Indo-European Conference*. Bremen: Hempen: 237-255.

Yue-Hashimoto, A. 1993. The lexicon in syntactic change: Lexical diffusion in Chinese syntax. *Journal of Chinese Linguistics*, 21 (2): 213-254.

Zipf, G. K. 1949. *Human Behavior & the Principle of Least Effort: An Introduction to Human Ecology*. Cambridge, Mass.: Addison-Wesley Press.

Zwicky, A. 1969. Phonological constraints in syntactic descriptions. *Papers in Linguistics*, 1(3): 411-463.

Zwicky, A. 2003. Go look at the modern language to test hypotheses about the past. http: //www.stanford.edu/zwicky/lsaabst.qsv.pdf [2020-04-20].

Zwicky, A. 2012. QSV. http: //arnoldzwicky.wordpress.com/2012/08/28/qsv/ [2020-04-20].